스티븐 홀 , 빛과 공간과 예술을 융합하다

MIMESIS

스 티 븐 홀 , 빛 과 공 간 과 예 술 을 융 합 하 다

호
ㄹ

글   스티븐 홀
서 문 레베우스 우즈
번 역 이원경

호근 **MIMESIS ARTIST**
스티븐 홀, 빛과 공간과 예술을 융합하다

옮긴이 이원경은 경희대학교 국어국문학과를 졸업하고 번역가의 길로 들어섰다. 지금껏 『바이킹』 3부작, 『마스터 앤드 커맨더』, 『와인드업 걸』, 『어느 미친 사내의 고백』, 『위철리 가의 여인』, 『모든 것이 중요해지는 순간』 등의 영미권 소설 및 어린이 책 등을 번역했다.

지은이 스티븐 홀 **옮긴이** 이원경 **발행인** 홍예빈·홍유진 **발행처** 미메시스
주소 경기도 파주시 문발로 253 파주출판도시 **대표전화** 031-955-4000 **팩스** 031-955-4004 **홈페이지** www.openbooks.co.kr
Copyright (C) 미메시스, 2012, *Printed in Korea*. **ISBN** 978-89-90641-88-5 03610
발행일 2012년 12월 5일 초판 1쇄 2023년 10월 25일 초판 4쇄

이 도서의 국립중앙도서관 출판예정도서목록(CIP)은 서지정보유통지원시스템 홈페이지(http://seoji.nl.go.kr)와
국가자료공동목록시스템(http://www.nl.go.kr/kolisnet)에서 이용하실 수 있습니다(CIP제어번호: CIP2012005419).

미메시스는 열린책들의 예술서 전문 브랜드입니다.

Steven Holl: Architecture Spoken
by Steven Holl

이 책은 실로 꿰매어 제본하는 전통적인 사철 방식으로 만들어졌습니다.
사철 방식으로 제본된 책은 오랫동안 보관해도 손상되지 않습니다.

스티븐 홀은 자기 이야기를 참 잘한다. 그는 강연과 글을 통해 건축에 대한 자신의 열망과 아이디어의 원천을 우리에게 털어놓는다. 각 프로젝트 말미에서 자신의 건축 디자인을 구현하기 위해 지난 사반세기 동안 겪은 고난을 솔직하게 이야기한다. 물론 그런 고난은 현재도 계속되고 있다. 잘 알려진 유명 건축가가 된다고 해서 일이 쉬워지지는 않는다. 자신의 콘셉트, 자신의 건축을 구현하기 위해 의뢰인과 타협하지 않는 고집스러운 건축가라는 평판은 그의 명성에 한몫한다. 의뢰인들은 이런 그의 성격에 매료될 수도 있지만, 자신의 건축을 흠모하는 의뢰인과의 작업은 결코 쉬운 일이 아니다. 혁신적인 디자인으로 명성을 얻은 건축가라면 누구나 이 점을 인정할 것이다. 로맨스가 식어 버리고 프로그램이나 예산 같은 예민한 사안이 거론되면 가장 힘겨운 고난이 시작된다. 대개 여기서 건축가의 자질이 시험대에 오른다. 스티브는(오랜 친구 사이인 나는 그를 이렇게 부르겠다) 의뢰인을 놓치지 않으면서도 자신이 원하는 건축을 구현하는 건축가로 유명하다.

그가 이런 명성을 얻게 된 요인은 한두 가지가 아니다. 파기되거나 타협으로 끝나 버릴 것 같은 의뢰를 거절하기도 하는데, 그런 지혜와 힘이야말로 건축가로서 그가 가진 미덕의 핵심이다. 특히 재정 상황이 열악하고 건축 의뢰가 드문 데다, 예술로서의 건축을 구현하는 데 필요한 소규모 스태프조차 운용하기 어려울 때는 의뢰를 거절하기가 쉽지 않다. 스티브는 지금껏 그런 상황에 여러 번 맞닥뜨렸으며, 앞으로도 그럴 수 있다는 것을 잘 안다. 거액을 제시하면서 지극히 상업적인 프로젝트를 맡기려는 의뢰인들은 끊임없이 찾아온다. 그들의 목적은 로비나 입구, 건물 외부를 유명 건축가의 작품으로 꾸며 세속적인 프로젝트를 한 단계 격상시키려는 것이다. 스티브는 단 한 번도 그런 작업을 한 적이 없다. 이는 그가 자신을 얼마나 확고히 믿는지 말해 준다.

나는 자기 확신이 자기 인식에서 비롯된다고 믿는다. 내가 아는 스티브는 자기 자신과 자신이 이루려는 것에 대해 단 한 번도 의심한 적이 없다. 또한 일찌감치 자신의 핵심 아이디어들을 수립해 놓았기 때문에 그의 디자인을 이끌어 줄 개념을 찾아 헤맬 필요가 없었다. 그렇다고 해서 새로운 프로젝트에 맞닥뜨릴 때마다 이미 생각해 놓은 개념들을 그냥 적용한다는 건 아니다. 물론 그는 어떤 프로젝트를 맡더라도 그 가능성을 좁힐 작업 원칙을 갖고 있다. 한편으로는 지난 수십 년간 이미지 드로잉을 해오면서 갖가지 형태와 공간 배치를 연구했으며 — 그는 매일 아침 새로운 수채화를 그린다 — 지난 20년 동안 그것들을 건축 현장에서 시험해 보았다. 그래서 개별 프로젝트들 사이에 종종 큰 차이가 존재하지만, 스티브가 설계한 모든 건물에서는 그의 사고방식과 형상화 스타일이 뚜렷이 드러난다.

내가 스티브를 만난 것은 1970년대 말이었다. 당시 그는 고향인 워싱턴 주에서 샌프란시스코와 런던의 건축협회학교를 거쳐 처음으로 뉴욕에 왔다. 스티브는 빌 스타우트와 함께 일하면서 그를 부추겨 건축서 서점을 열게 했고, 런던에서는 당시 렘 콜하스의 제자였던 자하 하디드를 만났다. 그리고 그곳에 자리 잡은 포스트모던 절충주의와 부딪히며 건축협회학교를 다녔다. 아마 이 경험은 오히려 스티브의 모더니즘 사랑을 공고히 해주고, 당시 성행하던 건축의 역사적 암시를 영원히 혐오하게 만들었을 것이다. 하지만 모더니스트가 되는 것도 이미 늦었다. 결국 스티브는 콜하스와 하디드처럼 모더니즘의 형태와 그들이 모더니즘의 가장 중요한 정신으로 여기는 것을 더욱 새롭고 복잡한 건축 양식으로 변모시킬 방법을 찾는 데 천착했다.

런던의 경험이 유익했던 까닭은 또 있다. 바로 스티브의 세계를 넓혀 준 것이다. 황량한 미국 서부 출신이었던 젊은이는 유럽에서 건축에 관한 세련된 대화와 생각을 맛보았다. 이 경험을 통해 그는 건물의 개념과 디자인에서 아이디어가 갖는 의미에 대해 미국에서 깨달은 것보다 더욱 미묘한 생각을 품게 되었다. 몇 년 뒤 그의 작품이 네덜란드와 독일, 이탈리아에서 처음으로 주목받은 것은 우연이 아니었다. 모더니즘 형식주의와 실존주의 철학이 독특하게 융합된 그의 작품을 제대로 인정한 곳은 유럽이었다. 그 이야기는 나중에 더 하겠다.

나는 스티브에게 왜 뉴욕에 왔는지 물어본 적은 없지만, 늘 내가 뉴욕에 온 이유와 같을 거라고 짐작했다. 당시 뉴욕은 정말로 상업과 대중문화, 예술 활동의 독보적인 중심지였다. 오늘날에는 다르다. 뉴욕의 신비로운 분위기는 9·11테러로 느닷없이 사라졌고, 성지의 느낌은 쌍둥이 빌딩과 함께 파괴되었다. 하지만 1970년대 말에는 뉴욕이 창조 활동의 유일한 낙원처럼 보였고, 굉장한 일들이 가능할 것 같았다. 비록 돈에 좌우되는 뉴욕 문화와 힘겨운 싸움을 벌여야 했지만, 뉴욕은 젊고 유능하고 야심찬 건축가가 그림이나 글로, 만약 운이 따른다면 건축으로 명성을 얻을 수 있는 곳이었다. 사실 뉴욕에는 혁신적인 건축물이 별로 없었다. 사방에서 포스트모던 빌딩들이 치솟고, 평범한 상업적 건물들이 돔과 스파이어, 고전적인 장식이나 아르데코 풍으로 꾸며 멋을 냈지만, 대담한 작품은 거의 없었다. 탐욕을 넘어서는 예술의 승리에 대한 희망을 주는 것도 더러 있기는 했다. 브로이어의 휘트니 미술관과 로시의 포드 재단 빌딩, 그리고 외관은 번들거리는 유리지만 그 정신은 철저히 모더니즘인 폴 루돌프의 전설적인 아파트가 그랬다. 오래된 건축물 중에서는 시그램 빌딩, 유엔 본부, 레버 하우스, 데일리뉴스 사옥, RCA 빌딩도 편의주의를 능가하는 새로운 사고의 힘을 보여 주는 본보기였다. 어쨌거나 뉴욕이 혁신의 수도라는 전설을 지탱하기에는 충분했다. 중대한 변화와 기회를 찾는 유능하고 야심만만한 젊은이에게는 거부할 수 없는 유혹이었다.

스티브와 내가 만났을 때, 우리는 둘 다 변변찮은 환경에서 삶과 일을 영위하고 있었다. 사실 우리가 살던 곳은 수많은 임대 공간들로 이루어진 뉴욕 안의 불법 틈바구니였다. 나는 시내에 있는 작은 구두상자 같은 방에서 살았는데, 7.5미터 길이의 제도판을 넣었더니 방이 꽉 찼다. 건물 내부가 워낙 허름해서 이따금 쥐가 문에 구멍을 뚫고 들어왔다. 스티브는 23번가 근처에 거의 버려져 있던 거대한 19세기 백화점 안 자그마한 직사각형 공간에서 살았다. 그 백화점은 건물 정문이 잠겨 있지 않아서 겨울이면 황폐한 로비에 모여 있는 노숙자들을 건너다녀야 했다. 그의 작은 공간 내부는 따뜻하고 깨끗하고 질서 정연했다. 스티브는 그곳을 잠자는 공간과 일하는 공간으로 리모델링했는데, 처음부터 자기 사무실을 두고 항상 그를 위해 일할 사람을 적어도 한 명은 데리고 있었기 때문에 반드시 그래야 했다. 하나뿐인 창문 밖으로는 뉴욕에서 가장 오래된 유대인 묘지가 내려다보였다. 스티브는 그 사실을 무척 자랑스러워하는 것 같았다.

그는 정착이라도 할 것처럼 뉴욕에서 개업했다. 그리고 자신의 사무실 옆에서 건축 모노그래프 연작 소책자인 「팸플릿 아키텍처」를 발행했다. 스티븐 자신을 비롯해 진보적인 생각과 야심으로 가득 찬 젊은 건축가들의 글이 담긴 이 팸플릿의 처음 다섯 권 중 제1호와 제5호를 그가 만들었다. 나머지 것들에는 라스 레루프, 나, 마크 맥, 자하 하디드를 비롯한 여러 건축가들이 참여했다. 그들은 스티브가 정한 몇 가지 엄격한 원칙에 따라 각자의 팸플릿을 디자인했다. 그 원칙들 중 하나는 팸플릿 번호만 적고 건축가의 이름은 싣지 않는 것이었다. 이는 그의 이상을 웅변하는 것이었다. 즉, 우리는 자기 홍보가가 아니라 건축계의 노동자라는 것이었다. 건축이야말로 〈스타〉였다. 나는 스티브의 이 굳건한 이상을 잊은 적이 없으며 지금도 감동 받는다. 빌 스타우트의 서점이 늘 1백 부씩 구입해 준 덕분에 인쇄 비용은 해결할 수 있었다. 여러 서점으로 팔려 나간 그 팸플릿의 포장과 배송은 스티브와 그의 조수 몫이었다.

스티브와 나는 당시 건축 및 도시 문제 연구소 IAUS에서 발행하던 신문인 「스카이라인」의 편집자 앤드루 맥네어를 지인의 소개로 만났다. 앤드루는 젊은 무명 건축가들의 작품을 가장 먼저 소개하는 이들 중 한 사람이었으며, 우리의 좋은 친구이자 지지자였다. 창립자 피터 아이젠먼이 운영하고 필립 존슨이 재정 지원을 맡은 IAUS는 당시에 아주 막강한 기관으로서 케네스 프램턴, 앤서니 비들러, 다이애나 어그레스트, 조앤 콥젝 같은 사람들과 더불어 렘 콜하스와 알도 로시 같은 국제적으로 떠오르는 명사들을 끌어들이고 있었다. 물론 스티브와 나는 밖에서 지켜보는 입장이었지만 그곳의 풍경에 홀딱 반했다. 뉴욕이 스스로를 진보된 건축 사상의 중심으로 여기기에 충분한 근거였다.

그러나 스티브가 가장 매료된 것은 그 연구소의 지적인 분위기가 아니라, 존 헤이덕이 이끄는 건축 학교인 쿠퍼 유니언이었다. 그곳의 학생들은 헤이덕을 비롯해 레이먼드 에이브러햄, 베르나르 추미, 리카르도 스코피디오로 이루어진 교수진의 지도 아래 신기하고 새로운 아이디어를 실험하고 있었다. 거기서는 포스트모더니즘 풍의 작품을 용납하지 않았다. 스티브는 그곳의 수도원 같은 분위기에 끌렸다. 그는 미스와 르코르뷔지에, 더욱 윤리적인 모더니즘 사상으로부터 진화한 헤이덕의 시적이고 독특한 건축을 진심으로 존경했다.

글과 그림, 미완성 프로젝트 전시 및 교육 활동 — 1982년에 스티브는 컬럼비아 대학교에서 학생들을 가르치기 시작했다 — 으로 몇 년을 보낸 그는 마침내 몇 가지 작품을 만들어 냈다. 코네티컷에 건축한 수영장 딸린 집, 뉴욕 5번가의 아파트 그리고 가장 중요한 작품인 가구 전시장은 뉴욕의 실질적 중심인 메디슨 가와 72번가가 만나는 모퉁이에 있었다. 그 작품은 뉴욕과 유럽, 아시아의 비평가들로부터 엄청난 주목을 받았다. 그 전시장이 당시 유행하던 포스트모더니즘의 아이러니를 배제하고 모더니즘의 어휘를 확장시켜 주는 새로운 것이라는 사실은 누구나 알 수 있었다. 직설적이고 이해하기 쉬우면서도 정확성과 디테일이 선명하게 드러났으며, 정말로 놀라운 점은 구리나 강철, 유리 같은 산업 재료에 대한 전혀 새로운 감성을 보여 주었다는 것이다. 더욱 극단적인 전 세대의 작품인 바르셀로나 파빌리온처럼 스티브의 전시장은 당시 득세하던 천박한 절충주의의 막다른 골목에서 벗어날 희망의 길을 보여 준 한시적 건축물이었다. 그 작품은 당시 건축계에 엄청난 충격을 안겨 주었는데, 특히 유럽의 젊은 건축가들에게 그러했을 것이다.

스티브의 건축이 독창적이라는 사실은 처음부터 명확했다. 그는 익숙한 것을 받아들여 새로운 것으로 탈바꿈시켰다. 몇 가지 예외는 있지만, 스티브는 극단적인 형상화로 자신의 작품에 극단적인 느낌을 준 적이 없다. 오히려 익숙한 사물과 사건을 새롭게 바라보는 방식을 추구한다. 그래서 독서하고 그리고 생각하는 데 많은 시간을 할애한다.

스티브에게는 늘 사고가 가장 중요하다. 그의 건축관을 형성한 것은 건축 이론이 아니라 철학과 과학에서 비롯된 개념들이다. 세상을 설명하는 사상들은 그의 작품에 영감을 주었을 뿐만 아니라 그의 사고를 평가하는 생각의 기준을 제시해 주었다. 그는 건축이 아무리 고상한 것이라 해도 오로지 그 자체의 형식적 원칙에만 응답하는, 세상과 동떨어진 특별한 예술이 아니라 인류의 폭넓고 다양한 욕망을 충족시키는 예술이어야 한다고 생각한다. 대부분의 건축가들은 자신의 작품이 더욱 포괄적인 사상들과 비교될까 봐 두려워서 그런 열망을 멀리한다. 스티브는 그것을 두려워하지 않는다. 그는 가장 복잡한 개념들을 변명 없이 직설적으로 표현하며, 그것이 건축의 의무라고 여긴다.

스티브는 특히 현상학에 관심이 많다. 인식과 육체, 그것들과 물리적 세계의 상호 작용에 관한 철학과 과학은 건축적 사고의 자연스러운 동반자이지만 좀처럼 사용되지 않는다. 스티브는 그것들을 건축이 — 특히 그의 건축 — 세상에 선보이는 물질성과 형상화와 연관시킨다. 자신이 쓴 여러 책에서 그는 건축이 어떻게 인간의 경험에 대한 이해의 틀을 창조하는지 아주 또렷하게 설명했다. 『시차Parallax』

에서 그는 이렇게 말했다. 「오늘날 사고와 감정 사이에 다리를 놓는 작업의 절박한 필요성이 이 책의 주요 담론이다. …… 정확한 사고로 창조된 통계, 원인과 결과, 시공으로 이루어진 과학자의 세상은 정서와 의지의 세상으로부터 동떨어져 있다. 상상력 자극을 위한 새로운 기폭제로서 사고와 감정은 융합되어야 한다. …… 건축가가 영감을 얻으려면 크고 작은 모든 세계를 탐험해야 한다. 영원성은 가장 작은 것에 존재한다.」

이 말에서 스티브는 〈신은 작은 것에 존재한다〉라고 한 미스를 뛰어넘는다. 그의 야망은 개념적으로는 하나인 서로 다른 세계들 사이에 지각(知覺)의 다리를 놓는 것이다. 그는 학자나 예술가뿐만 아니라 모든 사람이 그 다리를 건널 수 있길 바란다. 따라서 건축에는 지성이나 감성뿐만 아니라 상상력도 동원되어야 한다. 요컨대 그가 바라는 것은 우리에게 영감을 주는 건축이다. 그게 가능하려면 새로운 통찰과 깨달음이 필요하다. 이것이 바로 스티브가 오늘날 활동하는 대부분의 건축가들과 다른 점이다.

스티브가 가장 주목하는 현상이 빛이라는 사실은 놀라운 일이 아니다. 우리는 대부분 눈을 통해 인지하는 세상에 살고 있으며 빛은 그 매개체이다. 스티브는 롱샹 성당이나 타르콥스키의 영화를 비롯해 다양한 장소에서 경험한 빛을 자신의 여러 책에서 능숙한 글 솜씨로 설명해 놓았다. 건축은 빛을 형상화하고 그것에 구조와 형태를 주며, 그것을 이해 가능하게 만듦으로써 인지할 수 있는 의미를 부여한다. 하지만 빛은 늘 모호하고 끊임없이 변화하며, 상상력만이 데려갈 수 있는 불가사의의 영역으로 이끌 때조차 우리를 좌초시킨다. 스티브의 작품인 시애틀의 성 이냐시오 성당과 크랜브룩에 있는 빛의 실험실은 빛의 환기(喚起) 능력을 보여 주는 명백한 에세이지만, 그의 모든 프로젝트들, 그중에서도 미술관들은 어떤 식으로든 빛과 그 짝인 그림자에 대한 찬미이다. 특히 자연광과 인공광에 대한 혁신적인 비전을 보여 주는 내부 공간은 당대 건축에서 독보적이다.

온갖 사상에서 영감을 받는 건축가인 스티브는 도시 디자인 문제에 관심을 가지지 않을 수 없었다. 그의 관심은 개별 빌딩들을 보기 좋게 배치하는 일반적인 문제를 넘어 도시의 성장과 패턴을 다루는 포괄적인 문제로 확장되었다. 도시 계획에 관한 그의 초기 저작인 『알파베티컬 시티*The Alphabetical*

City』는 1970년대 도시 구획에 맞춰 고안된 빌딩 타입들을 치밀하게 연구하고 요약한 학술적인 작품이다. 비록 스티브 자신의 디자인은 실려 있지 않지만, 이 책에서 그는 건축가와 도시 공무원, 개발자에게 과거의 도심 빌딩 패턴을 재평가하고 미래의 도시 계획을 염두에 두면서 바라볼 것을 간청했다. 매우 온건하고 심지어 보수적인 느낌마저 주는 주장이었다. 하지만 1980년대 중반에는 더욱 대담해졌으며, 자신의 현상학과 건축을 더욱 확신하게 되었다. 경험적이고 단편적인 접근을 위해 스티브가 제안한〈밀라노 포르타 비토리아 프로젝트〉는 그가 디자인한 다양한 형태의 빌딩들로 형상화된, 개념적으로 맞물린 도시 공간들의 비전을 절묘하고 설득력 있게 보여 주었다. 그 빌딩들은 모두 익숙한 것과 신기한 것이 놀랍도록 잘 융합되어 있었다. 1990년대 중반의〈도시 가장자리〉프로젝트에서는 그의 생각이 더욱 대담해졌다.「오늘날 도시 계획에는 피로감이 역력하다. 학계의 오래된 계획자들이 만드는 보고서와 지도, 장기적인 계획은 급격한 자본주의 개발에 밀려 무시되고 있다. …… 도시 계획은 지금도 변함없이 중대한 문제이며, 따라서 새로운 전략과 열정이 필요하다.」동시에 그의 생각은 더욱 미국적으로 웅장해졌다.「도시 가장자리는 도시와 자연의 풍경이 겹치는 철학적인 지역이며, 선택이나 기대 없이 존재한다. 이 지역에는 도시와 시골의 경계를 그려 줄 비전과 계획이 필요하다. …… 전통적인 계획 방식은 더 이상 도시 가장자리 지역에 적합하지 않다.」이 주장과 함께 그는 클리블랜드, 댈러스, 피닉스, 뉴욕의 지극히 다른 도시 가장자리들을 변화시키려는 대담하고 포괄적인 프로젝트를 시작했다. 늘 그렇듯 힘겨운 조사를 바탕으로 한 웅장한 디자인 작업이었다. 과거에 스티브가 제안한 도시 계획들은 대부분 무시 당했다. 그가 꼭 필요하다고 생각해서 직접 나선 이 놀라운 프로젝트는 어느 유명한 비평가에게 야만적인 비판을 받았으며, 다른 사람들은 거짓 칭송으로 그를 조롱했다. 그들은 스티븐 홀이 그에게 명성을 가져다준 빌딩 설계 분야를 고수해야 한다고 여겼다. 자신의 생각과 프로젝트를 실현하는 데 따르는 시련에 익숙해진 스티브는 그런 비판을 수용하고 계속 나아갔다.

마지막으로 스티브의 사고방식과 작업 방식에 관해 잘 알려지지 않은 일면을 소개하겠다. 처음부터 그는 자신의 디자인에 대한 동료들의 비판을 능동적으로 받아들였다. 설계 작업이 진행되는 동안 그는 명망 있는 동료를 — 심지어 이따금 건축 수주 문제로 경쟁하는 동료도 — 사무실로 초대해 준비 단계나 개발 단계에 있는 프로젝트에 대한 자신의 아이디어와 작업 현황을 공개하고 자유롭게 의견을 말해 보라고 권한다. 그러면 동료는 대개 처음에는 미심쩍어하다가 결국 자신의 의견을 피력한다. 스티브는 귀 기울여 듣다가 고개를 끄덕이고 허심탄회하게 토론한다. 수년간 학생을 가르쳐 온 그의 경험에 비춰 볼 때 이런 개방성은, 정직하고 때로는 거친 비판을 원하는 스티브의 지혜로움과 배움에 대한 열망, 타인의 생각에 대한 깊은 존중을 증언해 준다. 바로 이런 성품 덕분에 익숙한 것을 새로운 눈으로 보고 끊임없이 혁신적인 디자인을 할 수 있었던 것이다.

1970년대 말에 이따금 스티브와 나는 함께 점심을 먹곤 했다. 우리가 즐겨 간 식당은 커낼 가 밑에 있던 스퀘어 디너였는데, 그곳의 콩 수프는 뉴욕에서 1달러로 먹을 수 있는 최고의 음식이었다. 거기서 우리는 대개 건축에 관한 이야기를 하면서 종종 언쟁을 벌였다. 우리의 차이는 처음부터 확연했다. 당시 우리는 둘 다 상상의 프로젝트를 그리며 지냈는데 — 의뢰는 한 건도 들어오지 않았다 — 스티브는 자신의 생각을 건축으로 구현하고 싶어 했고, 나는 자유로운 스케치를 아이디어 구현의 도구로 즐기면서 건축 의뢰인을 훼방꾼으로 여겼다. 스티브는 버르토크의 음악을 들었고, 나는 바그너의 음악을 들었다. 그는 메를로퐁티의 글을 읽었고, 나는 조지프 캠벨과 로버트 그레이브스의 글을 읽었다. 그는 도시 빌딩들의 유형학에 주목했고, 나는 성장하는 도시의 무너져 가는 느낌에 주목했다. 그는 토메이토라고 말했고, 나는 토마토라고 말했다. 하지만 우리는 대화를 멈추지 않았다. 사실 둘 다 서로의 차이에서 무언가를 얻었으며, 오늘날에도 그러하다.

이 책은 독특하고 재능 있는 한 건축가의 작품들, 그의 진화하는 생각과 방식에 관한 새로운 시각을 우리에게 선사한다. 다 같이 읽으면서 보자. 천천히, 진지하게. 여기 담긴 이야기는 그가 바라는 대로 수많은 놀라운 세상들 사이에 다리를 놓아 줄 것이다.

2006년 7월 28일
뉴욕 시에서

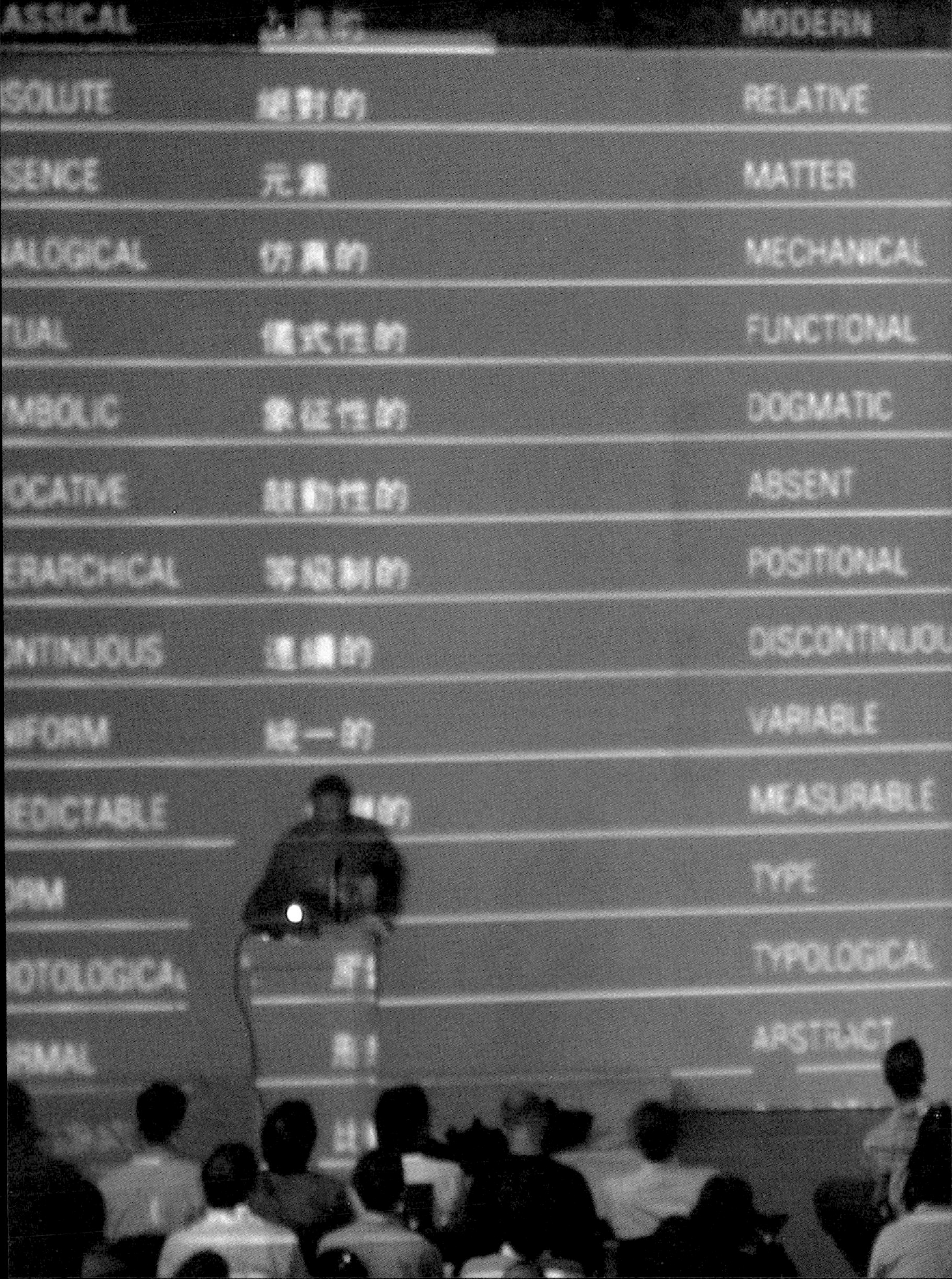

MODERN
絕對的
RELATIVE
元素
MATTER
MECHANICAL
FUNCTIONAL
DOGMATIC
ABSENT
POSITIONAL
DISCONTINUOU
統一的
VARIABLE
MEASURABLE
TYPE
TYPOLOGICAL

사물에 이름을 붙이는 것은 즐거움의 4분의 3을 억누르는 것이다.
…… 암시하는 것, 그것이 꿈이다.
— 스테판 말라르메

대중 앞에서 강연할 때마다 나는 진행 중인 프로젝트들을 정리해 하나의 화두를 정한다. 강연을 하다 보면 여러 가지 이슈와 아이디어가 도마에 오른다. 질문은 피드백과 대화를 이끌어 낸다. 공개 강연에서는 지나치게 심각해지지 않고 온갖 이슈를 논의할 수 있다. 특히 강연 후 질문을 받을 때는.

최근까지의 프로젝트들을 모아 놓은 이 책은 네 가지 담론과 관련된 작품들을 연대순에 따라 네 챕터로 묶은 것이다.

프로 교토: 중대한 지구 변화에 대응하는 협약에 가입하기를 거부한 호전적인 미국 정부에 맞선 저항과 환경적 결의에 대한 담론.
응축: 건축적 농도에 대한 담론.
다공성: 단계적 변화와 실험적 기원(祈願).
도시주의: 기폭제로서의 건축과 21세기 빌딩 배치에 대한 재고.

이 네 가지 담론과 함께 이 책을 구상하기에 앞서 2004년에 비평가이자 큐레이터인 밀드레드 프리드먼과 가졌던 인터뷰의 내용이 실려 있다. 각각의 프로젝트에 대한 〈관련 일화〉로서 수정 없이 그대로 실었다. 덕분에 디너파티 테이블에서 편하게 주고받은 이야기를 기록한 글처럼 일상적인 대화의 리듬이 살아 있다.

이 사적인 이야기들은 건축이라는 쉽지 않은 작업을 위해 내가 거쳐 온 시련의 지도를 그려 준다. 건축은 시작 단계에서는 가장 연약한 예술이지만, 그것을 구현하는 기쁨과 경험적 충족감은 오래 지속된다.

뉴욕 시에서

PRO KYOTO

2001년 4월 18일
코넬 대학교 스타인버그 홀
미국 뉴욕 주 이타카

2001년 10월 1일
워싱턴 대학교 건축대학원
미국 세인트루이스

2001년 10월 20일
아바코 문화협회
이탈리아 비첸차

2001년 12월 17일
베이징 대학교
중국 베이징

2002년 2월 25일
배서 칼리지 아그네스 린지 클래프틴 강연
미국 뉴욕 주 포킵시

2002년 4월 22일
뉴저지 공과대학 건축대학원
미국 뉴저지 주 뉴어크

영문판 『손자병법』의 역자 서문에 나오는 몇 구절로 이 강연을 시작하고 싶다. 손자는 지피지기면 백전백승, 싸우지 않고 이길 수 있다고 했다.

이 소설의 주인공인 마법사 원숭이는 원숭이 문명을 이룩하고 원숭이들의 나라를 세워 우두머리가 된다. 얼마 후 그 원숭이는 〈세상을 혼란에 빠트린 악마〉를 물리치고 그 악마의 검을 빼앗는다. 검을 가지고 자신의 영토로 돌아온 원숭이는 검술을 연마한다. 심지어 자신의 원숭이 부하들을 가르쳐 장난감 무기와 전쟁에서 휘두를 홀(笏)까지 만들게 한다. 그러나 한 나라의 군주였던 그 원숭이는 안타깝게도 자기 자신은 다스리지 못한다. 이 이야기 속의 원숭이 왕은 지혜 없이 권력을 휘두르면서 세상의 질서를 어지럽히고 엄청난 소란을 일으킨 끝에 도를 넘어선 짓을 한 죄로 결국 산 속에 갇히고 만다.¹

이제 그 원숭이는 자신을 풀어 달라고 석가여래에게 애원한다. 석가여래는 원숭이 자신뿐만 아니라 온 세상을 위한 깨달음을 찾으러 떠나야 한다는 조건으로 원숭이를 풀어 준다. 마침내 원숭이가 긴 여행길에 오르기 전에 석가여래는 예방 차원에서 원숭이의 머리에 고리를 씌운다. 원숭이가 다시 말썽을 피울 때 특별한 자비의 주문을 외면 그 고리가 머리를 조여 엄청난 고통을 주게 된다.²

일본에서 건축 작업을 할 당시, 나는 교토에 있는 료안지 사원을 자주 방문했다. 일본 사람들은 그 사원의 돌 정원을 걸작으로 여긴다. 이 사원은 가레산스이, 즉 〈메마른 산수〉 양식으로 만들어져 있다. 다양한 크기의 돌덩이 15개가 하얀 자갈밭 위에 배열되어 있는데, 어느 각도에서 봐도 한 번에 14개만 보인다. 영적인 깨달음을 얻은 자만이 그 보이지 않는 나머지 하나의 돌을 볼 수 있다.

내가 처음 그 정원을 본 것은 어느 추운 1월의 아침이었다. 사원 경내에 들어서자마자 우리는 승려들이 시키는 대로 신발을 벗어 나무 신발장에 넣고, 반질반질하게 닳은 마루로 올라갔다. 창호지를 바른 칸막이들 사이로 걷는 동안 한기가 느껴졌다. 두 군데 구멍이 뚫린 얇은 양말을 통해 마룻바닥의 냉기가 스며들었다. 흠 잡을 데 없이 갈퀴질을 해놓은 하얀 자갈밭에 돌덩이 15개가 늘어선 정원 가장자리를 따라 걸을 때 우리가 내뿜는 입김만이 정적을 깼다. 널찍한 판자로 만든 좌대는 승려들이 꼿꼿하게 가부좌를 틀고 앉아 있기에 딱 알맞은 크기였다. 정원 가장자리의 중앙에서 보니, 돌덩이들 사이의 거리를 눈으로 가늠할 수 있었다. 원근법에 따라 모두 팔 한 짝 길이만큼 떨어져 있었다. 직각을 이루는 선들과 극도의 미니멀리즘으로 완성된 이곳의 추상성은 문화와 역사, 시간의 한계를 초월하는 느낌이었다.

이 돌 정원을 둘러싼 낮은 직사각형의 〈구운 흙〉 담장에는 마치 수채화로 구름을 그린 듯 불규칙하고 아름다운 무늬가 있었다. 마룻바닥은 워낙 오래돼서 나뭇결이 돋아 오톨도톨했는데, 마치 늙고 오그라든 승려의 살갗을 뚫고 튀어나온 뼈에 닿는 기분이었다. 칸막이들이 굳게 닫혀 있었지만, 창호지를 통해 새어 나오는 흐릿한 불빛 덕분에 내부 벽에 걸린 수묵화가 어렴풋이 보였다. 갓 엮어 만든 다다미의 향긋한 냄새가 방 안에서 풍겼던 기억도 난다.

6년 뒤, 나는 운 좋게 교토로 돌아와 다시 료안지 사원을 방문했다. 그 공간에 다시 가까워진다는 흥분과 기대가 지금도 기억난다. 그 미묘한 힘에 사로잡힌 기분이었다. 하지만 8월

말이었던 그때는 몹시 덥고 습한 오후에 방문할 수밖에 없었다. 료안지 사원은 표면적으로는 예전과 다름없었지만, 내가 느낀 바는 완전히 달랐다. 이번에는 창호지 칸막이들을 모두 열어 놓아서 건물 안으로 바람이 불고, 자갈 정원에 인접한 건물들이 겹쳐져 보였다. 칸막이들이 활짝 열린 방들을 지나치며 걷는 동안, 눈앞의 풍경이 변하면서 공간들의 시차(視差)가 드러났다. 미스 반데어로에의 바르셀로나 파빌리온과 흡사했다. 이번에는 방 안의 수묵화들이 밖에서도 훤히 보였는데, 건물 내부로 불면서 8월의 더위로 후끈거리는 공간들을 식혀 주는 바람의 일부 같았다. 붓으로 그린 검고 푸르스름한 곡선들이 시원해 보였다. 마치 살아 움직이는 듯했다.

여러 가지 소리도 들렸다. 6년 전 겨울에 찾아왔을 때는 들리지 않던 요란한 매미 소리와 은은한 종소리. 마치 영사기의 렌즈처럼 료안지의 신비로운 추상적 공간들은 계절 변화를 확대시켰다. 공간과 물질, 계절의 연계가 워낙 미묘하고 강렬해서, 숨어 있던 생명력이 드러나는 것만 같았다. 건축의 현상학이 생명의 원리를 조명하는 듯했다. 합쳐지고 변하는 원근 풍경들, 세밀한 목공예, 나무와 돌의 결, 냄새, 소리, 그 모든 것이 자갈과 종이, 나무로 이루어진 이 건축물 안에서 조합되고 표현되어 있었다.

일본에서 우리는 새로운 도시 계획 기준을 세우는 실험의 일환으로 보이드 스페이스/힌지드 스페이스 주거 단지와 마쿠하리 주거 단지를 지었다. 전자는 주변 도시를 연결된 공간hinged space에서 고요한 빈 공간void space으로 변모시킨다. 북쪽을 향한 네 개의 동적인 빈 공간과 남쪽을 향한 네 개의 정적인 빈 공간이 맞물려 건물 내부의 삶에 신성한 느낌을 부여한다. 도로를 따라 가게들이 늘어서 있고 외벽을 의도적으로 단순화한 이 건물은 공간을 형성하려고 노력한 덕분에 도시의 일부로 보인다. 도시 공간이건 개인 공간이건, 연결된 공간은 매개체이다.

마쿠하리 주거 단지는 진흙 위에 세워졌다. 이 뉴타운은 흙을 끌어다 매립한 도쿄 만 가장자리에 자리 잡고 있다. 이곳 주민들의 이동 수단은 고속 열차다. 우리는 자동차 사용을 최소화하는 다양한 프로그램의 일환으로 자연 환기 시설을 갖춘 차고를 지었다. 두 가지 뚜렷한 타입, 즉 정적인 육중한 빌딩과 동적인 가벼운 구조물의 상호 관계가 우리의 콘셉트이다. 조용한 건물들은 내부 정원을 통해 들어가는 아파트들과 함께 도시 공간과 통로의 형태를 구성한다. 그 아파트들 내부에는 모든 쓰레기에 대해 재활용품 분류가 가능한 첨단 시설이 갖춰져 있다. 일본 시인 바쇼의 여행기인 『북부 오지로 가는 좁은 길奧の細道』에서 영감을 얻은 이 주거 단지의 반공개 내부 정원들과 활동가 주택들의 원근법적 배치는 〈안(內)으로의 여행〉을 의미한다.

우리는 하와이 카우아이에 바다 별장을 설계하면서 그 불안한 지대의 지질 구조를 고려했다. 대표적인 가장자리 지각판인 그 지대는 해마다 약 9센티미터씩 일정하게 열 지점 hot spot 위를 이동한다. 그래서 이 건물 메인 하우스의 큰 방에 있는 부분 층계는 약 9센티미터씩 높아진다(1년에 한 계단씩). 얼룩진 콘크리트 건물들 지붕에 덮여 있는 태양광 집광판은 휴식처 전체의 냉난방을 책임진다. 코너 테라스의 작은 수영장은 근처에서 가져온 화산암으로 만든다.

2001년 7월 22일 일요일자 「뉴욕타임스」에 미국 에너지 산업의 급격한 화석 연료 소비 증가를 다룬 〈과거의 영광을 되찾은 석탄〉이라는 기사가 실렸다.

〈프로 교토〉라는 제목의 강연에서 나는 교토 의정서 비준을 거부한 미국, 특히 부시 행정

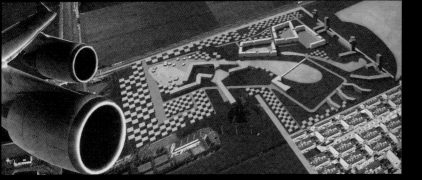

부를 언급하며 비난했다.

오늘날 덴마크는 세계에서 가장 앞서 가는 풍력 발전 국가로서, 지식과 전문성, 발전된 기술의 독보적인 중심지이다. 머지않아 덴마크는 풍력 발전에서 얻는 청정에너지로 전력 소비량의 20퍼센트 이상을 감당할 것이다.

우리는 야심찬 친환경적 목표를 가지고 암스테르담에 톨렌뷔르흐-자위트 주거 단지를 지었다. 이 프로젝트의 각 부분은 전체 환경을 고려한 것이며, 각각의 특수한 친환경적 기능이 최적화되도록 설계했다. 예컨대 플로팅 빌라들은 빗물을 재활용하고, 체스보드처럼 배열한 정원 주택들은 집광판을 이용해 태양열을 최대로 이용한다.

이 주거 단지 안에서는 무공해 태양 에너지와 자연 환기, 녹색 공간이 최대로 활용된다. 재활용 시설과 쓰레기 처리 시설은 이곳에 자양분을 제공한다. 유기농 카페에서 나오는 쓰레기는 개인 채마밭의 퇴비로 쓰고, 중수의 재활용으로 하수 발생을 최소화한다. 이상적인 친환경 설비와 더불어 초현대적 스타일의 공간과 자재, 디테일도 갖추고 있다.

코네티컷에 있는 휘트니 정수 시설 공원은 풍광 좋은 정수장 단지를 공원으로 만든 것이다. 하루 약 5천7백만 리터의 물을 정화하는 이 새로운 처리 시설의 공정은 분자 수준에서 이루어진다. 예컨대 오존화 공정에서는 산소 O_2가 오존 O_3로 바뀌어 물속의 박테리아를 죽인다. 정수 공정의 분자에서 지상 공원으로의 스케일 변화는 미시적 형태들을 공원 구역들로 해석한다는 뜻이다. 그래서 공원을 구성하는 여섯 구역은 지하 정수장의 여섯 단계 정수 과정에 해당된다.

중력의 법칙에 따라 물은 공원을 가로질러 정수장으로 흘러 내려간다. 이곳의 정원들은 폭우 때 빗물을 거르고 저장하여 인근 지역으로 물이 넘치는 것을 방지한다. 지열을 이용한 펌프 시스템을 갖춘 88개의 우물이 건물의 냉난방에 필요한 재생 에너지를 공급하기 때문에 화석 연료 사용으로 인한 환경 피해가 없다. 이 건물은 HCFC, CFC, 할론을 전혀 사용하지 않는다.

정수장 위에는 2만8천여 제곱미터의 녹지가 깔려 있는데, 이는 코네티컷 주에서 최대 규모이다. 지붕 노릇을 하는 이 녹지는 단열 효과를 증대시키고, 열섬 현상을 막아 주며, 폭우로 인한 유수를 조절해 준다. 이 초록 지붕은 유지와 관리가 쉽고, 〈잔디 깎기〉나 물 대기가 필요 없다. 대부분의 풀은 15센티미터 정도 높이로 자라고, 두 번의 성장 철을 거치면 공원을 완전히 뒤덮는다.

빌딩 숲으로 이루어진 도시를 계획하는 일이건 드넓은 초원에 집 한 채를 짓는 일이건 간에, 인간과 그들이 사는 지구에 관해 더욱 심도 있고 종합적인 비전을 찾는 것이 오늘날 건축의 당면 과제이다. 건축은 자연과 사회, 인간을 이어 주는 튼튼한 다리 노릇을 해야 한다. 21세기의 지구는 이미 3분의 1이 개발되었으며, 대부분 넘쳐 나는 쓰레기로 몸살을 앓고 있다. 따라서 근본적인 태도 변화, 가치의 수정이 반드시 필요하다.

위대한 비평가 콜린 로를 기리고자 마련한 오른쪽의 표는 21세기 건축의 특징을 간략하게 정리하고 있다.

마지막으로 영문판 『손자병법』 역자 서문에 나오는 두 인용문을 소개하겠다. 모두 공자의 말씀이다.

> 내가 한 모퉁이를 들어 가르칠 때 나머지 세 모퉁이를 스스로 깨치지 못하는 자와는 더 말할 가치가 없다.[3]

1. Tzu, Sun, *The Art of War*(Boston: Shambhala Publications, 1988), p. 15.
2. 위의 책, p. 16.
3. 위의 책, p. 37.
4. 위의 책, p. 15.

행동한 뒤에 느끼고 이해하는 것은 참된 이해라고 부르기 어렵다. 보고 나서 아는 것은 진정 아는 것이라고 말하기 어렵다. 이 세 가지는 올바르게 느끼고 반응하는 것과는 거리가 멀다. 무언가가 존재하기 전에 그것을 하는 능력, 무언가가 나타나기 전에 그것을 보는 능력, 이것들은 상호 발전한다. 이 경지에 이르면 느끼지 않아도 이해하게 되고, 무슨 일을 하든 주목을 받으며, 어딜 가든 이익을 얻는다.4

건축과 새로운 건축

	고전 건축	현대 건축(20세기)	21세기 건축
1.	절대적	상대적	상호적
2.	고정적	안정적	역동적
3.	물질적-형이상학적	물질적-현실적	실질적-현실적
4.	시간과 공간	시간-공간	시간-공간-정보
5.	본질	물질	정보
6.	획일	분열	다양
7.	아날로그	기계적	디지털
8.	의식(儀式)	기능	작용
9.	상징적	교리적	우연적
10.	균형	자율	조화
11.	환기	부재	반응
12.	계급	위치	전술
13.	연속적	불연속적	간헐적
14.	밀집성	파편성	자기 유사성
15.	일률적	가변적	진화적
16.	정밀	정확	결합
17.	예상	계측	차이
18.	기준	타입	유전자
19.	원류	유형	위상
20.	형식적	추상적	융합적
21.	비유적	구조적	하부구조적
22.	엄숙	혹독	태평
23.	의례적	엄격	자유분방
24.	순수	순결주의	잡종
25.	암호	관계	화합
26.	통제	질서	시너지
27.	평면(2D)	부피	풍경
28.	구성	위치	배열

휘트니 정수 시설 공원

Whitney Water Purification Facility and Park

코네티컷 주 남중부, 1998~2005

이 정수장 공원은 물과 정수 공정을 메타포로 사용하여 설계되었다. 공원 밑에는 정수 시설이 갖춰져 있고, 지상에 세워진 110미터 정도 길이의 은빛 스테인리스 구조물은 관람객을 위한 공간과 관리실로 이루어져 있다. 물방울을 뒤집어 놓은 형태인 이 은빛 구조물은 지하 정수장의 작업을 표현한 것이다. 그 형태로 인해 내부 공간은 곡선 구조이며, 한쪽 끝의 대형 유리창 밖으로 주변 풍경이 펼쳐지고 외벽에는 지평선이 비친다.

이 공원을 이루는 여섯 구역은 정수 과정의 여섯 단계에 해당된다. 정수 공정의 분자 규모에서 지상 공원 규모로의 스케일 변화는 미시적 형태들을 공원 구역들로 해석한다는 뜻이다. 이 공원의 〈미시에서 거시micro to macro〉 콘셉트는 자재와 공간의 관계에 대한 뜻밖의 도전적인 재해석을 이끌어 낸다. 예를 들어 오존 살균ozonation bubbling에 해당하는 녹지 구역에는 〈거품〉 모양의 채광 렌즈들이 있어서 지하 정수장에 자연광을 뿌려 준다. 여과에 해당하는 구역의 입구에는 포도 넝쿨로 뒤덮인 격자 울타리가 세워져 있다. 중력 법칙에 따라 물은 공원을 가로질러 정수장으로 흘러든다. 그 물이 이리 돌고 저리 돌고 여과와 살균을 거쳐 마침내 깨끗한 상태로 바뀌는 과정은 거대한 공간으로 이루어진 새로운 공원의 미시적 친환경성을 의미한다. 은빛 구조물의 하부에는 이 공원 곳곳에 깨끗한 물을 공급하는 워터 펌프들이 늘어서 있다.

수원 보호와 관리가 당면 과제로 떠오른 오늘날, 이 프로젝트는 가장 안정적인 설계의 척도와 저수지 관리 방식의 좋은 본보기이다. 더구나 기존의 습지를 넓혀 역동적인 소규모 생태계를 구성함으로써 생물 다양성을 증대시킨다.

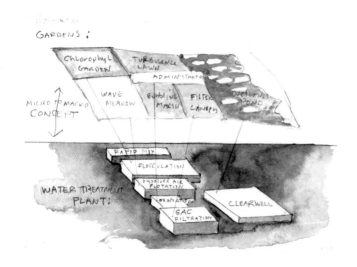

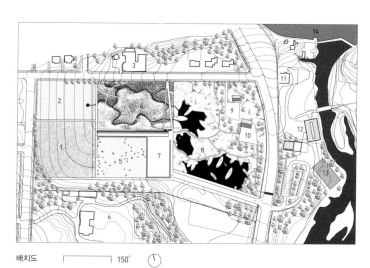

배치도 ├─────────┤ 150′ 🕐

1. 물결치는 초원 2. 클로로필 공원 3. 펌프장 4. 요동치는 잔디밭 5. 거품의 습지(정수장 위)
6. 공원 7. 여과의 정원 8. 습지 연못 9. 기숙사 보존관 10. 창고 보존관 11. 워터 센터 12. 박물관
13. 강당/커뮤니티 센터 14. 호수

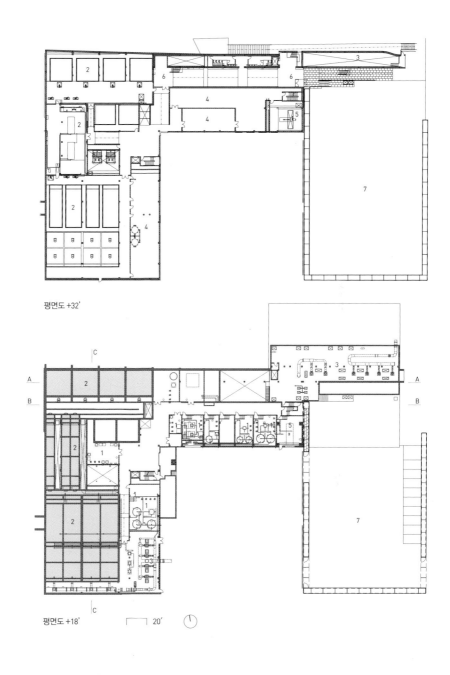

평면도 +32'

평면도 +18' ⌐ ⌐ 20' ①

1. 화학 약품 창고   2. 처리장   3. 기계실/전기실   4. 남는 공간   5. 저수실   6. 로비/전시 공간   7. 여과장

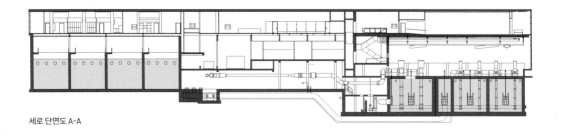

세로 단면도 A-A

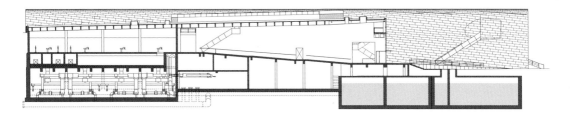

세로 단면도 B-B

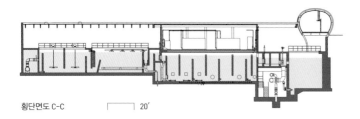

횡단면도 C-C   20´

휘트니 정수 시설 공원은 휘트니 호수의 물을 정화하여 하루 5천7백만 리터의 물을 도시에 공급하도록 설계되었다. 1998년에 우리는 인터뷰에서 다른 회사들을 제치고 설계자로 선정되었다. 정수장은 고사하고 그 비슷한 건물도 설계해 본 적이 없는 우리가 이 프로젝트를 맡은 것은 놀라운 일이었다. 정수장 인근에 예일 대학교 교수들이 여럿 산다는 사실은 나중에 알았다. 그들은 휘트니 수도국이 각종 설비와 저장 탱크로 이루어진 정수장을 흉측한 박스로 덮도록 내버려 두지 않을 작정이었다.

1970년대에 로런스 핼프린 건축 사무소에서 일하던 무렵 나는 미 육군 공병대의 미시간 주 플린트 시 홍수 예방 프로젝트에 참여했다. 우리는 나선식 양수기와 분수용 펌프 따위를 설계했고, 강을 가로지르는 다리도 설계했다. 그때 나는 기술자들과의 작업이 어떤 것인지 알게 되었다. 회의 한 번에 기술자가 30명씩 참여하곤 했다. 그들과의 미팅은 흥미로웠다. 그들의 관심사는 예산, 파이프 연결 방식, 중력, 높이, 자연 유수 활용법, 닫힌 밸브의 위치, 역세척에 좋은 것 따위였다. 건축가들의 회의와는 전혀 달랐다.

대개 기술자들은 이런 정수장을 커다란 박스처럼 만들면서, 응용 건축을 적용한 건물처럼 보이게 하려고 한다. 우리는 전체 기능의 8분의 7을 공원 아래 지하에 두자고 제안했다. 빛이 필요 없는 시설이었기 때문이다. 그리고 공원은 정수장의 주요 시설들에 해당하는 여섯 구역으로 나누기로 했다. 이 정수장의 주요 시설은 급속 혼합실, 응집

실, 용존 공기 부상실, 오존실, 과립형 활성탄 여과실, 정수지이다. 첫 콘셉트 스케치를 보면 공원의 여섯 구역이 지하의 주요 시설에 상응하도록 표시되어 있다. 단 하나 예외인 부분은 관리소 건물인데, 뒤집힌 물방울 모양으로 설계한 그 건물은 지하 정수장에 사용되는 것과 같은 스테인리스 스틸로 만들기로 했다. 이 정수장은 컴퓨터로 자동화되어 있다. 〈은빛〉 관리소 건물은 몇 군데 창문과 강당이 있고, 커다란 유리창 밖으로 독수리 바위가 보인다. 강당에서 나오면 멀리 독수리 바위와 강이 보인다. 처음에는 기능적인 의미가 없는 형상이었던 건물이 나중에 하나의 기능을 갖게 되었다. 내부에 역세척용 펌프 리프트가 설치되면서 기능적 의미가 생긴 것이다. 이 물방울 형태 공간 안에 들어가는 것은 무척 흥미로운 경험이다. 기능적 척추이자 관리 업무 공간들로 이루어진 건물답지 않게 매우 아름다운 형태이다.

지상과 지하의 여섯 구역들이 의미하는 화학적 연관성의 개념을 나는 공식적으로 〈미시에서 거시로의 변환〉이라고 불렀다. 그 여섯 구역들은 미시적 규모에서 거시적 규모로의 변화의 특징을 갖고 있다. 이 기하학적 스케치는 분자 구조도와 흡사하다. 우리는 서로 다른 미시적 화학적 성질들을 거시적으로 해석했다. 예를 들어 지상의 몇몇 구역에 삼투막 형태의 구조물을 설치했는데, 이는 정수장의 여과 과정을 형상화한 것이다. 이 정수장에서는 다양한 여과 장치와 화학 약품을 물에 넣어 이물질을 바닥으로 떨어뜨린다.

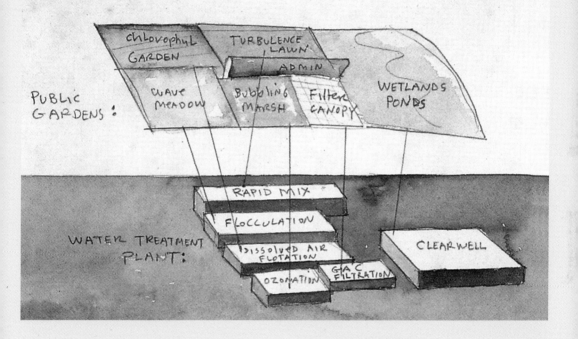

CONCEPT: MICRO TO MACRO

PUBLIC GARDENS:
CHLOROPHYL GARDEN
TURBULENCE LAWN
ADMIN
WAVE MEADOW
BUBBLING MARSH
FILTER CANOPY
WETLANDS PONDS

WATER TREATMENT PLANT:
RAPID MIX
FLOCCULATION
DISSOLVED AIR FLOTATION
OZONATION
GAC FILTRATION
CLEARWELL

이 정수장은 교육적 기능도 갖추고 있다. 수많은 학생들이 견학을 오고, 수시로 관광객들이 찾아온다. 하지만 이곳에는 날마다 5천7백만 리터의 물이 흐른다. 실로 엄청난 수량이다! 이 시설은 공공의 영역이자 지역 사회의 일부이다. 물론 공원도 마찬가지다. 나는 이 프로젝트를 맡긴 의뢰인 모두가 이곳을 자랑스러워해서 기쁘다. 휘트니 시 수도국뿐만 아니라 그들로 하여금 이 프로젝트를 건축가에게 맡기도록 힘써 준 지역 단체들도 줄곧 우리를 지지해 주었다. 한 수도국 임원의 딸은 이 정수장에서 결혼식을 올리게 해달라고 요청했다. 누구도 예상치 못한 기능이 생긴 셈이다. 멋지지 않은가?

바다 별장

하와이 주 카우아이, 2001

이 개인 주택의 형태는 카우아이 북서부의 지질 특성을 반영한 것이다. 이 지역에는 매우 강력한 태풍이 자주 발생한다. 또 이곳은 해마다 땅속 열 지점hot spot 위를 약 9센티미터씩 일정하게 이동하는 대표적인 태평양판 가장자리 지역이다. 마치 지각 이동으로 분리된 두 대륙처럼, 가상의 침식 작용이 두 개의 L자 형태를 만든다. 그래서 이 주택은 메인 하우스와 게스트 하우스로 이루어져 있다. 메인 하우스의 커다란 방은 약 9센티미터씩 높아지는 부분 층계 콘셉트를 바탕으로 설계되었다(1년에 한 계단씩). 두 얼룩진 건물의 지붕은 태양광 집광판으로 덮이며, 이 집광판들은 쓰고 남을 만큼 충분한 전력을 생산한다. 마당의 작은 수영장은 근처에서 가져온 화산암으로 만든다.

수평선과 평행인 기준선을 상상하여 이 콘크리트 주택의 전망과 배치를 구성함으로써 공간이 물처럼 건물 내부를 흐른다. 평면과 단면이 공간을 유지하고, 떨어뜨리고, 막고, 놓아줌으로써 천연의 정원 사이로 난 구불구불한 길은 마침내 바다로 이어진다.

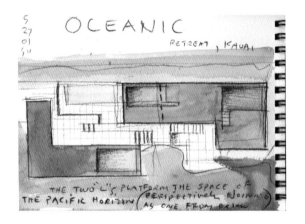

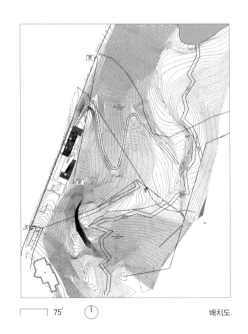

75'

배치도

1. 식당 2. 스튜디오 3. 손님 방 4. 거실 5. 부엌 6. 손님 방 7. 요가실

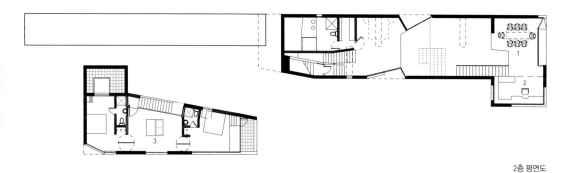

2층 평면도

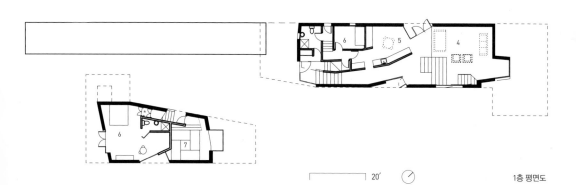

20'

1층 평면도

홍콩에서 우리를 찾아온 청 박사는 지금껏 만난 건축가들 중에서 풍수지리를 이해하는 건축가는 나뿐이라며 우리에게 이 프로젝트를 맡기겠다고 했다. 사실 나는 아시아에서 작업하는 동안 풍수지리에 관한 책을 여러 권 읽었다.

카우아이에 가본 적이 없던 내가 가장 먼저 한 일은 카우아이를 다룬 뛰어난 문학 작품인 W. S. 머윈의 『주름진 절벽 The Folding Cliffs』를 읽은 것이었다. 카우아이로 날아간 솔란지와 나는 거기서 일주일을 보냈다. 나의 건축 철학인 〈정착anchoring〉과 관련하여 카우아이에서의 흥미로운 점은 그곳의 지역적 특성과 환경, 그리고 하나의 프로젝트를 탄생시키는 상황이었다. 그곳은 희귀한 장소다. 세계에서 가장 외딴 곳인 이 섬들은 모든 대륙으로부터 3천8백 킬로미터 이상 떨어져 있으며 서기 1백 년 무렵까지 인간이 살지 않던 마지막 장소들 중 하나였다. 현재 이곳에는 4천 3백 종 이상의 동식물이 서식한다. 아마도 그중 가장 기묘한 생물은 바다 쪽으로 튀어나온 지대에 둥지를 트는 새인 알바트로스일 것이다. 그곳은 바람이 워낙 거세서 알바트로스들이 주정뱅이처럼 비틀거리며 걸어 다닌다. 처음 카우아이를 답사하는 동안 우리는 그 새에 주목했다. 나는 그 새가 서너 달 동안 육지에 내려앉지 않고 바다 위를 날아다닌다는 글을 읽었다. 정말 이상한 새다.

나는 카우아이가 지각판 위에서 해마다 9센티미터씩 북서쪽으로 이동한다는 점에 주목했다. 그 생각이 머리에서 떠나질 않았다. 그 지각 이동을 어떻게 건축에 적용할지 궁리했다. 하와이 군도는 태평양 화산대의 일부이다. 이 지질학적 특성이야말로 그 섬들과 이 장소의 핵심적인 특성이다. 몇 차례 이미지 드로잉을 한 끝에 우리는 두 대륙이 지각판 위에서 이동하고 분리되는 것 같은 두 개의 L자형 건물을 짓기로 했다. 이 두 L자 형상들 — 메인 하우스와 게스트 하우스 — 이 서로에게서 멀어지도록 설계할 작정이었다. 서로 맞물리는 느낌으로.

메인 하우스의 층계는 카우아이의 연간 이동 거리와 똑같이 9센티미터씩 점차 올라간다. 계단 하나하나의 높이가 이 땅덩어리를 북서쪽으로 미는 지각판의 연간 이동 거리인 셈이다. 이 섬의 모든 것에는 습기와 비, 열대의 기운이 서려 있으며, 그것을 이 건축의 일부로 삼아야 했다. 그래서 이 섬의 초록색 이끼 분위기를 살리려고 널판 형태의 초록색 콘크리트 건물을 짓기로 했다. 이 건물의 그림과 모형을 보면 온통 초록색이다.

현재 하와이는 화력 발전소로 전력을 생산하는데, 그토록 아름다운 곳에는 어울리지 않는 방식이다. 이 집은 새로운 가치 체계로 나아가려는 노력의 상징물이다. 우리는 이 집의 모든 것을 천연 마감재와 대나무 마루를 비롯한 무독성 자재로 지을 생각이었다. 물 저장 시스템을 갖추고, 두 건물 사이의 정원들은 이 지역의 식물로 꾸밀 예정이었다. 또한 가장 효율적인 태양광 발전 시스템을 설치하기로 했다. 쓰고 남을 만큼 충분한 전력을 생산하는 집광판을 지붕에 까는 것이 핵심이었다. 메인 하우스와 게스트 하우스의 지붕에 집광판을 수평으로 설치할 생각이었다.

우리는 매우 열정적으로 이 프로젝트를 진행했다. 가장 큰 문제는 이 집을 지어 줄 시공업자를 찾는 것이었다. 그 지역에 시공업체가 두세 군데밖에 없었기 때문이다. 더구나 청 박사는 자신의 예순 살 생일 전까지 완공해 달라고 요구했다. 실시 도면이 거의 마무리될 즈음, 나는 여러 시공업자들을 설득하러 카우아이로 내려갔지만 성과가 없었다. 결국 시애틀에서 알고 지낸 아주 유능한 시공업자에게 가족을 데리고 카우아이로 가서 집을 지어 달라고 부탁했다. 그의 승낙을 얻은 우리는 건축 설계비의 일부를 떼어 그의 이사 비용과 착공비를 지원해 주었다. 마침내 건축 허가가 떨어졌고, 시공업자가 가족과 함께 카우아이로 갔다. 그의 아이들은 거기서 학교를 다니기 시작했고, 실시 도면이 98퍼센트 가량 완성될 무렵 나는 정확한 예산을 짜

느라 바빴다. 그런데 홍콩에서 날아온 의뢰인의 이메일 한 통 때문에 느닷없이 건축이 취소되었다. 홍콩 증시 침체 때문이라면서 단 몇 줄의 이메일로 프로젝트를 취소한 것이다!

이렇듯 건축은 취약하다. 아무리 공을 들이고 노력해도 건축은 너무나 취약하다. 이 프로젝트에 흠뻑 빠져 있던 나는 돈만 있다면 그 땅을 사서 계획대로 집을 짓고 싶었지만 그럴 돈이 없었다. 결국 공든 탑이 와르르 무너지고 말았다.

나는 지금도 이 집이 중요한 디자인이라고 생각한다. 왜냐하면 모든 환경적 측면과 지속성 측면에서 모범적인 주택일 뿐더러, 한 장소의 특성을 살리려는 나의 건축 철학이 구현된 이상적인 작품이기 때문이다. 이 집에는 독특한 콘셉트의 에너지와 특별함이 살아 있다. 카우아이의 지질 구조가 그 집의 단면과 평면을 탄생시켰다. 이 모든 것은 그 지대에 대한 치밀한 조사에서 비롯되었다. 그 집은 베니스 국제 건축 비엔날레 출품작으로 선정되어 모델과 평면도가 그곳에 전시되기도 했다. 그렇게 이 프로젝트는 생명을 얻었지만, 결국 실현되지는 못했다.

건축 부지인 카우아이 섬 북단

스위스 대사관저

워싱턴 D.C., 2001~2006

숲 사이로 멀리 워싱턴 기념비가 곧바로 보이는 언덕에 자리 잡은 이 주택의 개념적 시작점은 십자형 마당을 따라 이어진 중첩된 공간들의 대각선이었다. 대사관저와 관리실은 이 장소의 가장 높은 지점인 언덕 꼭대기에 위치하고 있으며, 그 결과 사람들이 도착하는 공간과 각종 행사가 지러지는 공간이 그 대각선을 따라 연결되어 있다.

이 주택의 기능들은 모두 외부 공간과 직접적으로 이어진다. 공관 앞의 넓은 공간은 진입로와 도착 장소로 쓰이며, 이곳에서는 공원과 형평법 재판소 건물이 내려다보인다. 공관 입구 홀에서 대각선으로 건물 내부를 바라보면 테라스 너머로 워싱턴 기념비가 눈에 들어온다. 침실과 생활 시설은 2층에 있다. 쓰임새가 다양한 이 건물은 개인 생활 공간, 근무 공간, 공식 리셉션 및 직원 공간으로 이루어진 다기능 소우주라 할 수 있다.

워싱턴 시에 있는 스위스 대사관저는 하나의 집일 뿐만 아니라 문화 시설이며 국립 건축물의 본보기이다. 스위스 친환경 건축 인증 기준에 따라 지은 이 건물은 남쪽 외벽에 집광판을 달아 무공해 태양 에너지를 사용한다. 건축 자재로는 이 지역의 점판암과 흑색 콘크리트, 건축용 샌드 블라스트 판유리를 사용했다. PVC 패널로 만든 옥상에는 녹지를 조성했다. 새로운 산책로와 나무들이 기존 주변 풍경에 가미된 이 언덕마루 공관은 손님들이 도착하는 공간과 리셉션용 마당, 허브 정원으로 이루어져 있다.

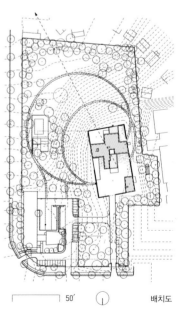

50'   배치도

2층 평면도

☐── 20′ ⊕   1층 평면도

1. 입구 홀   2. 식당과 리셉션실   3. 직원실   4. 허브 정원   5. 리셉션용 테라스   6. 그림자 연못   7. 관리실
8. 대사 개인 생활 공간   9. 손님 방   10. 직원 숙소

왼쪽 대각선으로 뚫린 내부 공간이 입구와 홀을 연결해 주고, 멀리 워싱턴 기념비가 보이는 외부 마당까지 이어진다.
위 왼쪽 공적인 업무 공간인 1층
위 오른쪽 대사의 생활 공간이 있는 2층으로 올라가는 층계

이 프로젝트는 우리를 위한 멋진 깜짝 선물이었다. 그 경쟁에 참여하자고 제안한 사람은 옛 동료인 유스틴 뤼슬리였는데, 현재 스위스 루체른에 사는 그는 키아스마 현대 미술관 설계 공모전 당시 나와 함께 일했으며, 1990년에서 1992년까지 우리 건축 사무소에서 일했다. 1993년에 우리는 헬싱키 키아스마 현대 미술관 설계자로 선정되었다. 당시 우리 사무소는 막 자동화 시스템을 갖추었고, 유스틴은 모든 작업을 컴퓨터로 했다. 사실 컴퓨터가 없었다면 그 공모전에 필요한 도면들을 그려 내지 못했을 것이다. 1992년에도 컴퓨터는 상당히 진보되어 있었다. 2001년에 유스틴이 내게 전화를 걸어 스위스 대사관이 워싱턴 시의 레카스 빌딩 옆에 지을 대사관저 설계 공모를 시작했다고 말했다. 제한된 경쟁이었던 이 공모전의 흥미로운 점은 스위스인과 미국인이 팀을 이루어야 한다는 것이었다. 선정된 나머지 아홉 팀들은 미국 건축가가 실시 도면만 담당한 반면, 우리는 진정한 협력 관계가 될 수 있었다. 나는 당장 지원하라고 대답했다. 1993년에 유스틴과 나는 헬싱키뿐만 아니라 뒤셀도르프와 촐리케르베르크에서도 수주 경쟁에 뛰어들었다. 그는 이 세 경쟁에서 나와 함께 일했는데, 올해를 제외하면 한 해에 세 가지 수주를 모두 따낸 것은 그해가 유일했다. 따라서 이미 한 팀이었던 우리에게는 이 프로젝트가 너무나 수월했다. 더구나 유스틴은 스위스의 건축 기준을 속속들이 꿰고 있었다.

건축 예정지를 보려고 워싱턴 시로 내려간 나는 그 장소에서 대각선으로 워싱턴 기념비가 보이는 놀라운 풍경에 감탄했다. 그래서 내가 〈관구(管區)〉라고 부르는 간단한 예상도를 그렸다. 마당처럼 생긴 작은 주거 단지였는데, 중앙에 십자형 석조 건물을 놓고 한쪽에 게스트 하우스를 놓았다. 우리는 그 그림을 이메일로 주고받으면서 조금씩 발전시켰다. 건물 모형은 루체른에서 제작되었다. 그런데 알고 보니 심사단은 워싱턴 시에 와 있었다. 결국 건물 모형을 우선 베른으로 보냈다가 다시 워싱턴 시로 실어 와야 했다. 결론을 말하자면, 우리는 이 경쟁에서 이겼다. 그리고 나는 금세 불안해졌다. 이런 생각이 들었기 때문이다. 〈스위스인이 아니라 미국인이 설계한 걸 알면 스위스 사람들이 언짢아할 거야.〉 하지만 실제로는 베른에서 아무도 언짢아하지 않았다. 그들은 직각 공간을 대각선으로 이동한다는 나의 핵심 아이디어와 그 작품의 간결미를 좋아했다. 내 작품이 만장일치로 선정되었다는 소식은 나중에 들었다.

사실 내가 마당에 십자형 건물을 세운 작품은 전에도 있었

다. 옆의 〈집들의 다리Bridge of Houses〉 프로젝트를 보면
맨 앞집 — 아마 〈몽상가의 집〉일 것이다 — 은 사각형 옥
상에 십자형 구조물이 솟아 네 개의 마당이 형성되어 있
다. 하지만 이 대사관저에서 경험하는 것은 십자형 구조물
이 아니라 연속된 공간들이다. 어쩌면 심사위원들이 이 형
태의 인접성에 후한 점수를 주었을지도 모르지만, 꼭 그런
것 같지는 않다. 심사단 평가서에 그 점이 언급되지 않았
기 때문이다. 스위스 사람들이 우승 작품을 선정한 후에
주는 평가서에는 심사단의 코멘트가 하나도 빠짐없이 실
려 있다. 그들의 평가는 철저하고 빈틈이 없다.

이 건물 옥상에는 녹지가 깔려 있다. 내가 알기로 워싱턴
주재 대사관들 중에서 녹지 옥상이 있는 건물은 하나도 없
다. 이 건물의 남쪽 정원에는 작은 연못이 있고, 주방 옆에
는 허브 정원이 있다. 거기에 허브를 심어 주방에서 쓸 수
있게 한 것이다. 물론 그건 여기서 살고 요리하고 이 장소
를 활용하는 사람들 몫이지만, 나는 그들에게 기회를 주고
싶었다.

미국에서 이 프로젝트를 진행하는 동안 흥미로웠던 점은
스위스 친환경 건축 인증 기준에 따라 HVAC 시스템을 구
축할 수 있는 시공업체를 찾을 수 없었다는 것이다. 결국
우리는 대부분의 자재를 스위스에서 가져왔고, 모든 시스
템의 설계가 스위스에서 이루어졌다. 이는 하나의 문화와
또 다른 문화가 얼마나 다른지 보여 주는 것이며, 스위스
사람들과 유럽인들이 오늘날 인류가 처한 에너지 위기를

얼마나 잘 인식하는지 보여 주는 것이다(이 문제에 대해서
는 중국인들도 그렇다). 또한 미국인들이 어처구니없을 정
도로 뒤쳐져 있다는 것도 말이다. 하지만 나는 미국인의
의식도 바뀔 거라고 기대한다.

2003년 9월 11일
SCI-Arc 건축 대학
미국 캘리포니아 주 로스엔젤레스

2003년 10월 31일
데이비드 J. 아즈리엘리 건축 강연
맥길 대학교
캐나다 몬트리올

2004년 3월 12일
센트럴 하우스 오브 아키텍츠
러시아 모스크바

2004년 3월 17일
베이루트 아메리칸 대학교
레바논 베이루트

2004년 3월 21일
트리엔날레 홀
이탈리아 밀라노

2004년 2월 16일
프린스턴 대학교 건축대학
미국 뉴저지 주 프린스턴

오늘 저녁 나는 시(詩)의 본질, 즉 다양한 사물들을 몇 개의 단어로 응축하는 것을 화두로 실험을 하고자 한다. 따라서 강연이라기보다는 의심스러운 실험이 될 것이다.

내가 응축의 개념으로 탐구하려는 것은 여러 가지를 응집하여 하나의 틀에 갇힌 것을 창조하는 것이다. 음악과 마찬가지로 그것은 줄일 수 없다. 그것보다 더 작게 축소될 수 없다.

응축, 또는 응집은 건축에서 내가 추구하는 것들 중 하나이다. 유쾌한 경험적 현상을 만들어 내는 하나의 콘셉트를 통해 프로그램, 장소, 공간, 디테일 등 다양한 요건들을 응집하는 것. 건축에서 축소 가능한 요건이란 우리가 일상에서 맞닥뜨리는 모든 것들이다. 비용은 얼마나 드는가? 그 건물에 초록색을 얼마나 쓸 것인가? 얼마나 창의적인가? 물론 이런 것들도 모두 중요한 문제겠지만, 오늘 내가 정말로 문제 삼는 것은 충분히 강렬한 가치의 과잉이다. 나에게 건축이란 머릿속의 생각을 콘셉트를 통해 공간과 형태에서 떼어 놓을 수 없는 어떤 의미로 바꾸는 것이다. 그것이 내가 응축이라는 단어를 좋아하는 까닭이다.

지난 25년여 동안 나는 건축에 대한 나의 생각을 끊임없이 글로 써왔다. 나는 늘 여러 가지 일을 동시에 한다. 나는 내가 창조하려 하는 것의 주제를 갖고자 노력한다. 지난 25년간 썼던 글 중에서 몇 가지를 소개하겠다.

내가 쓴 첫 책은 『정착Anchoring』이었다. 공교롭게도 뉴욕 현대 미술관에서 열린 전시회에 맞춰 출간되었다. 아래 글은 그 책의 선언에 바탕을 둔 것이다.

> 아이디어는 디자인을 움직이는 힘이며, 언급이 필요 없는 학습 지도적 장치이다. 아이디어는 건물의 다양한 면면을 모아 하나의 전체로 만든다. 장소와 융합된 아이디어는 상황의 의미를 이끌어 낸다.

> 따라서 그것은 응축의 문제이다.

> 이상적인 것은 특수성에 존재하고, 절대적인 것은 상대성에 존재한다.[1]

이렇듯 한정된 콘셉트는 디자인을 움직이는 아이디어 이상일 수 있다. 그것은 작은 유토피아적 초점을 구축할 수 있다. 조직 아이디어는 정확한 의도로 서로 다른 부분들을 연결하는 감춰진 실이다. 〈한정된 콘셉트〉에 기반을 둔 건축은 차이와 다양성을 가지고 시작한다. 그것은 특정 장소의 독특성을 비춘다.

이 논의는 장소와 상황에 어울리는 독특한 건축을 위한 것이다. 모든 프로젝트는 그것의 장소에 시작점을 갖는다. 특수성 속의 보편적 상황. 이는 흥미로운 철학이지만, 한편으론 우리가 건축에 대해 말할 수 있는 것이 전반적으로 전혀 없다는 뜻일까?

나는 의심했다. 왜냐하면 내가 〈응축〉이라는 단어로 말하고 싶은 것은 문자 그대로의 뜻이 아니기 때문이다. 긴장, 또는 일종의 탄력성이야말로 그 생각의 핵심이다. 문자 그대로의 응축은 무언가가 부서져 다른 무언가로 변하는 것을 뜻한다. 하지만 내가 그 단어로 말하고자 하는 것은 그런 게 아니다. 나는 모든 것을 하나의 단어로 압축하고 싶다. 왜일까?

『정착』이 출간되고 몇 년 뒤인 1993년에 나는 알베르토 페레스고메스와 유하니 팔라스마와 함께 『인식의 문제들: 건축의 현상학Questions of Perception: A Phenomenology of Architecture』을 집필했다. 이 책의 획기적인 점은 장소의 특수성을 언급하지 않았다는 것이다. 나는 이 책을 〈그물처럼 얽힌 경험: 사물과 장소의 융합〉 같은 현상적 구역들로 나누

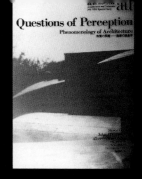

었다. 사람이 어떤 공간을 걸을 때 그 질감과 빛, 모든 것이 하나의 경험으로 융합되는 순간을 설명하고 싶었다. 이 현상학적 개념은 철학이 아니라 하나의 척도처럼 보였다. 나는 이것을 바탕으로 전진할 수 있게 되었다.

2000년에 나는 21세기로의 전환이 새로운 흥분을 야기할 거라고 느꼈다. 그래서 쓴 책이 『시차*Parallax*』였다. 이 책은 건축을 탐구하는 도구로서 과학의 활용에 관한 책이었다. 나는 건축을 위한 아이디어들을 외부에서 얻을 수 있다고 생각한다. 이 책은 진정한 실험이었다. 차례가 의심의 지점(支點)에서 이동한다. 즉, 의심하며 작업하기(working with doubt),

이 책을 통해 나는 건축의 정신과 과학의 발견들과 인식을 확인하고 그것들의 상호 관계를 탐구하고자 했다. 과학은 여전히 본질적으로 불가사의한 것이지만, 일상 속의 과학적, 현상적 경험들은 우리의 삶을 형상화한다. 경험은 우리가 인지하는 것을 해석하는 새로운 틀을 짜준다. 아마도 그것의 가장 좋은 예는 북극광일 것이다. 『시차』에서 북극광은 지구의 자기장에 부딪치는 태양풍의 예로 나온다. 빛의 커튼. 지구의 자기장을 따라 쏟아지는 태양풍의 전자들. 전하를 띤 입자들이 부딪치는 원자나 분자의 타입에 따라 색이 달라진다. 역사적으로 북극광은 시적이고 신화적이지만 오늘날에는 새로운 느낌으로 충만하다.

『시차』는 관습적 건축으로부터 탈피하는 방법에 관한 담론이다. 그 후로 나는 다시 스스로를 의심하기 시작했다.

파울 첼란의 시, 특히 1967년에 발표된 시선집 『실낱태양Threadsuns』을 보면, 모든 시에서 나타나는 단어들의 압축이 불가사의하고 강렬한 의미를 획득하고 있다. 그중 한 편의 일부를 소개하겠다.

Before it,	그 앞에서,
in the slated watershield, the	슬레이트 물막이판 속에서, 그
three standing whales	세 마리의 서 있는 고래들이
head the ball	머리로 공을 받네
A right eye	오른쪽 눈이
Flashes.	번쩍인다.

내 아내이자 화가인 솔란지 파비앙과 나는 피에르 조리스의 이 번역이 독일어로 된 원래 시를 제대로 반영하지 못했다고 생각한다. 우리의 번역은 아래와 같다.

There,	거기서,
in the slated watershield, the	슬레이트 물막이판 속에서, 그
three standing whales	세 마리의 서 있는 고래들
twistheads	머리를 뒤트네
A right eye	오른쪽 눈
flashes.	반짝이다.

첼란은 존재를 믿었고, 어떤 희생을 치르더라도 일하는 것을 믿었으며, 명확성이 법인 영역을 믿었다. 그는 시의 어휘를 심리-생리학의 영역으로 확장시킴으로써 마음/영혼/언어의 문제들을 해부학적/유기적 문제들로 붕괴시킨다. 나는 그것이 일종의 응축의 방식이라고 생각한다. 일본 특유의 단시(短時)인 하이쿠 이상으로 수많은 생각들을 압축시키는 것이라고 말이다.

어떤 면에서는 내가 모색하는 이 비유가 건축에서는 아직 명확하지 않다. 조각에서는 명확하다. 사이 트웜블리와 자코메티의 작품을 생각해 보라. 자코메티의 「새벽 4시의 궁전 The Palace at 4 AM」 같은 작품은 놀랍도록 강렬하고 응축적이면서도 가벼움이 느껴진다. 이와 유사하게 응축적인 사이 트웜블리의 조각 작품은 보기 드문 미묘한 밀도를 획득하고 있다. 이는 글자 그대로의 딱딱함이나 무거움이 아니며, 공을 들인 개념적 사고도 아니다. 쓰레기나 다름없는 가벼운 소재들로 만들어 낸, 비할 데 없는 힘이 오랜 세월을 거치며 응축된 것이다. 어쩌면 40년이 넘도록 조각가로 활동해 온 트웜블리가 매우 적은 작품을 만들어 냈다는 사실이 이 강렬함을 어느 정도 설명해 줄 것이다. 트웜블리와 자코메티의 작품에는 기묘한 응축의 요소가 담겨 있다. 내가 추구하는 환각적 특성이.

응축의 한 형태로서의 건축으로 돌아가자면, 디자인 실험 과정의 시작은 아날로그 방식의 콘셉트 스케치이다. 물론 오늘날 우리는 컴퓨터로 자동화된 건축 프로덕션이 제공하는 모든 자원을 이용해야 한다. 하지만 나는 소규모 수채화 스케치 작업이 직감과 콘셉트를 융합하여 희망과 욕망을 구현한다고 믿는다. 이 직접적인 마음/눈/손의 상호 작용은 우리를 에워싼 현실을 인지하는 모든 마음의 신경 세포들 사이에 연결 고리를 만들어 준다.

오늘날의 그 어떤 디지털 장비보다 이 수작업이 훨씬 더 광범위한 결정의 회로를 열어 준다. 자동화 프로덕션의 강력한 힘을 등에 업으면 아날로그 스케치의 최초 아이디어는 그 콘셉트를 활성화시키는 정신을 구현할 잠재력을 갖게 된다. 새로운 테크놀로지의 출현과 더불어 최초 수채화 스케치는 디지털 하이브리드로 변모할 수 있다. 이제는 콘셉트 스케치에서 공간 기하학과 물리적 모델로 옮겨 가는 속도가 눈부실 정도이지만, 최초 스케치는 여전히 이 과정의 시작이며 응축의 중요한 형태이다.

1. Holl, Steven, *Anchoring* (New York: Princeton Architectural Press, 1989), p. 9.

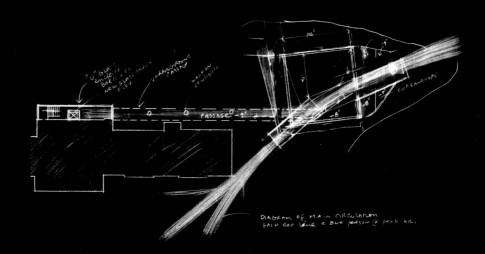

DIAGRAM OF MAIN CIRCULATION
EACH RED LINE = ONE PERSON @ PEAK HR.

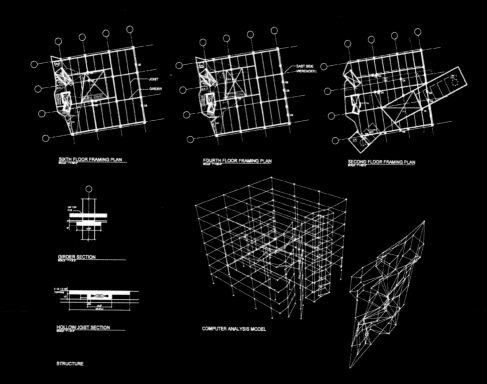

SIXTH FLOOR FRAMING PLAN

FOURTH FLOOR FRAMING PLAN

SECOND FLOOR FRAMING PLAN

GIRDER SECTION

HOLLOW JOIST SECTION

COMPUTER ANALYSIS MODEL

STRUCTURE

크누트 함순 센터   Knut Hamsun Center

노르웨이 하마뢰위, 1994~2009

20세기 노르웨이의 가장 창의적인 작가 크누트 함순은 자신의 첫 소설 『굶주림Hunger』에서 여러 가지 새로운 형태의 표현을 만들어 냈다. 더 나아가 자신의 작품들인 『팬Pan』, 『기담집Mysteries』, 『대지의 성장Growth of the Soil』을 가지고 실로 현대적인 소설 학교를 설립했다. 함순에게 헌정된 이 센터는 그가 성장한 북극권 위쪽 하마뢰위 마을 근처 농장에 자리 잡고 있다. 6백 제곱미터에 달하는 이 센터에는 전시 공간, 도서관과 독서실, 카페 그리고 최신 영사기를 갖춘 강당이 있다. (함순의 작품들은 특히 영화감독들에게 영감을 주어 왔는데, 그의 작품을 바탕으로 제작된 17편이 넘는 영화들이 그 증거이다.)

이 건물은 공간과 빛 속에서 원형적이고 집약적인 정신의 응축으로 고안되었으며, 건축 언어로 함순의 캐릭터를 구현한 것이다. 이 기념관의 콘셉트인 〈몸으로서의 건물: 보이지 않는 힘들의 전장〉은 안과 밖에서 구현되어 있다. 나무로 만든 외벽은 표면을 관통하는 감춰진 충동들로 강조된다. 〈텅 빈 바이올린 케이스〉 발코니는 놀라운 소리 특성을 갖고 있으며, 전망 발코니는 〈소매를 걷어붙이고 노란 유리창을 닦는 아가씨〉와 같다.

이 건물의 다른 여러 면면에는 재해석을 위한 영감의 도구로서 토착 양식이 사용되었다. 타르를 바른 검은색 외벽은 노르웨이 교회 특유의 거대한 나무 벽널을 반영한 것이다. 옥상 정원의 키 큰 풀밭은 노르웨이 전통 가옥의 잔디 지붕을 현대적으로 표현한 것이다. 하얗게 칠한 거친 콘크리트 내벽의 특징은 사선으로 쏟아져 들어오는 빛인데, 연중 특정한 며칠 동안 건물 내부에 튕기도록 계산된 것이다. 공간과 원근법, 빛 속에서의 기묘하고 놀라운 현상적 경험은 전시를 위한 영감의 뼈대를 제공한다.

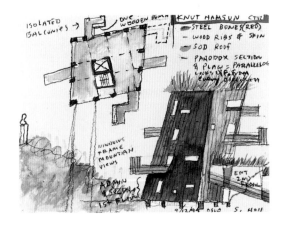

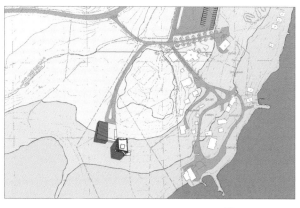

————┐ 250′ ⊖   배치도

왼쪽 최초 부지의 전망(1997)

Concept: BUILDING = A BODY — battleground of invisible forces.

KNUT
HAMSUN
CTR

1. SPINE ELEVATOR, BONE STAIR
2. BIG BROWN DOG COLLAR of MEXICAN SILVER
3. WOMEN w/ TWO BLUE FEATHERS in HATS, PLAID HANDKERCHIEF

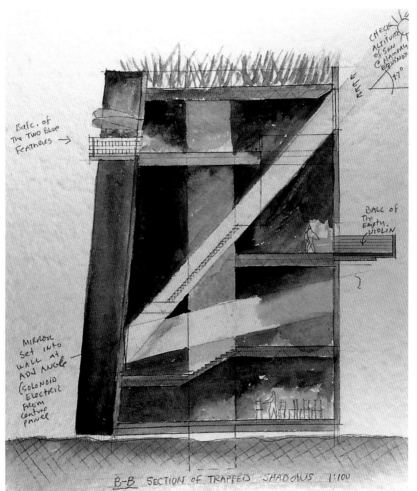

CHECK
ALTITUDE
of SUN
@ HAMMER
EQUINOX
+70

Balc. of
The TWO BLUE
FEATHERS →

BALC of
The
EMPTY.
VIOLIN

MIRROR
SET INTO
WALL AT
ADJ ANGLE
(SOLONOID
ELECTRIC
FROM
CONTROL
PANEL

B-B SECTION OF TRAPPED SHADOWS 1:100

HAMSUN CENTER   7/10/96

S.H.

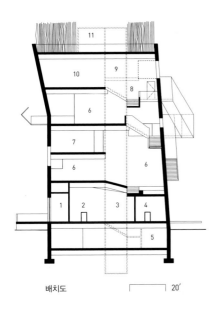

배치도　　　　　　　　 ⊢———⊣ 20′

1. 로비　2. 리셉션실　3. 카페　4. 코트 보관소　5. 기계실　6. 전시실　7. 중이층　8. 뒤쪽에 방
9. 다락　10. 도서관과 독서실　11. 뒤쪽에 사무실　12. 옥상 테라스 파빌리온

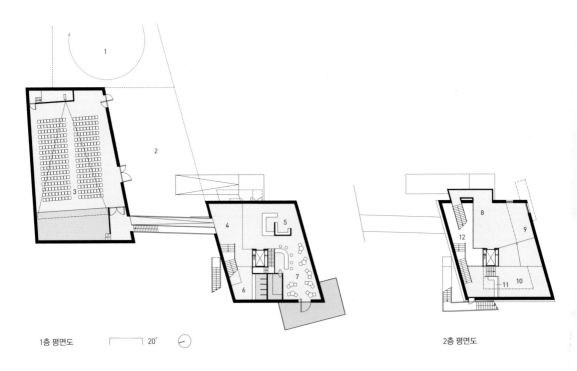

1층 평면도　　 ⊢———⊣ 20′　⊕　　　　　　　　　　　　　　　　2층 평면도

1. 진입로　2. 입구 마당　3. 강당　4. 로비　5. 기념품 매점　6. 코트 보관소　7. 카페　8. 전시실　9. 복층 구조　10. 전시실　11. 벤치　12. 아래층 연결 통로

크누트 함순 센터

철학, 유머 그리고 이야기가 담긴 장소

내가 키아스마 미술관을 설계하고 있을 당시, 키아스마의 수석 큐레이터가 우리를 찾아와 북극권 북쪽에 있는 하마뢰위에 지을 크누트 함순 센터에 관한 이야기를 했다. 함순은 스칸디나비아 반도 국가에서 최초로 등장한 진정한 초현실주의 작가였다. 그의 중요한 첫 작품은 1890년에 출간된 『굶주림』이었다. 노르웨이에서 태어난 그는 미네소타를 기반으로 한동안 미국에서 살았는데, 아주 어릴 적에 결핵 진단을 받았다. 그래서 스스로 결핵을 치유하려고 열차 꼭대기에 걸터앉아 미네소타부터 뉴욕까지 달려가면서 입을 벌린 채 공기를 들이마셨다. 기적적으로 병이 낫자 노르웨이로 돌아간 함순은 『굶주림』을 시작으로 『기담집』, 훨씬 더 방대하고 묵직한 『대지의 성장』에 이르기까지 놀라운 작품들을 써냈다. 20세기에 가장 창의적인 노르웨이 작가였던 그는 1920년에 노벨 문학상을 받았다. 어떤 면에서 그는 훗날 모든 사람이 추종할 새로운 세계를 개척했다. 노르웨이에서 문학가 함순의 가치는 핀란드에서 건축가 알바르 알토의 가치와 같다. 하지만 함순의 평판에는 오점이 하나 있었다. 제2차 세계 대전 기간에 그는 순진하게도 히틀러의 행위에 일부 동조했다. 실제로 히틀러를 만나러 베를린 근처 반제 빌라를 찾아가기도 했다. 대개 노르웨이 사람들은 함순이 말년에 남긴 이 오점을 대수롭지 않게 여긴다. 너무 늙어서 저지른 짓이었기 때문이다. 어쨌든 창조적인 작가로서의 오랜 삶에서 중대한 오점이었다. 그의 고향인 하마뢰위에 기념관을 지어 주지 않겠냐는 요청에 나는 그러겠다고 대답했다. 나는 한 인간의 삶에 헌정되는 기념관이 그의 좋은 점과 나쁜 점을 모두 보여

줄 수 있다고 생각한다. 함순의 오점이 전시될 수도 있다. 완전히 깨끗한 삶이란 없다. 살다 보면 가끔 잘못도 하게 마련이다.

이 기념관은 공모전 없이 나한테 맡겨졌다. 그곳 사람들에게는 따로 후원자도 없었다. 기념관 건립을 추진하는 소규모의 사람들과 마을이 있을 뿐이었다. 관광객을 불러들이려는 목적도 있었다. 한 사람의 작품과 삶에 관한 건물을 지을 생각이었다. 여기서 열릴 일련의 전시회는 대부분 영화와 디지털 영사물이다. 함순이 소장했던 책이나 펜 같은 물건, 함순 연구 자료로 쓰일 각종 기록도 전시될 것이다. 지역 사회를 위한 다양한 기능을 갖춘 이 건물 안에는 미팅 홀을 비롯해 이백여 석으로 이루어진 강당이 있다. 2년에 한 번씩 〈함순의 날〉인 그의 생일 8월 4일에 연극과 화려한 공연을 비롯한 각종 축하 행사가 열려 크누트 함순의 생애와 인품, 그가 쓴 소설과 글을 기린다. 크누트 함순의 날에는 전 유럽의 학자들과 일반인들이 노르웨이로 몰려든다.

이곳은 북극권 북쪽에 있다. 우리는 설계를 시작하면서 건물에 비치는 햇살의 각도를 측정했다. 하마뢰위에서는 6월에 백야가 6주 동안 계속된다. 한밤에도 해가 수평선에 살짝 닿은 채 떠 있다가 이내 솟아오른다. 겨울에는 12월 20일부터 1월 12일까지 해가 뜨지 않는다. 수평선은 붉게 물들고, 땅에 쌓인 눈은 하얀 가루처럼 보인다. 이곳에서 맞이하는 가장 영적인 시간이다.

백야 기간에 하마뢰위에 갔던 나는 새벽 4시 30분에 아이들이 마당 한가득 모여서 노는 모습을 목격했다. 그 기간에 사람들은 밤에 아예 안 잔다. 내 할아버지는 노르웨이 퇸스베르크에서 태어났고 할머니 역시 노르웨이 사람이었다. 따라서 나는 스칸디나비아와 인연이 있다. 하마뢰위에 와서 기념관 스케치를 해달라는 요청을 받았을 당시 나는 스칸디나비아와 아무 인연도 없는 미국인이 아니었다. 나를 소개해 준 사람들은 헬싱키의 키아스마 미술관을 진심으로 좋아했으며, 나더러 이 프로젝트를 진행해 보라고 권유했다.

건축 부지는 오슬로에서 아주 멀리 떨어져 있다. 비행기로 보되까지 서너 시간을 날아간 다음, 나룻배를 타고 하마뢰위로 가서 선착장에서부터 차를 몰고 가야 한다. 아주 먼 길인 셈이다. 하지만 풍경은 놀랍도록 아름답고, 인공적인 것은 거의 없다. 망가지거나 오염된 것이 전혀 없으며, 자연의 경이로움이 느껴진다. 장엄한 산과 신비로운 빛 그리고 일몰. 작은 해안 바로 옆에 솟은 로포텐 산맥 너머로 해가 질 때면, 봉우리들 사이로 뻗어 오는 햇살이 마치 천상의 환영처럼 보인다.

나는 설계하는 동안 틈만 나면 크누트 함순의 책을 읽었다. 함순의 글에 관한 영화들을 많이 소장하고 있는 뉴욕 현대 미술관에도 자주 들렀는데, 그곳에는 소설 『굶주림』을 바탕으로 만든 영화가 15편이나 있다. 우리는 유명한 작품들 중 두 편을 보았다. 그중 한 편에 등장하는 어떤 인

물은 노란색 정장 차림으로 텅 빈 바이올린 케이스를 들고 다녔다. 나는 그 의미를 더 깊이 이해하려고 빈 바이올린 케이스를 들고 다니기 시작했다. 이따금 헬싱키에 갈 때면 키아스마에 쓸 가구 모델을 그 안에 넣어 갔다. 미술관 근처 레스토랑에서 미술관장 툴라 아르키오를 만났을 때, 그녀는 내게 〈그게 뭐예요?〉 하고 물었다. 나는 바이올린 케이스를 테이블에 올려놓은 다음, 잠시 후 식사를 하는 동안 케이스를 열어 그녀의 카페에 쓰일 가구를 보여 주었다. 나는 지금도 그 바이올린 케이스를 갖고 있다. 하지만 바이올린은 없다. 노란 정장을 사본 적도 없다.

나는 내 첫 스케치들을 함순이 『굶주림』에서 썼던 것처럼 〈몸으로서의 건물: 보이지 않는 힘들의 전장〉이라고 불렀다. 인간의 몸속에는 열정적이고 보이지 않는, 터져 나오려 하는 힘들이 꿈틀거리고 있다. 내 그림에는 척추 같은 승강기가 있었고, 뼈 같은 층계가 있었으며, 멕시코 은으로 만든 개목걸이를 건 커다란 갈색 개의 머리도 있었다.

창문은 〈모자에 파란 깃털 두 개를 꽂은 여자들〉이란 구절을 바탕으로, 발코니는 〈소매를 걷어붙이고 노란 유리창을 닦는 아가씨〉를 바탕으로 구상했다. 이렇듯 함순 소설의 조각들이 이 건물의 특징들에 영감을 주었으며, 뒤틀린 검은색 건물 곳곳에 깃들어 있다.

이 기념관은 장소와 프로그램, 빛의 각도, 겨울의 낮은 태양을 잇는다는 아이디어에서 진화했다. 2월에 떠오르는 첫 태양은 거의 수평으로 이동한다. 수평선에서 47도 이상 올라가는 법이 없다. 우리는 타르를 바른 널판으로 에워싼 콘크리트 내진 벽 건물을 디자인했다. 나는 노르웨이의 목조 교회들이 오래전부터 사용해 온 흑색 도료를 쓰기로 했다. 내가 트론하임을 여행하면서 보았던 수많은 목조 교회들은 놀랍게도 1천 년의 세월을 견디고 여전히 건재한데, 이는 끓인 토탄을 나무에 바른 덕분이다. 토탄을 끓일 때 생기는 시커멓고 기름진 물질인 크레오소트를 벽널에 칠하는 것이다. 나무속에 습기를 가두어 썩게 만드는 페인트와 달리 토탄을 바른 나무는 숨을 쉰다.

함순 센터는 대략 560제곱미터 정도의 작은 건물로, 각 층마다 하나의 요소가 있다. 관람객들은 엘리베이터를 타고 꼭대기로 올라가 밑으로 걸어 내려온다. 내가 흥미롭게 여기는 것은 이 건물이 완공될 무렵이면 수년 전의 구닥다리가 되어 있어야 할 디자인이 여전히 새롭고 신선하다는 점이다. 나는 건축이 프로그램과 장소에 완전히 정착되어야 한다고 믿었다. 그 건축의 의미가 최초 여건들 속에 뿌리 깊이 박혀서 유행에 흔들리지 않아야 한다고 말이다. 나의 첫 저서 『정착』은 건물과 그것의 장소, 문화, 형이상학적 기원의 관계를 다룬 책이다. 건축의 본래 콘셉트가 넓이가 아니라 깊이를 더할 수 있다면 그것은 건축 장소에 의미를 만들어 낸다. 그것의 스타일에 좌우되지 않는 생각과 철학적 희망, 심지어 유머와 이야기가 서린 장소를 구축한다. 이는 포스트모더니즘이 아니라 뒤늦은 모더니즘이다. 단지 검은 나무로 둘러싸여 있다고 해서 이 건물을 고딕 시대의 노르웨이 교회로 볼 수는 없다. 그 뼈대는 콘크리트이며, 콘크리트 바깥쪽에는 10센티미터가량의 단열재가 있고 그 위에 토탄을 바른 벽널을 붙인다. 따라서 외벽의 기원은 지극히 노르웨이적이지만, 내부는 매우 현대적인 단열 건물인 셈이다. 노르웨이에서는 가옥에 잔디 지붕을 얹는 오랜 전통이 있다. 그 잔디 지붕을 똑같이 흉내 내고 싶지 않았던 나는 들에서 자라는 키 큰 풀을 쓰기로 했다. 이 풀밭 옥상은 부분적으로 머리털에서 아이디어를 얻은 것이다. 내 아내는 이렇게 말한다. 〈사람 머리 같아! 이 건물 맘에 들어.〉

Blikk

– STOPP
STEVEN HOLL!

Forslag. Steven Holls forslag.

Fortsatt aktuell. Den nye tomta som styret i Hamsunsentret A/S har utpekt i Hamsund.

HAMARØY: Et stort flertall i Hamarøy kommunestyre har gitt klar beskjed til styret i Hamsunsentret A/S: – Still i bero det videre arbeidet med arkitekt Steven Holls forslag til Hamsun-senter i Hamsund!

ØYVIND A. OLSEN

Kommunestyret krever å få utarbeidet flere alternativer, blant an-

설계가 끝난 뒤 미국에서 프로그레시브 아키텍처 상을 받은 이 건물은 당시 지어진 그 어떤 건축물보다도 노르웨이 언론으로부터 많은 주목을 받았다. 워낙 자주 소개되다 보니 이미 지어졌다고 생각한 사람들도 있었다. 한번은 내

노르웨이 친구가 하마뢰위로 가는 나룻배에서 겪은 일을 들려주었다. 그 건물을 보려고 배를 탄 일본인 건축학도 세 사람이 길을 물어보더라는 것이었다. 그들은 내 친구가 알려 준 장소까지 갔다. 건물이 완공된 줄 알고……. 하지

만 그것은 하나의 아이디어였을 뿐이다. 건축이 거의 끝났다고 생각한 사람들은 그 건물을 신체 일부로 희화화한 만화를 그렸다. 함순의 머리처럼 그린 커다란 그림도 있었다. 어떤 사람은 그 건물을 커다란 모형으로 만들어 동네 술집에서 맥주를 따라 주는 통으로 쓰기도 했다.

내가 이 건물을 설계하고 정확히 8년 뒤인 2005년에 이 프로젝트가 부활했다. 다시 진행될 것 같은 조짐이 보인다. 나로서는 무척 흥분되는 일이다. 함순 프로젝트를 전폭적으로 지지하는 크누트 함순 연구가 알프 아이나르가 이 프로젝트를 부활시키고 있다. 죽었거나 잊혔거나 자금이 없어서 포기한 건물을 누군가가 노르웨이 정부 인사들과 의회를 설득해 다시 진행시키는 것이 과연 가능할까? 내가 보기에는 매우 이례적인 사건이다. 1996년의 프로젝트가 2005년에 부활할 경우, 대개는 새로운 건축가를 고용해 다른 방식으로 크누트 함순 센터를 지으려 할 것이다. 하지만 그들은 이 특별한 건물을 원한다. 이 프로젝트의 아이디어와 그 의미가 이제 운명의 기로에 서 있다.

이 프로젝트는 1989년에 내가 『정착』을 집필하면서 건축의 올바른 길이라고 생각한 것을 잘 보여 준다. 당시 마흔한 살이었던 나는 뉴욕 현대 미술관에서 전시회를 열고 있었는데, 나만의 선언문을 써야겠다는 생각이 들었다. 단순히 내 작품을 전시하고 벽에 걸어 두는 것만으로는 부족했다. 건축에 대한 나의 신념을 글로 써야 했다. 그리고 그 글은 길지 않았다. 그 후로 내가 한 모든 일은 『정착』에 담긴

생각과 짧은 철학적 글귀에 직결된다. 지극히 경험적인 건축 작업은 이론으로만 하는 작업과는 전혀 다르다. 건축 외적인 의미에 대한 희망이 건축을 움직이는 힘이다.

크누트 함순 기념관은 착상에서부터 디테일에 이르기까지 모든 요소가 놀랍도록 강렬하며, 더불어 모든 것에 의미가 있다. 나는 미래에는 하나의 예술 작품이나 한 명의 작가를 위한 기념관으로 쓰이는 문화 시설이 교육적 관광

명소로서 중요한 위치를 차지하고 그 지역의 전통 유산에 긍정적 가치를 부여하리라 믿는다. 오늘날 디지털 기술은 어마어마한 양의 정보를 수용한다. 한 사람이 쓴 모든 글이 디지털 신호로 보관되어 언제든 찾아볼 수 있다. 그래서 나는 이런 타입의 시설이 미래의 교육적 건물 양식의 본보기라고 생각한다. 오늘날의 문제는 우리에게 너무나 많은 정보가 쏟아져서 그럴싸한 유사성과 흐릿한 연결성을 가진 것들을 이어 붙이기가 매우 어렵다는 점이다. 우리에게는 고독과 침묵과 병합이 필요하다. 신뢰할 수 있는 곳, 지상의 모든 독특한 장소에서는 그것이 가능하다.

성 이냐시오 성당

Chapel of St. Ignatius

워싱턴 주 시애틀, 1994~1997

성 이냐시오는 자신의 빛의 은유로 회귀한다.
무엇이 최선의 길인지 깨닫게 해주는 빛은 최고의 지혜로부터 내려온다.
— 데이비드 론즈데일 S. J. 『눈으로 보고 귀로 들어라*Eyes to See, Ears to Hear*』

예수회의 〈영적 수련〉에서는 단 하나의 방식을 제시하지 않는다. 오히려 〈다양한 방식으로 다양한 사람들을 돕는다〉라고 말한다. 그렇게 하면 차이들이 하나로 모여 조화를 이룬다.

돌 상자에 담긴 일곱 가지 빛의 병들. 이 빛의 은유는 지붕 위로 솟은 서로 다른 형상들로 구현되고, 그 불규칙성은 빛의 여러 특성을 표상한다. 하나로 화합된 의식을 위해 북쪽, 동쪽, 남쪽, 서쪽으로 향한 빛이 모두 모인다.

각각의 빛의 병은 예수회 가톨릭 예배 프로그램의 여러 부분과 상응한다. 남쪽으로 향한 빛은 미사의 가장 중요한 부분인 행렬(行列)에 해당되고, 북쪽으로 향한 도시의 빛은 성체 조배와 지역 사회 선교에 해당된다. 본당은 동쪽과 서쪽으로 향한 빛의 공간이다. 이 대학 성당 미사의 특별한 시간인 밤이 되면, 그 빛의 덩어리들이 마치 횃불처럼 환하게 사방으로 뻗어 나가면서 캠퍼스를 가로지른다. 이 성당 안에서 파란 직사각형을 보다가 하얀 벽면을 보면 보색인 노란 직사각형이 보이는 시각적 현상을 경험하게 되는데, 이러한 배치는 콘셉트와 현상의 이중 융합에 기여한다.

이 성당은 북쪽, 서쪽 그리고 향후 동쪽에 새로운 사각 녹지 공간이 형성되도록 자리 잡았다. 긴 직사각형 형태는 내부의 예배 공간 및 캠퍼스 공간을 규정하는 데 특히 적합하다. 성당 남쪽에 펼쳐진 연못은 〈생각의 들판〉이라고도 불린다.

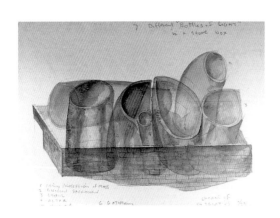

오른쪽 일곱 개의 빛을 새겨 넣은 입구의 삼나무 문

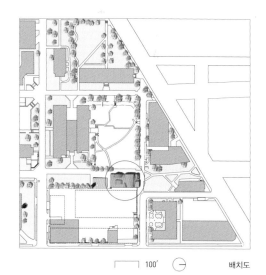

100′ 　　배치도

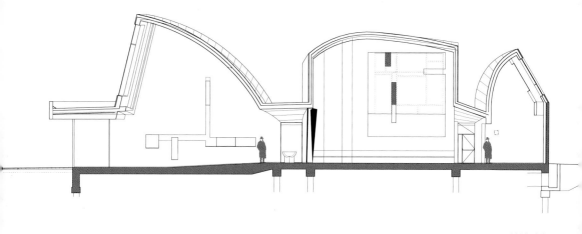

북-남 단면도

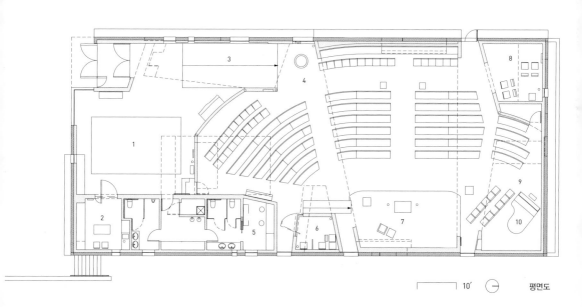

10′

평면도

1. 나르텍스(본당 입구 앞의 넓은 홀) 2. 제복 보관실 3. 행렬 4. 세례 5. 신부 대기실 6. 화해 성사 7. 제단
8. 성체 조배실 9. 성가대 10. 피아노

위 캐스트글라스 창문
아래 구리로 만든 입구 문손잡이
오른쪽 4주간의 〈영적 수련〉을 의미하는 네 개의 캐스트글라스 창문이 있는 나르텍스

성 이냐시오 성당의 설계자 선정 작업이 시작되자 심사 위원회는 공모에 참여한 서른 명의 건축가 중에서 여섯 명을 추려 냈다. 나도 그중 한 사람이었다. 여섯 명 모두 심사단과 인터뷰를 하고 다음 날 저녁 시애틀 대학교에서 강연을 해 달라는 요청을 받았다. 인터뷰 도중에 나는 지금껏 성당을 지어 본 적이 없다고 시인했다. 그리고 만약 내가 종교를 가진다면 다른 종교에 귀의할 거라고 말했다. 하지만 나는 이상적인 형태의 캠퍼스 성당으로 이 대학교에 정말로 기여하고 싶었다. 그래서 건축의 종교성에 대한 나의 믿음을 그들에게 들려주었다.

이튿날 나는 〈인식의 문제들〉이란 제목으로 건축의 현상학에 대해 강연했다. 인터뷰 결과가 얼마나 좋았는지는 모르겠지만, 건축 잡지인 『A+U』에 막 실렸던 내용의 그 강연으로 강당은 만원을 이루었다. 코브 신부와 설리번 신부는 깜짝 놀랐다. 「어째서 나머지 최종 후보 다섯 명의 강연은 한산했을까요?」 「이 많은 사람들이 스티븐의 강연을 들으러 강당에 몰려든 까닭이 뭐죠?」

결국 설계자로 선정된 나는 성 이냐시오에 관한 책들을 읽기 시작했다. 그중 한 책에서 이냐시오가 빛의 은유로 회귀한다는 글을 읽었다. 빛의 근원이 어디인지는 확실치 않지만 빛이 하늘에서 내려온다는 것은 안다는 말이었다. 여기서 아이디어를 얻은 나는 성당 전체를 빛의 그릇들이 모인 형태로 구상했다. 그리고 이 핵심 콘셉트 스케치를 〈돌 상자에 담긴 일곱 가지 빛의 병들〉이라고 명명했다. 이 일

곱 개의 병은 성체 조배실, 성가대, 나르텍스, 행렬 등등 가톨릭 의례의 면면을 의미한다. 이 콘셉트의 두 번째 부분은 60개 국에서 온 학생들이 시애틀 대학에 다닌다는 사실이다. 서로 다른 문화들이 한데 모임으로써 이 특정 장소에서 글로벌 마인드가 탄생한다. 이 두 콘셉트가 직사각형 부지 안에서 맥동하고 있었다. 나는 이 장소를 세 개의 사분면으로 구성하기로 결심했다. 하나는 서쪽에, 미래에 쓰일 곳은 동쪽에, 그리고 남쪽에 펼쳐질 새로운 광장에는 연못과 종탑, 레이니어 산에서 내려오는 부활절의 불을 위한 돌을 놓기로 했다.

이 프로젝트는 시작부터 매우 순조로웠다. 콘셉트를 선보이던 날에도 역시나 많은 사람이 참석했다. 대학 사제단 사람들은 진심으로 이 건물의 콘셉트에 만족했는데, 그들은 철학적으로 예수회와 일면 통하는 나의 현상학 강연의 촉각적 특성을 높이 평가했다. 나는 내 작업과 성 이냐시오의 영적 수련 사이에 개방적인 현상학적 사고와 가르침의 유사성이 있음을 발견했다. 이 프로젝트 전체를 열렬히 지지하게 된 설리번 신부는 이렇게 말했다. 「스티븐, 당신 계획대로 진행해 주세요. 건축비 모금 문제는 우리가 알아볼 테니까요.」 처음에는 우리에게 220만 달러밖에 없었지만, 이 건축물에 대한 호평이 이어지면서 모금액이 550만 달러로 불었다. 그 덕분에 연못과 종탑을 비롯해 이 대학의 구심점을 만드는 데 필요한 모든 것을 지을 수 있었다.

우리가 영입한 가톨릭 의례 전문가 빌 브라운은 성당의 올바른 구성 요건들을 빠짐없이 알려주었다. 프로젝트가 진행되는 동안 대학 개발 계획부에서 이 건물의 규모를 축소하고 빛의 병 두 개를 없애자고 제안했던 일이 기억난다. 사제단은 반발했다. 「절대 안 됩니다. 일주일은 7일이니 빛의 병도 일곱 개여야 합니다.」 지금 내가 건축학도들에게 진심으로 해주고픈 충고는 좋은 콘셉트를 가지라는 것이다. 좋은 콘셉트는 디자인의 원동력이며, 철학적 바탕이 다른 반대자들 앞에서 자신의 디자인을 방어할 수 있게 해준다.

값비싼 석재를 감당할 수 없었던 우리는 시공업체와의 회의 끝에 틸트업 콘크리트도 석재의 일종이라고 결론 내렸다. 어차피 침투성 황색 도료를 바를 예정이었으니까. 그리하여 이 성당은 지금껏 대학 캠퍼스에 세워진 가장 커다란 틸트업 방식 건물이 되었으며, 일부 벽체는 높이가 9미터에 이르고 무게가 31톤이나 나갔다.

우리가 고용한 시공업체는 시공 능력이 뛰어난 곳이었지만, 건축 일정의 실질적인 리더는 설리번 신부였다. 공사 초기에 개관 시기를 놓고 토론을 벌인 일이 생각난다. 시공업자가 수많은 일정표와 각종 도표, 문서 따위를 꺼내놓자, 설리번 신부가 그의 손을 잡고는 서류들을 테이블 가장자리로 치우며 말했다. 「부활절에 개관해야 합니다.」

결국 9개월 안에 건축을 마쳐야 했고, 그들은 해냈다. 설리

번 신부와 나는 평평하게 누워 있던 건물이 거의 18시간 만에 완전히 세워지는 광경을 지켜보았다. 틸트업 건축에는 신비로운 면이 있다. 이 공법으로 건물을 지을 때는 비계(飛階)가 쓰이지 않는다. 공사 현장은 평평하지만, 건물 전체가 거기 있다. 자전거를 타고 캠퍼스를 돌아다니던 학생들은 갑자기 캠퍼스에 등장한 이 허깨비 같은 건물을 보고 멈칫하며 얼어붙었다. 성당이 문을 연 날에는 대대적인

성 이냐시오 성당 개관 기념 의식

축하 행사가 열렸다. 이런 날에는 공간을 정화하는 전통 의식이 거행된다.

건축가가 주교에게 설계도를 건네면 행렬이 시작되고, 건물 안으로 들어간 사람들은 두 시간 동안 마치 낙서를 하듯 성유(聖油)로 회벽에 십자가를 그리는 의식을 치른다. 그 건물은 더 이상 우리 것이 아니라 그들의 것이었다.

수년이 지난 지금도 이 건물은 내게 큰 기쁨을 준다. 무엇보다 그것이 내 고향에 있기 때문이고, 두 번째는 대학 캠퍼스의 중심이기 때문이다. 뉴욕 현대 미술관에서 구입해 간 이 건물의 모형은 지금도 영구 전시되어 있으며, 온갖 종류의 상을 받았다. 하지만 솔직히 내게는 그런 상들보다 일상에서 벌어지는 특별한 일들이 더 뜻깊다. 이 건물은 사람들의 생활 속으로 파고들었다. 2년 뒤 시애틀 대학교는 이 성당의 형상을 학생 신분증에 인쇄해 넣었다. 2006년 6월에는 시애틀 대학교 총장이 내게 명예박사 학위를 수여했다. 그리고 이 성당과 건축가로서 나의 경험에 관해 강연해 달라고 부탁했다. 이 사건에는 흥미로운 구석이 있다. 나는 지난 20년간 컬럼비아 대학교에서 건축을 가르쳤지만, 내가 학생들에게 반드시 따라고 가르쳤던 건축학 석사 학위조차 없다. 오로지 건축학 학사 학위밖에 없다. 결국 뒤늦게 박사 학위를 받은 셈이다.

이 건물의 면적은 고작 560제곱미터이다. 건축에서 중요한 것은 크기가 아니라 의미와 의도이다. 그 안에 담긴, 그 안에 표현된 정서. 그런 건물은 사람들이 즐기는 시설이 된다. 성 이냐시오 성당이 바로 그런 경우인데, 몇몇 감동적인 이야기를 들어 보면 이 특별한 장소가 더욱 신비로워 보인다. 예를 하나 들자면, 삶에서 몹시 우울한 시기를 겪고 있던 어떤 사람이 이 성당에 들어와 두 시간 동안 그냥 앉아 있었다. 그는 성당 안의 빛을 카메라로 찍은 다음, 그 사진을 매우 감동적인 글과 함께 「시애틀 타임스」에 실었다. 또 하나는 몇 년 전에 나한테 일어난 일이었다. 미국 의회 근처 슈퍼마켓에서 신용 카드로 물건을 사고 있었는데, 계산을 해주던 여자가 내 카드에 〈건축가〉라고 적힌 것을 보고는 이렇게 말했다.

「건축가세요? 그럼 저기 언덕 너머 대학교에 가서 성당을 한 번 보세요. 진짜 멋진 건물이거든요.」
내게는 그녀의 말이 건축 상을 받은 것보다 더 기뻤다.

이 건물의 콘셉트는 테세랙트 또는 하이퍼큐브(오픈 브래킷)에서 아이디어를 얻은 것이다. 과학적으로 테세랙트는 4차원 입방체를 의미하는데, 정사각형과 입방체의 관계가 입방체와 테세랙트의 관계이다. 내부적으로 이 입방체 건물은 비(非)유클리드적 특성들을 갖고 있으며, 이는 겹쳐지는 내부 전경들에서 경험적으로 확인할 수 있다. 건축 스튜디오 교육의 중심인 리뷰실들은 중첩된 중앙 큐브들 안에 있다.

다락방 같은 스튜디오 공간들은 기초 구조인 테세랙트 구역에 의해 기능하는 오픈 브래킷을 형성하는데, 이 구역은 안쪽에서 바깥쪽으로 당겨져 서쪽 면을 형성한다. 가변성 불규칙 공간으로서 오픈 브래킷 안에 심겨 있는 테세랙트 구역은 폴 크리크 골짜기의 바닥과 멀리 보이는 카유가 호수, 그리고 해의 각도(춘분과 추분에 47.5도) 등등 주변 풍경과 연계하여 배치되어 있다.

새로운 건축 대학 건물인 밀스테인 홀은 직사각형 캠퍼스 북동쪽 모서리와 보행자가 캠퍼스로 들어가는 주요 통로인 폴 크리크 골짜기 다리의 북쪽에 자리 잡고 있다. 이 건물은 1층에 캠퍼스로 통하는 길을 제공한다. 모든 곳으로 열려 있는 이 통로는 기존의 건축 대학 건물인 시블리 홀로 가는 새로운 연결 지점이다. 이렇듯 매점과 강당으로 직접 통하도록 배치된 이 통로는 캠퍼스를 위한 〈사회적 콘덴서〉 기능을 한다.

프리캐스트 콘크리트 판과 보를 이용한 건축 공사는 건물 삼면을 아우르는 반투명 단열 통유리의 단순성으로 보완하고, 테세랙트 벽에는 서로 다른 상태의 알루미늄을 사용한다(발포 알루미늄, 비드 제거 알루미늄, 디렉트 디지털컷 박판 알루미늄). 반투명 단열 유리로 만든 벽을 통과한 빛은 스튜디오 내부를 은은하게 비추지만, 디지털 미디어를 사용하는 테세랙트 벽의 방들은 완전히 어둡게 만들 수 있다.

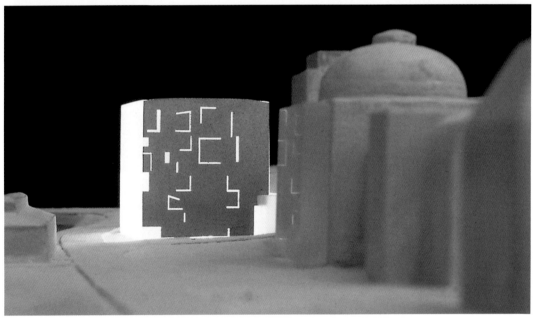

위 적층식 반투명 판유리로 만든 남쪽 벽
아래 서쪽의 발포 알루미늄 〈테세랙트〉 벽

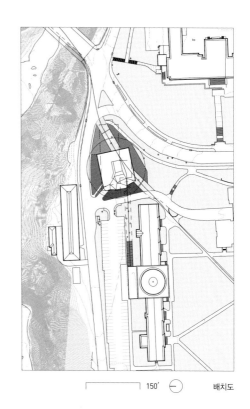

━━━━━━ 150' ⊖   배치도

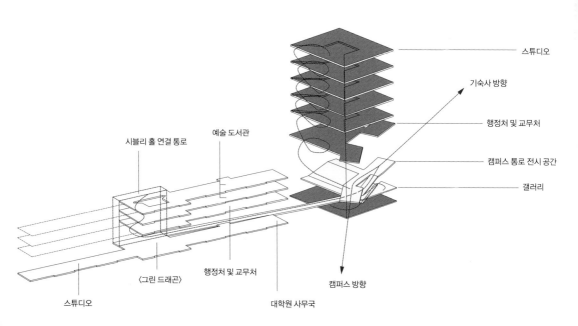

스튜디오

기숙사 방향

행정처 및 교무처

캠퍼스 통로 전시 공간

갤러리

시블리 홀 연결 통로

예술 도서관

〈그린 드래곤〉

행정처 및 교무처

캠퍼스 방향

스튜디오

대학원 사무국

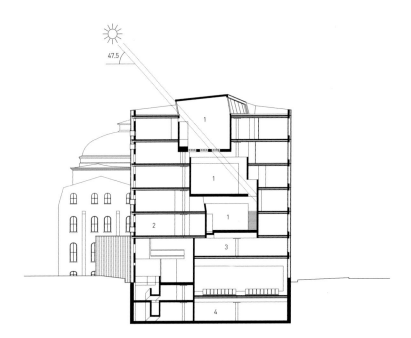

북-남 단면도

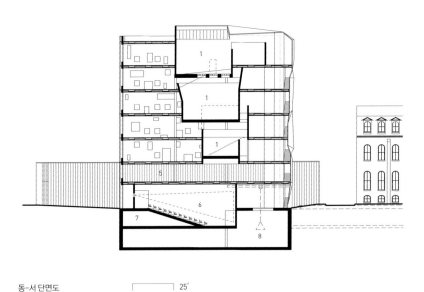

동-서 단면도　　　　⌐　　　⌐　25′

1. 리뷰실　2. 스튜디오　3. 교무처　4. 매점　5. 교무처/행정처　6. 강당　7. 멀티미디어실　8. 하이 베이

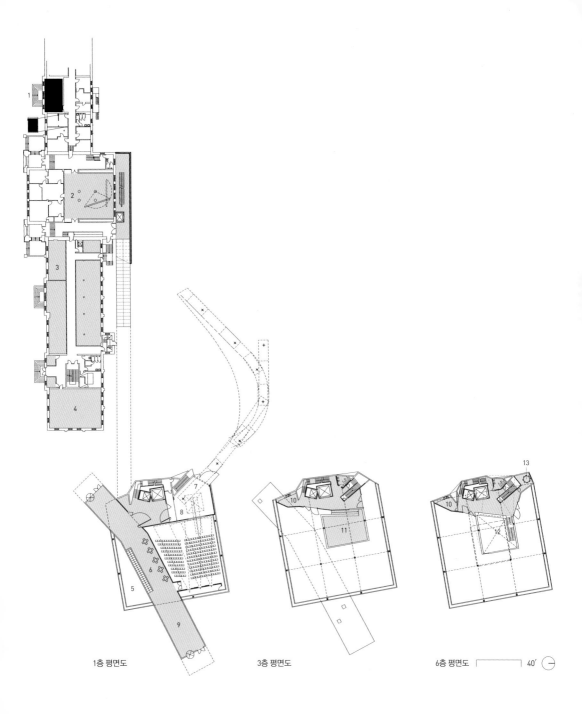

1층 평면도   3층 평면도   6층 평면도   40′

1. 웨스트 시블리　2. 하텔 갤러리　3. 교수 스튜디오 및 사무실　4. 강당　5. 아래쪽에 갤러리　6. 전시 공간　7. 하역장
8. 차폐된 작업 구역　9. 캠퍼스 통로　10. 매점　11. 리뷰실　12. 아래쪽에 리뷰실　13. 세미나실

건축 대학을 설계하라고? 나한테 그건 뇌 수술 전문의가 자기 머리를 수술하는 것과 비슷하다. 기존의 코넬 대학교 건축 대학원인 랜드 홀은 교육 프로그램의 규모가 너무 커져서 스튜디오와 사무실 공간을 제공하는 새로운 시설이 필요해졌다. 건축에 책정된 예산은 2천5백만 달러였고, 면적이 5천 3백 제곱미터인 건물 안에 스튜디오와 교실, 교직원 사무실, 강당이 들어설 예정이었다. 설계 공모 위원회에서는 이러한 기능적 요건들을 충족시키면서 동시에 캠퍼스 입구의 상징물이 될 의미심장한 디자인을 요구했다. 이 공모에 참여한 건축 사무소 네 곳 모두 두 개의 모델과 여덟 개의 보드를 제출한 다음, 강당에 모인 사람들 앞에서 최종 프레젠테이션을 해야 했다. 이 프레젠테이션 단계에 대비하기 위해 심사 위원들은 24시간 전에 건축가들의 제안서를 받았다. 이 건물이 대학원생 교육 시설이라는 점에서 이 프로젝트의 교육적 특성을 공모전 자체에 확장시키기로 결정한 대학 당국은 건축 계획 프레젠테이션을 대중 행사로 추진하면서 학생들에게 참여를 권고했다. 결국 많은 학생이 행사에 참석했다. 우리의 건축안을 선보인 4월 18일에는 재학생과 교직원, 졸업생을 합쳐 750명이 참석했다. 4월 20일에 심사 결과가 발표되었다. 페터 춤토르, 모포시스(톰 메인), 토드 윌리엄스 앤 빌첸을 제치고 스티븐 홀 아키텍츠가 만장일치로 선정되었다.

우리가 제안한 건물은 캠퍼스로 들어가는 관문으로서의 파빌리온이었다. 보행자가 많은 길에 자리 잡은 이 건물은 1층에 24시간 통행로가 설치되고, 건물의 삼면이 재활용 통유리로 덮인다.

캠퍼스 북동쪽 모서리가 돌출한 형태인 이 장소는 북쪽의 폴 크리크 골짜기 다리를 건너 캠퍼스로 들어오는 사람들의 통행 때문에 관문과도 같다. 캠퍼스 북부에 새로운 기숙사를 짓고 있어서 향후 몇 년간 이 곡선 도로의 통행량은 더욱 늘어날 전망이다. 이 건물의 1층은 캠퍼스 곳곳으로 열린 통로 역할을 하고, 건축 대학원으로의 새로운 접근점을 만든다. 우리는 건축과 학생뿐만 아니라 일반 학생도 이곳에 쉽게 들어올 수 있길 원했다. 이따금 다른 학과 학생들이 이곳에 들러 건축 강의를 들을 수 있게 말이다. 이 통로는 사회적 콘덴서 노릇을 할 것이다. 건축과 학생들은 밤에 작업하기를 좋아한다. 우리는 학생들이 밤 늦게까지 이 건물 안에서 작업에 열중하기를 바랐다. 스튜디오에 불이 켜진 이 건물은 어둠을 밝히는 등불처럼 빛날 것이다.

처음에 우리가 구상한 것은 코넬 대학교 캠퍼스를 가로지르는 여러 골짜기 중 한곳 꼭대기에 자리 잡은 단순한 큐브형 건물이었다. 이곳은 주변 풍광이 워낙 좋으므로 그 혜택을 누려야 한다고 생각했다. 이 학교는 폴 크리크 골짜기의 자연미에 등을 돌린 것 같았다. 우리는 이 새로운 건축 학교에 적층식 스튜디오 공간을 만들었다. 우리가 원한 것은 정면이 하나가 아닌 네 개로 이루어진 큐브였다. 그래서 테세랙트라는 수학적 개념을 가지고 설계에 착수했다. 테세랙트는 4차원 입방체, 즉 하이퍼큐브이다. 건물 삼면을 반투명 단열 통유리로 덮고 테세랙트 벽면에 발포 알루미늄을 사용한 단순성에서 그 콘셉트가 더욱 분명해진다.

정사각형과 입방체의 관계가 입방체와 테세랙트의 관계이다. 이 큐브형 건물의 목표는 겹쳐지는 내부 전경들의 비(非)유클리드적 특성이다. 스튜디오 교육의 중심인 리뷰실들은 중첩된 중앙 큐브들 속에 배치된다. 이 세 개의 리뷰실은 똑바로 차곡차곡 쌓이지 않고 여러 방향으로 밀려 있다. 각각의 리뷰실 바닥과 천장의 구멍들은 햇빛이 가장 아래쪽 리뷰실까지 닿게 해준다. 규칙적인 스튜디오 공간들은 리뷰실의 삼면을 에워싸고, 그 밖의 모든 시설과 승강용 구조물은 네 번째 면, 즉 이 건물의 서쪽 면인 테세랙트 벽 쪽으로 밀려 있다. 이 테세랙트 구역은 오픈 브래킷 안에 심겨 있는 가변성 불규칙 공간이다. 이곳에는 9′×9′ 크기의 큐브형 대형 화물 엘리베이터와 6′×6′ 크기의 승객용 엘리베이터가 설치되어 있고, 모든 층을 연결하는 층계에서는 호수와 골짜기가 내다보인다. 세미나실과 휴게실을 비롯해 각종 편의 시설이 이 구역에 몰려 있다. 스튜디오를 에워싼 백색 반투명 절연 통유리는 실내에 은은한 빛을 뿌려 주지만, 디지털 미디어가 사용되는 테세랙트 구역의 공간들은 한층 어둡다. 테세랙트 벽면의 형태는 건물 바깥의 풍경과 연계되어 있다. 폴 크리크 골짜기의 바닥, 멀리 보이는 카유가 호수, 심지어 해의 각도까지 고려된다. 사실 오픈 브래킷 형태인 다락방 같은 스튜디오 공간들은 안쪽에서 바깥쪽으로 쏠려 서쪽 면을 형성하는 테세랙트 구역의 기초 구조에 의해 기능한다.

건축 자재의 단순성과 모든 건축 자재의 노출은 학생들이 공부하는 공간의 교육적 특성에 기여한다. 포개지는 형태인 테세랙트 벽은 디스크에서부터 복합 패널까지 매장에

테세랙트를 선보이는 모습

서 직접 옮겨 와 현장에서 조립하게 된다. 3′×3′ 큐브형 섀도박스 창에서부터 13′×16′ 스튜디오 공간과 34′×34′ 리뷰실에 이르기까지 이 건물의 비율들은 피보나치수열 3, 5, 8, 13, 21, 34, 55, 89가 반영된 것이다.

케네스 프램턴, 테런스 라일리, 토시코 모리, 카르메 피노스, 하인츠 테자르, 제임스 스튜어트 폴셰크로 이루어진 심사 위원단은 처음에 이렇게 평가했다. 〈설계도대로 건축된다면 이 훌륭한 디자인은 코넬 대학의 건축을 발전시킬 새로운 기준을 세울 것이다.〉하지만 2001년 6월에 우리는 코넬 대학과의 관계를 끝내기로 합의했다. 교육 프로그램과 예산 문제를 근거로 대학 당국이 요구한 설계 변경을 받아들일 수 없었기 때문이다. 훌륭한 심사 위원단이 만장일치로 우리를 선택했지만, 우리가 통제할 수 없는 다른 요인들 때문에 이 프로젝트는 결국 실현되지 못했다. 이렇듯 건축은 너무나 취약한 예술이다.

빛으로 그리는 집

뉴욕 주 롱아일랜드, 2001~2004

Writing With Light House

바닷가에 지은 이 직사각형 목조 주택의 콘셉트는 화가 잭슨 폴록의 스튜디오가 매우 가깝다는 점에서 영감을 얻었다. 그래서 폴록의 1949년 작 「여덟 속에 일곱이 있었다There Were Seven in Eight」를 토대로 자유로운 형태의 디자인을 여럿 만들었다. 또한 목조 벌룬 구조는 인근의 모래 언덕들과 바다를 따라 늘어선 나무 울타리가 반영된 것이다.

멀리 대서양이 보이는 북쪽 내포(內浦)로 집의 내부를 개방하다 보니 사생활 보호를 위해 남쪽 면을 닫아야 했다. 그리하여 최종 설계에서는 햇빛이 새어 들어와 선을 그리는 개방형 틀 안에 내부의 기운이 갇히도록 했다. 계절의 역학과 하루의 시간대에 따라 하얀 빛의 줄들이 건물 내부에 그려지고 구부러진다. 복층형 거실 주위로 손님 방들이 늘어서 있고, 거실에서 2층으로 올라가면 차고 위에 얹혀 있는 수영장이 나타난다. 이 수영장에서 멀리 대서양이 보인다.

concept = "WriTing with LIGHT"
LINEAR STRIPS of SUNLight INSCRIBE AND BEND internal SPACES DYNAMICALLY in time

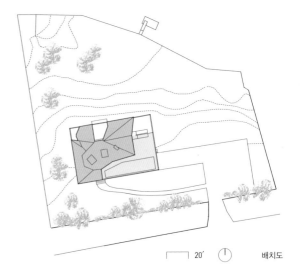

20′   배치도

1층 평면도

10′

2층 평면도

1. 입구   2. 거실   3. 부엌   4. 식당   5. 서재   6. 손님 방 1   7. 차고   8. 안방   9. 손님 방 2
10. 손님 방 3   11. 미니 수영장

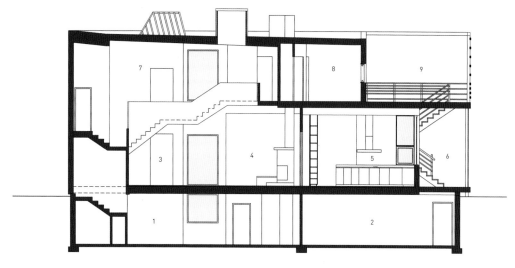

세로 단면도

1. 지하실   2. 다용도실   3. 뒤쪽에 서재   4. 거실   5. 부엌
6. 부엌 포치   7. 뒤쪽에 손님 방 3   8. 안방 화장실   9. 수영장 포치

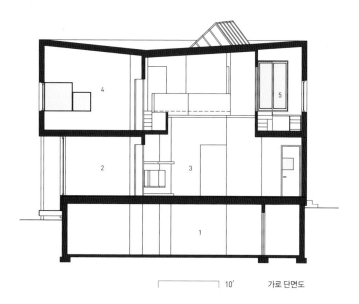

10′   가로 단면도

1. 지하실   2. 서재   3. 거실   4. 손님 방 3   5. 손님 방 2

빛으로 그리는 집

어느 부부가 불시에 나를 찾아와서는 이 집의 설계를 의뢰했다. 남편은 뇌 수술 전문의이고 아내는 예전에 건축가였다고 한다. 나는 이전에 햄프턴스에 집을 지어 보려고 그곳에 자주 가곤 했지만 정말로 집을 지은 것은 처음이었다. 건축 부지는 자그마했다. 마치 우표를 보는 것 같았다. 넓이는 1천 제곱미터도 안 되지만 멀리 메콕스 만이 보여서 전망이 뛰어났다. 그곳에는 작은 집이 있었는데, 부부는 그 집을 허물고 바로 그 자리에 새집을 지은 다음, 편지 봉투에 해당하는 주변 땅을 조경으로 채우려 했다. 이곳은 잭슨 폴록의 스튜디오와 스프링스에서 그리 멀지 않다. 그래서 나는 폴록과 연계된 건축을 하기로 마음먹었다.

잭슨 폴록의 스튜디오에서 조금 떨어진 곳에 르코르뷔지에를 잘 아는 조각가 코스탄티노 니볼라의 아내인 루스 니볼라가 살고 있었다. 그녀의 집에는 르코르뷔지에가 1950년에 그린 놀라운 대형 벽화들이 있다. 그녀는 지금도 거기 산다. 어느 날 오후 나는 그녀를 만나러 갔다. 르코르뷔지에의 작품은 정말 놀랍다.

폴록의 스튜디오에서 나는 영감을 받았는데, 그중 하나는 널판들 사이로 보이는 빛이었다. 또 다른 하나는 캔버스에 물감을 그냥 뿌리듯이 자유롭게 평면도를 그려 봐야겠다는 것이었다. 내가 선택한 그림은 폴록의 1949년 작품인 「여덟 속에 일곱이 있었다」였다. 그래서 아래층에는 7개의 방을, 위층에는 8개의 방을 만들기로 했다. 그리고

마치 물감을 흩뿌린 것처럼 평면도를 그렸다. 정면 벽은 틀에 넣은 격자 나무로 만들 생각이었다. 처음 계획은 삼나무를 이용한 슬랫 사이로 안팎이 보이도록 하는 것이었다. 이곳은 도로 바로 옆에 있어서 사생활 보호가 필요했다. 슬랫 뒤의 벽재는 나무이다. 차고 위에 얹힌 수영장의 슬랫 뒤에는 아무것도 없다. 의뢰인들은 처음에는 2층 수영장을 마뜩찮아했다. 하지만 나는 차고 위야말로 수영장 자리로 더없이 좋은 곳이라고 설득했다. 거기 있으면 바다가 보이기 때문이다. 지금은 그들도 이 수영장을 아주 좋아한다.

얼마 후 내게 고민거리가 생겼다. 평면도를 그려 놓고 보니, 색깔과 형태만 조금 다를 뿐 브래킷을 두른 잭슨 폴록의 그림 같아 보였다. 마음에 들지 않았다. 그런데 그걸 의뢰인들에게 보여 주었더니 좋다고 하지 뭐니! 난감한 상황이었다. 내 눈에는 디자인이 너무 산만해 보였다. 사방에 널려 있는 것 같았다. 하지만 의뢰인들은 좋아했다. 그래서 나는 설계도를 다시 손보았다. 틀 안에 갇혀 있는, 좀 더 닫힌 디자인을 원했다. 나는 잭슨 폴록의 그림에 사용된 모든 색을 써보았다. 그림의 색들을 도면 전체에 사용했다. 마음에 들지 않았다. 결국 색을 모두 제거하고 단순한 흑백 도면으로 만들었다. 햇빛이 그림을 그리도록 했다. 슬랫 사이로 빛이 들어오면(이게 바로 이 집의 콘셉트인 〈빛으로 그리기〉이다) 직선들이 공간 속에서 구부러지고 회전한다. 이 역동적인 광경은 하루의 시간대와 계절에 따라 변한다.

FROM J.P,
THERE WERE SEVEN IN
EIGHT . 1995

의뢰인이었던 부부가 이 글을 읽는다면, 그들은 내가 처음에 제안한 집을 좋아했다는 사실을 기억할 것이다. 하지만지금은 내가 마지막으로 보여 준 집에 아주 만족해하고있다. 이 집은 설계 과정이 길었는데, 처음에 잘못된 길로들어섰기 때문이다. 모델을 보기 전까지는 잘못된 길로 들어섰다는 사실을 알 도리가 없다. 나는 종종 예술 작품에서 영감을 얻곤 해왔지만, 이 집의 설계 과정은 그림 하나만 가지고는 집을 만들어 낼 수는 없다는 사실을 증명해보여 준다. 그런 식으로는 올바른 건축이 이루어지지 않는다. 하나의 영감은 근본적으로 다른 무언가로 이어져야 한다. 그것이 변형이다. 그렇게 변형된 것은 전혀 새로운 것이 된다.

이 집에는 잭슨 폴록의 씨앗들이 여전히 존재한다. 설계의 근간으로서 깊숙이 자리 잡고 있다. 하지만 변형을 거치면서 더 이상 원형으로는 존재하지 않는다. 이 과정의 문제는 어마어마한 시간이 소요되었다는 점인데, 내가 잘못된 길로 들어섰기 때문이다. 게다가 의뢰인들은 그 길을 좋아했다. 이런 일이 내게는 종종 있어 왔다. 아직 준비가 안 되었는데 의뢰인에게 무언가를 보여 줘야 하는 상황 말이다. (이제 56살이 된 나는 지난 4~5년간의 축적된 경험을 통해 올바른 콘셉트가 없을 때는 의뢰인에게 아무것도 보여 주지 말아야 한다는 것을 깨달았다.) 어쨌든 나는 새로운 그림들을 가지고 그들을 찾아갔다. 설계의 콘셉트는 여전히 남아 있었다. 바람개비가 돌아가듯 방들이 중앙에서 바깥으로 퍼져나가면서 멀리 메콕스 만의 전경이 펼쳐진다. 2층으로 올라가는 동안 또 하나의 방과 안방이 나타나고, 마침내 그 나선형 공간의 꼭대기에 올라서면 차고 위에 얹힌 수영장이 나오고 거기서 장엄한 바다의 풍경이 보인다. 나무 슬랫 사이로 새어 드는 빛은 하루 내내 해의 각도에 따라 내부의 하얀 회벽에 직선 그림자를 드리운다.

이웃들은 이 집이 널판으로 만든 곡물 창고 같다고 했다. 지금은 점점 익숙해지고 있다. 우리는 예전에 이곳에서 자연스럽게 자라던 풀들로 조경을 했다. 우리는 인공적인 잔디보다 최대한 자연스러운 조경을 선호한다. 삼나무는 풍상을 겪으면서 은빛으로 변해 갈 것이다. 몇몇 부분에서는 삼나무 슬랫이 창문 위로 지나간다. 슬랫이 안으로 들어가는 구멍도 있고 그냥 창문일 뿐인 창문, 완전히 슬랫에 가려진 창문도 있다. 슬랫에 반쯤 가려진 창문도 있고, 슬랫 뒤에 아무것도 없는 부분도 있는 등 다양한 형태가 있다. 기본적으로 보이는 것은 직사각형이지만 그 뒤에는 다양한 변화가 있다. 이 집의 다섯 가지 형태들은 창문이나 구멍으로 일종의 음악 게임을 하고 있으며, 가장 먼저 읽히는 것은 슬랫들이다. 이것들은 도드라져 보이기 위한 게임을 하고 있지만, 아무렇게나 구성된 것은 아니다. 이러한 선택은 매우 중요하다.

여기에는 이 집에 7개의 방이 있다는 사실보다 더 깊은 어떤 의미가 있다. 방이 하나뿐이더라도 나는 만족할 것이다. 경우에 따라서는 프로그램에 훨씬 더 큰 의미가 있는 것이 건축의 현실이다. 물론 그렇지 않을 때도 있다. 이 틀에서, 이런 장소에서, 이런 특별한 상황에서 프로그램은 흐름 속에 있는 것일 수 있다. 연속된 공간들과 수영장이 차고 위에 있다는 사실, 그리고 옥상에 올라가면 바다가 보인다는 것. 그것이 중요하다.

내가 건축을 가르칠 때 학생들에게 전달하기 가장 어려운 것은 가장 깊고 가장 섬세한 주관적인 부분이다. 사실 그게 가장 중요할 수도 있다. 누구도 건축의 레시피를 만들 수는 없다. 하나의 디자인은 하나의 장소와 관련을 맺으며, 그 장소가 그것에 의미를 부여한다. 나는 못 수집가의 집을 햄프턴스에는 결코 짓지 않을 것이다! 이 집은 다른 어느 곳도 아닌 바로 이곳에 긴밀히 연관되어 있다. 빛과 바다, 나선형 공간. 이는 매우 특별하다.

못 수집가의 집

Nail Collector's House

뉴욕 주 에식스, 2001~2004

드넓은 샘플레인 호수가 내려다보이는 19세기 마을 에식스에 자리 잡은 이 110제곱미터 건물은 어느 작가를 위한 집이며, 과거에 못 공장이 있었던 자리에 세워졌다. (그 공장의 주인은 수년간 이 지역에서 19세기의 네모머리 못을 수집했다.)

호메로스의 『오디세이아』에서 영감을 얻은 이 집의 창문들은 그 서사시의 24개 챕터에 해당되며, 내부에 〈빛의 손가락들〉을 뿌리도록 배열되었다. 북동쪽 벽에는 12개의 창이 있고 남동쪽과 서남쪽 벽에는 다섯 개의 창이 있지만 북서쪽에는 하나도 없다.

대부분 개방되어 있는 내부는 반시계 방향으로 올라가면서 창문으로 쏟아져 들어오는 빛이 관통하는 일련의 공간들을 이룬다. 이 공간의 나선형 상승이 끝나는 지점은 샘플레인 호수 쪽으로 〈뱃머리〉처럼 튀어나온 부분이다. 하얀 회벽과 히코리 나무로 만든 바닥, 카트리지 동판들을 목조 구조 위에 일정하게 못으로 고정시켜 만든 벽면은 이 건물에 손으로 만져지는 풍화의 느낌을 준다. 이는 그 지역의 산업 역사와 남북 전쟁 이전 에식스 건축을 시적으로 재해석한 것이다.

배치도

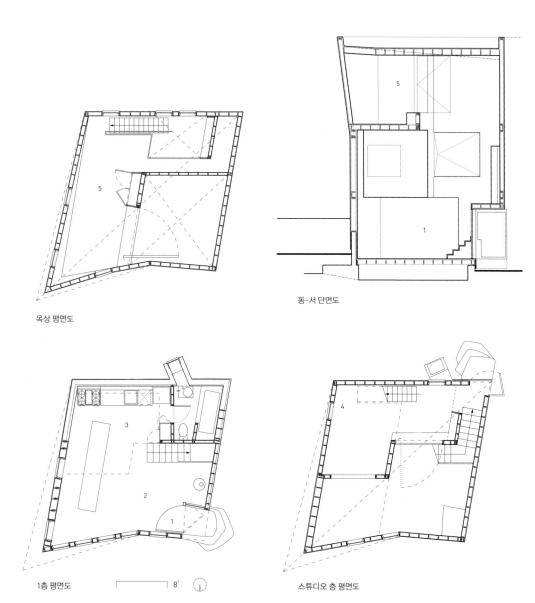

옥상 평면도

동-서 단면도

1층 평면도   8′   ①

스튜디오 층 평면도

1. 입구   2. 거실   3. 부엌   4. 스튜디오   5. 옥상

못 수집가의 집

시를 표현하는 건축

5년 전 작가 앨런 워들이 이 집의 설계를 의뢰했다. 그는 호수를 바라보며 글을 쓸 작은 집을 원했다. 「저는 시적인 표현을 원합니다.」 내가 1989년에 발표한 『정착』을 읽었던 그는 건물과 장소에 관한 내 글을 기억하고 있었다. 건물은 한 장소에 놓인 물체가 아니라 그것이 놓일 장소를 건축하는 것이며, 장소와의 독특한 관계 형성이 내 건축의 시발점이라는 글이었다. 앨런은 그걸 원했다. 당연히 나는 그 작업에 지대한 관심을 보였지만, 당시 그는 돈이 한 푼도 없어 당장 시작할 수는 없었다. 1년 뒤 그는 돈이 조금 생겼다면서 건축을 시작하고 싶어 했다. 아주 큰 집은 필요 없다고 했다. 작업의 성격에 따라 한 달이나 두 달 정도 그곳에 머물면서 글을 쓸 생각이라고 했다.

2000년 10월 우리는 뉴욕 주 에식스의 건축 현장에 갔다. 유서 깊은 마을이었다. 내가 알기로는 1850년 이후로 그곳에 지어진 건물은 없었다. 아기자기한 건물들이 모여 있는 자그마한 19세기 마을이었다. 건축 현장인 벡스 곶은 샘플레인 호수가 펼쳐져 있어서 전망이 기가 막히다. 그 자리에는 수공업으로 네모머리 못을 만드는 오래된 못 공장이 있었다. 앨런은 말했다. 「저기 들어갈 것은 제 몸과 책들, 그리고 제가 수집한 못뿐입니다.」 그는 네모머리 못을 잔뜩 갖고 있다. 그곳에는 앨런이 5년 동안 살았던 작은 판잣집이 있었다.

자동차들을 싣고 호수를 오가는 평평한 니롯배는 조타실의 선장이 모는데, 한 시간에 한 번씩 앨런의 집 바로 앞에 선다. 배를 지켜보던 나는 뗏목을 타고 광대한, 〈와인처럼 검붉은wine-dark〉 바다를 여행하는 느낌을 빚었다. 당시 나는 호메로스의 『오디세이아』를 읽고 있었는데, 그래서였는지 건축 현장에 가서 호수를 보고는 〈이건 호수가 아냐. 바다 같아. 너무 커〉라고 생각했다. 그 작은 집은 호숫가 암벽 위에 자리 잡고 있었다. 집 자체가 긴 여행의 시작과 끝인 항구 같았다. 호메로스의 『오디세이아』는 고대 그리스 서사시이다. 그걸 읽는 동안 『일리아스』와 『오디세이아』 모두 24개 챕터로 이루어졌다는 사실을 알게 됐다. 그래서 내 첫 스케치에는 〈북동쪽에는 14개, 남동쪽 5개, 남서쪽 5개, 북서쪽 0개, 총 24개의 창이 있으며, 이는 『오디세이아』의 24개 챕터에 해당된다.〉 나는 이 집을 가능한 한 작게 만들고 침실을 꼭대기에 두었다. 내부 공간은 나선형으로 올라가고, 세 개 층은 최대 허용 높이에 다다른다. 그리고 빛에 맞춰 한 챕터 한 챕터씩 건물 삼면에 창을 띄웠다.

나는 호메로스가 단어들을 무리 지어 사용한다는 점을 생각했다. 그리고 그것들을 반복 사용함으로써 잊지 못하게 한다. 고등학생 때 『오디세이아』를 읽은 나는 와인처럼 검붉은 바다에 관한 문장을 잊지 못했다. 열세 살 때 그 글을 읽은 기억이 난다. 당시 나는 잔디를 깎아 주고 시간당 1.25달러를 벌었는데, 내 인생 최초의 직업이었다. 나는 워싱턴 주 맨체스터에서 퓨젓사운드의 바다를 바라보았다. 하늘은 푸르고 바다는 와인처럼 검붉었다. 내가 결코 잊지 못할 또 하나의 구절은 〈장밋빛 손가락들 같은 새벽rosy-fingered dawn〉이다. 수평선의 구름 조각들 사이로 뻗어 내린 몇 줄기 햇살…… 나는 그걸 상상했다. 변화하는 하루의 시간을

하얀 회벽 건물 안에서 관망하는 가장 좋은 방법은 24개의 창이었다. 해돋이에서부터 해넘이까지 빛은 늘 다르게 읽힌다. 계절에 따라 빛의 그림은 높아지거나 낮아진다. 나는 이 집의 모든 창이 같은 크기여도 — 빛을 뿌려 주는 〈장밋빛 손가락들〉의 끄트머리일 뿐이지만 — 각각 다른 느낌을 줄 거라고 생각했다. 24개 챕터에는 또 다른 의미가 있다. 누군가가 지적했듯, 하루는 24시간이다.

이 집의 내부는 나선형 공간이었다. 그리고 건물 전체가 살짝 비틀렸다. 나는 이 집을 모퉁이에 놓음으로써 그 땅과 잘 어울리도록 했다. 매우 좁은 장소인 그곳에 어울리도록 구석에 두었다. 그리고 가장자리를 호수 쪽으로 뽑아냈다.

못 수집가의 집으로 들어서면 높이가 9미터인 꼭대기까지 공간 전체가 열린다. 반시계 방향의 나선형으로 올라가는 공간은 뾰족하게 돌출된 작은 침실로 이어진다. 꼭대기 층에서는 공간 전체가 느껴진다. 한쪽으로만 열린 이 작은 구역들도 큰 공간의 느낌을 거둔다. 도면에서는 이런 특성을 파악하기 어렵고 잘 이해할 수도 없다. 방에 침대 하나 놓기 어려워 보여도 작다는 느낌은 없다. 경첩이 달린 벽의 일부를 열면 큰 공간이 생긴다. 집 전체는 전통적인 목조 구조이지만 포탄 제조에 쓰이는 구리인 카트리지 동판으로 외벽을 덮었다. 카트리지 동판은 돌돌 말린 형태로 온다. 우리는 동판을 펴 벽에 대고 못을 박은 다음, 못으로 고정되어 있다는 걸 보여 주려고 못대가리를 노출시켰다. 동판은 오하이오의 대포 공장에서 만들었다. 현재는 누런

색이어서 가을 잎들을 보완하지만 머지않아 바뀔 것이다. 나무와 계절과 함께 색이 변할 테니까.

한 남자가 거의 혼자서 이 집을 지었다. 미치 라비도는 플래츠버그에서 온 뛰어난 시공업자다. 공사 기간의 90퍼센트를 미치 혼자서 일했다. 그는 한겨울에 건물 뼈대를 올렸다. 방수포 같은 천을 두르고 영하 10도의 날씨에 일했다. 미국 건설업계의 전반적인 문제들을 무색하게 하는 열정적이고 감동적인 시공업자의 존재는 우리에게 희망을 준다.

이 집에는 중요한 디테일이 몇 가지 있다. 모든 캐비닛에는 인근 철공소에서 만든 네모머리 못 모양 손잡이를 달았다. 꼭대기 공간에서는 프라이버시를 가질 수도, 없앨 수도 있다. 경첩이 달린 벽이 거대한 문처럼 열리기 때문이다. 혼자 있을 때는 전체 공간을 개방할 수 있다. 부엌은 한쪽 벽에 몰려 있다. 앨런은 커다란 19세기 농가 테이블을 하나 갖고 있으며, 그곳에 둘 오래된 의자도 여러 개 있다. 바닥은 히코리 나무로 만들었고, 계단의 디딤판처럼 멋진 나뭇결이 있다.

이 집을 짓는 데 5년이 걸렸다. 내가 받은 약간의 건축비는 완공 2년 전에 바닥이 났다. 하지만 이 집을 보면 지금도 흥분된다. 내게는 의미 있는 작품이다. 중요한 것은 건물의 크기가 아니라 내가 하는 일의 의미를 되새기게 해준다는 것이다. 흔히 건축가들은 큰 건물을 짓는 것에 큰 의미가 생긴다고 착각하곤 한다. 나는 그렇게 생각하지 않는다. 의미는 규모와 상관이 없다.

터뷸런스 하우스

Turbulence House

뉴멕시코 주 애비큐, 2001-2004

미술가 리처드 터틀이 지은 어도비 주택 두 채 부근에 있는 이 작은 건물은 바람이 많이 부는 사막인 메사 꼭대기에 자리 잡고 있다. 수면 아래 부분이 훨씬 디 큰 빙산의 일각을 연상시키는 이 집은 건물 한가운데로 바람이 지나가는 특이한 형태이다. 터틀의 친구인 키키 스미스는 이 집을 〈메사에 꽂힌 브로치〉라고 부른다.

이 집의 강화 외피와 알루미늄 뼈대는 캔자스 시에서 디지털 방식으로 사전 제작한 다음 현장에서 조립되었다. 이 집의 껍데기를 형성하려고 제작한 총 31개의 금속 패널들은 하나하나가 독특한 형태이다. 판금 기술자의 숙련된 솜씨와 디지털 장비의 정확성은 복잡한 형태의 제작을 가능하게 했다. 오늘날에는 매개 변수 설계 덕분에 과거에는 상상할 수 없을 만큼 정확하게 재료를 가공함으로써 현장 조립 시공이 가능하다.

이탈리아 비첸차에서 열린 전시회를 위해 제작한 두 번째 터뷸런스 하우스는 현재 이탈리아 스키오의 한 개인 조각 공원에 전시되어 있다.

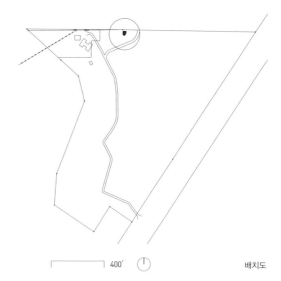

400′ 　배치도

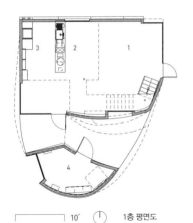

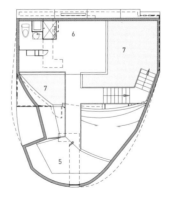

1층 평면도

2층 평면도

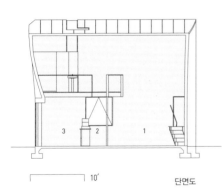

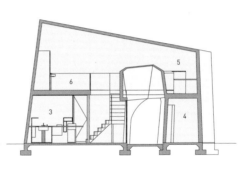

단면도

1. 거실 2. 식당 3. 부엌 4. 창고 5. 서재 6. 침실/화장실 7. 아래층으로 가는 통로

애비큐에 있는 터뷸런스 하우스는 미술가 리처드 터틀과 시인 메이메이 베르센브러흐를 위한 집이다. 이곳은 게스트하우스이다. 과거에 리처드 터틀은 건물 두 채를 지었고 — 하나는 아내가 글을 쓰는 작업실이고 나머지 하나는 그들의 집이다 — 자신의 작업실로 쓰는 오래된 콘크리트 건물도 있었다. 그들은 해마다 6개월 정도 사막 메사에서 지낸다. 처음에 메이메이는 이렇게 말했다. 「에어스트림 트레일러 같은 집에서 살고 싶어요. 다른 데서 제작해 현장으로 옮겨 올 수 있는 집 말이에요. 이 집 같은 어도비 양식이 아닌 다른 건물.」 나는 흔쾌히 응했다. 「오, 그거 흥미로운데요. 해보고 싶군요. 공사 도면을 그리고 현장을 감독해 줄 건축가를 이 지역에서 찾아보겠습니다. 저는 도면을 그리기 위한 디자인만 넘길 테니까요.」 2001년의 일이었다. 나는 그곳에 가서 스케치 아이디어를 얻었다. 메사 위에 자리 잡은 작은 집, 그리고 거기서 땅속으로 뻗어 내려간 선들이 의미하는 훨씬 더 큰 어떤 것. 골짜기 바닥에서 25미터 높이로 솟아 있는 그 메사는 꼭대기가 평평하다. 아주 흥미로우면서도 휑한 사막의 지평선에는 여러 산들이 솟아 있다. 멀리 보이는 테이블탑 산에는 화가 조지아 오키프의 유해가 묻혀 있다.

핵심 아이디어는 이 집 한가운데 작은 공동(空洞)을 만든 것이다. 집광판이 달린 비탈진 지붕은 남향이다. 에어컨 시설은 없다. 공동으로 바람이 불기 때문이다. 그곳에는 그늘이 지고 바람까지 불어서 한결 서늘하다.

32개의 강화 외피 패널들은 프랭크 게리의 건축물에 자재를 공급하는 회사인 재너가 캔자스 시에서 사전 제작한 것이다. 나는 프랭크의 작품과는 사뭇 다른 건물을 만들었다. 그가 짓는 곡선형 건물들은 내부가 강철 프레임 구조로 이루어져 있다. 나는 구조와 외피를 융합했다. 즉, 이 패널들은 구조와 융합된 방수 외피이다. 그것들을 현장으로 옮긴 다음 조립하여 콘크리트 슬래브 위에 설치한다.

내부 회벽이 아주 근사한 이 터뷸런스 하우스에는 침실과 작가용 탁자, 작은 부엌이 있다. 면적이 93제곱미터에 불과한 이 작은 집은 화장실, 작은 부엌, 식탁, 침실로 이루어져 있다. 처음부터 리처드 터틀은 조각 같은 공간을 원한다고 말했다. 그 공간에 조각을 놓고 싶지 않다고 했다. 그는 조각가이자 화가이다. 그래서 나는 이 집에 직각 벽을 둘 필요가 없었다. 이는 이 건축물 프로그램의 일부이다.

우리가 이 집을 설계할 당시, 이탈리아 비첸차에서 건축 역사학자 프란체스코 달 코에게 전화가 걸려 왔다. 내 작품을 안드레아 팔라디오의 비첸차 바실리카에 전시하고 싶다는 것이었다. 비첸차에는 오래된 14세기 바실리카가 있는데, 1500년에 팔라디오가 그 주위에 새로운 건물을 지었다. 나는 이렇게 말했다. 「이 집을 한 채 더 만들어 비첸차로 보내야겠어. 32개 패널을 한 번 더 주문해.」

그 전시를 위한 나의 선언은 〈도시 가장자리: 풍경의 보호〉와 같은 것이었다. 이 집은 주변 풍경을 지키는 파수견 같은 존재이며, 나는 이 집 내부에 사막의 풍경을 반영했다. 플라비오 알바네스가 이 프로젝트의 자금 마련을 도와주었다. 그는 이 집을 자신의 클라이언트에게 팔았고, 그 클라이언트는 비첸차에서 작은 콘크리트 슬래브 위에 그것을 소생시켰다. 이 집의 외피 패널에 대한 아이디어를 갖고 있던 나로서는 재미있는 일이었다. 그래서 건물 스케치

를 보내고 이렇게 말했다. 「이 집을 사려면 16만 달러는 있어야 합니다.」 그러자 그들이 화답했다. 「네, 우리가 내겠습니다.」

당시 우리는 시간이 촉박했다. 전시회는 9월 2일에 열릴 예정이었다. 6월이 돼서야 컨테이너 네 대가 캔자스 시를

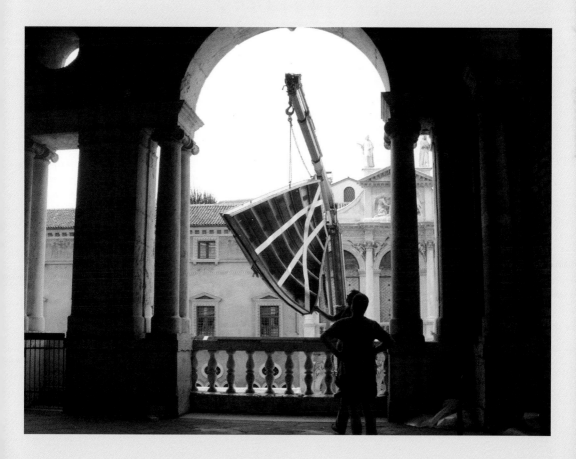

출발했다. 뉴포트 뉴스에서 출항한 배는 북대서양을 가로질러 제노바에 입항했고, 전시회 개막 이틀 전에 트럭 네 대가 비첸차에 도착했다. 만약 컨테이너들을 엉뚱한 순서로 열었다면 이 집은 제때 완공되지 못했을 것이다. 번호가 매겨진 패널들을 컨테이너에서 올바른 순서대로 꺼내야만 작업을 진행할 수 있었다. 하지만 그들은 죄다 한꺼번에 열었다. 엄청난 노고였다.

리처드 터틀은 같은 집이 두 채라고 언짢아하지 않는다. 오히려 조립식 주택이라는 점 때문에 아주 좋아했다. 하지만 결국 이 집은 내가 〈개인의 괴팍함〉이라고 부른 것을 겪고 나서야 완공되었다. 뉴멕시코 콘크리트 슬래브가 완성되고 패널들이 조립되기까지는 고작 일주일이 걸렸다. 집의 외부는 일주일 만에 만들어졌지만 내부 마감에는 2년이 걸렸다. 건축 현장에서 차로 두세 시간 걸리는 앨버커키에서 온 사내가 유리 설치 작업을 맡았는데, 그는 알코올 중독자였다. 결국 유리 설치가 반쯤 끝났을 무렵 음주 운전으로 소환장을 받고 6개월 동안 옥살이를 했다. 어쩌겠는가? 여기에 흥미로운 점이 있다. 몇 주 만에 지을 수 있는 조립식 주택 같은 프로젝트를 진행할 때는 얼마든지 낙관적이고 뻔뻔해질 수 있지만, 사람 문제는 자기 뜻대로 되지 않는다. 건축에는 늘 사람 문제가 발생하는 법이다.

이 집의 연작을 진행하자면서 나를 찾아온 사람이 있었다. 우리는 그와 여러 번 회의를 가진 끝에 계약을 체결하기로

했다. 하지만 계약서에 서명하기 직전에 내가 발을 뺐다. 나는 스스로에게 물었다. 〈내가 무슨 짓을 하는 거지?〉 내 건축 철학은 건물과 장소의 관계이다. 건축가가 이끌어 낼 수 있는 더 큰 의미는 풍경과 기후 등등 그 장소의 모든 특수한 여건들과 연계되어 있다는 것. 만약 누군가가 이런 집을 시카고의 초원에 지으려 한다면 나는 못마땅해할 것이다. 이 집은 건물 한가운데로 사막의 바람이 부른 메사를 위한 콘셉트이다. 오직 그 장소를 위해 설계된 집이다.

요즘은 사전 제작 건축이 큰 인기를 끈다. 주택 잡지 『드웰 Dwell』은 조립식 주택 공모전을 열었고, 거기서 우승한 작품이 현재 지어지고 있다. 내가 생각하기에는 미국의 높은 공사 인건비 때문에 모듈러 건축과 조립식 주택은 필연적이다. 지금 그런 현상이 일어나고 있다. 어느 정도가 아니라 대대적으로 일어나고 있다. 미국에서 판매되는 새로운 주택 양식 중에서 조립식 주택이 가장 높은 비율을 차지하고 있다. 미국 전역으로 퍼져 나가는 중이다.

나는 우리가 촘촘히 밀집된 커뮤니티를 건설해야 한다고 생각한다. 도시 외곽을 계속 확장해서는 안 된다. 분리된 주택 지구 건설로는 풍경을 영유할 수 없다. 미래의 핵심 요소는 진보적인 운송 시스템이다. 도로를 꽉 막히게 하는 자동차를 대체할 새로운 운송 수단이 필요하다. 우리는 의미 없는 확장으로 땅을 잃지 않고 풍경과 어우러지는 건축을 위한 새로운 콘셉트를 찾아야 한다. 나는 그런 이상적인 커뮤니티 프로젝트라면 기꺼이 맡을 것이다. 하지만 누

가 새로운 고객이 되어 줄까?

리처드 터틀과 나는 지금도 함께 일한다. 그가 만드는 가구를 내 건축에 활용한다. 내 건축 철학이 담긴 글들은 현상학과 공간과 빛을 이야기하는데, 리처드는 그것들을 모두 이해한다. 그래서 리처드와의 공동 작업은 즐겁다. 우리는 이론적 논쟁을 하지 않는다. 곧장 핵심으로 들어간다. 이러한 세계관 덕분에 그와의 협업은 매우 특별하다. 그는 터뷸런스 하우스를 이해했다. 디자인 변경을 거들어주었고, 건축 과정을 100퍼센트 이해했다. 즐거운 작업이었다.

플레이너 하우스   Planar House

애리조나 주, 2002~2005

이 집은 대규모 현대 미술 컬렉션의 일부이자 그것을 담는 그릇이다. 브루스 나우먼, 로버트 라이먼, 제프 쿤즈, 야니스 쿠넬리스의 위대한 20세기 작품들이 이 컬렉션의 일부이며, 여기에는 그들의 중요한 비디오 예술 작품이 포함되어 있다.

틸트업 콘크리트 공법으로 지은 이 집의 벽들은 평평하며, 회전하는 특성을 갖고 있어서 미술품 전시장의 요건인 단순한 직각성에 부합한다. 냉각 풀과 연결된 빛과 공기의 굴뚝들은 평면 기하학을 말해 준다. 연속된 공간들의 입구에서 마주치게 되는 경사로를 따라 옥상으로 올라가면 침묵과 성찰의 장소인 조각 정원이 나타난다.

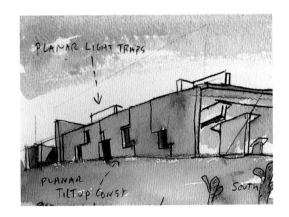

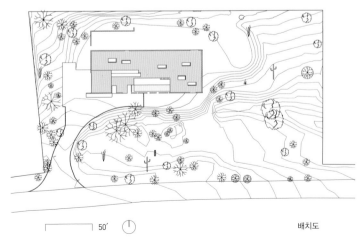

50′   배치도

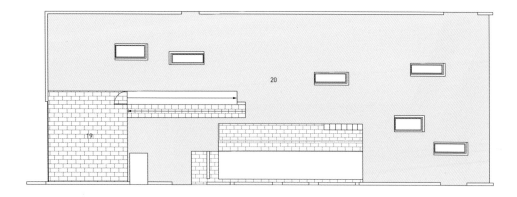

옥상 평면도

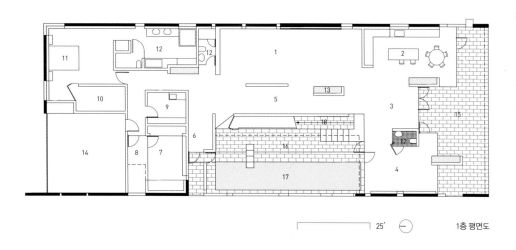

25′ 1층 평면도

1. 거실 2. 부엌 3. 식당 4. 연구실 5. 갤러리 6. 입구 7. 서재 8. 옥외 마당 9. 세탁실 10. 물품 보관실 11. 침실 12. 화장실
13. 냉각 풀 14. 차고 15. 캐멀백 포치 16. 수영장 마당 17. 미니 수영장 18. 조각 테라스로 가는 경사로 19. 조각 테라스 20. 테라스

이 건물은 시카고 대학교 예술대학의 권유로 나를 찾아온 어느 부부를 위해 설계되었다. 그들은 이렇게 말했다. 「제일 중요한 건 저희가 소장한 예술 작품들입니다. 그래서 직각 벽을 세워야 해요.」 그들은 건물 안에 영사할 로버트 라이먼, 야니스 쿠넬리스, 브루스 나우먼의 비디오 작품 여러 편을 비롯해 크리스토퍼 울의 회화 등등 다양한 예술 작품을 갖고 있다. 두 사람 모두 지적이었는데, 아내는 내 책을 두 권 보았다고 한다. 나는 이 프로젝트를 지금껏 이야기한 집들과 사뭇 다르게 시작했는데, 이 프로젝트의 프로그램 때문이었다. 기본적으로 이 집은 예술 작품들을 위한 갤러리 벽들과 한 개의 침실로 이루어져 있다. 전에 살던 아파트를 팔고 시카고를 떠난 이들 부부는 소장품들을 창고에 보관한 채 이 집을 지으려고 애리조나의 한 콘도에서 살았다.

그들은 허름한 1950년대 주택이 있던 작고 근사한 땅을 산 다음 그 집을 허물었다. 이곳은 멀리 캐멀백 산이 보여서 전망이 뛰어나다. 키 큰 선인장이 늘어선 사막 풍경도 아름답다. 내가 구상한 것은 온통 직각과 평면으로 이루어진 집, 심지어 건축 방식도 그러한 집이었다. 목조 샛기둥을 쓰지 않고 평평한 틸트업 콘크리트로 만드는 것이었다.

이 집의 구조/자재와 평면 콘셉트는 융합되어 있다. 틸트업 콘크리트는 구조이면서 동시에 벽체이다. 건물 내부에는 냉각 요소들이 있다. 서늘한 바람과 빛을 끌어들이는 평면 굴뚝들이 천장을 뚫고 내부로 뻗어 내려오고, 건물 안에는 직사각형 냉각 풀이 배치되어 있다. 코텐 강철로 만든 문들은 디지털 방식으로 절단하고 부식시켜 불그레한 색을 띤다. 가장 놀라운 것은 창을 만드는 방식이다. 서로 맞물리고 닿는 틸트업 평판들이 틈을 만들면서 창이 생긴다. 건물 내부의 냉각 풀 위에는 채광창이 있고, 경사로를 따라 옥상으로 올라가면 조각 정원이 나타난다. 이 옥상에서 바라보면 멀리 캐멀백 산의 전경이 마술처럼 펼쳐진다. 우리는 캐멀백 산을 옥상의 유일한 조각 작품으로 두기로 했다.

이런 평면 언어는 큰 부분들을 갖고 하는 게임 같다. 이때까지 우리는 틸트업 공법으로 두 번 작업했다. 성 이냐시오 성당이 콘크리트 틸트업 프로젝트였다. 이 공법으로 작은 집을 지은 적은 없다. 하지만 이 집을 의뢰한 부부는 그 공법을 좋아했다. 당시 두 사람 모두 은퇴한 처지라 건축비를 걱정했다. 나는 그들에게 솔직히 말했다. 「틸트업 콘크리트로 지으면 존재감과 견고함이 생길 겁니다. 비록 그게 확 눈에 띄지는 않아도 항상 느낄 수 있죠. 사막에서는 콘크리트 덩어리가 냉방 효과도 줍니다. 이런 벽체는 친환경적 요소로서 연료비 절감 효과가 높고, 흰개미도 걱정할 필요가 없어요. 하지만 틸트업 공법으로 하면 비용이 더 많이 들 겁니다. 같은 집을 나무와 벽토로 지으면 비용이 줄어들죠. 일이 더 진행되기 전에 이 점을 분명히 알려드리고 싶습니다.」 그리고 한마디 덧붙였다. 「제프 쿤스의 조각 작품을 팔면 돈 문제는 걱정하지 않아도 될 것 같은데요.」 내 말을 듣고 아내는 웃었다. 결국 우리가 도면 작

제프 쿤스 作 「버스터 키튼Buster Keaton」

업을 마무리하고 있을 무렵, 그녀가 뉴욕에 가서 두세 작품을 팔아 치운 덕분에 틸트업 공정에 필요한 자금이 손쉽게 마련되었다. 지금 그들은 이 집을 아주 좋아한다. 공사 기간에 이들 부부는 현장에 나가서 접의자를 펴고 앉아 공사를 지켜보았다. 시공업자는 건축과 학생들이 얼쩡대며 성가시게 굴지 못하도록 현장 주위에 체인 울타리를 쳤다.

이 건물의 내벽은 일반적인 미술관 벽체처럼 1.9센티미터 합판에 회를 바른 것이다. 침실은 하나밖에 없다. 의뢰인 아내의 작은 스튜디오는 면적이 280제곱미터에 불과하지만 공간 스케일 때문에 훨씬 커 보인다. 1층은 넓지는 않지만 천장이 높다. 이것이 틸트업 건물의 경제성이다. 커다란 조각들을 평판 위에 세워 집 전체를 완성했다. 두 벽을 세우면 이음매가 메워지고, 벽 속에 심겨 있는 강철 앵글 클립들이 두 벽을 밀착시킨다. 그렇게 이틀 만에 집 전체가 세워졌다. 이것이 내가 틸트업 공법을 좋아하는 점이다.

내 아버지는 1946년에 비밀 임무를 수행하러 일본에 갔다. 원자 폭탄으로도 전쟁이 끝나지 않으면 연합군이 일본을 침공할 예정이었다. 하지만 아버지가 배를 타고 일본으로 가던 도중 갑자기 평화가 찾아왔고, 결국 아버지는 점령군을 위한 건물을 지었다. 아버지는 일본인 인부들을 데리고 일했는데, 그들은 몇 주 동안 자르고 또 자르는 일만 반복했다. 아버지가 고용한 통역관은 장교들의 불만이 점점 커지자 상황을 설명해 주면서 같은 말을 되풀이했다.

「그냥 가만히 기다리세요. 며칠만 지나면 모든 게 달라질 겁니다.」 인부들은 목재를 계속 자르기만 할 뿐 못은 사용하지 않았다. 결국 하루하고 한나절 만에 갑자기 목조 건물이 세워졌다. 깎고 자르고 만들더니 별안간 마술처럼 짜잔! 유령처럼 등장하는 틸트업 건물과 비슷한 광경이었다. 순식간에 건물이 세워지는 광경은 참으로 경이롭다.

이 집은 나의 세 번째 틸트업 설계였다. 첫 번째는 성 이냐시오 성당이었고, 두 번째는 롱아일랜드에 있는 어느 집을 위한 설계였다. 나는 그 집을 1997년부터 짓기 시작했다. 당시 설계를 의뢰한 남자는 마이클 그레이브스와 로버트 스턴 그리고 나 사이에 경쟁을 붙였다. 주택 설계를 위한 경쟁이었다. 그에게는 아이가 다섯 명 있었고, 개와 말도 여러 마리 있었다. 그건 집이 아니라 도시였다. 실로 하나의 도시였다. 나는 그에게 건축 모델을 수집해 보라고 권유했고, 나와 함께 일하기 시작한 이후로 그는 온갖 건축 모델을 구입했다. 그래서 나는 그 집에 건축 갤러리를 추가했다. 그는 헤어초크 앤 뒤 뫼롱, 마크 맥, 기수 하리리에서 갖가지 모델을 사들였다.

사업가인 그는 컴퓨터 자동화 설비를 이용해 디지털 방식으로 기어를 제작하는 기계 회사를 운영한다. 기어비(比)가 5:1 정도이고 조립 라인을 개선하려는 공장의 경우, 그의 회사에서 24시간 주문을 받아 견고한 알루미늄 블록으로 기어를 만들어 줄 수 있다. 그의 공장에는 앞쪽에 컴퓨터실이 있고 유리벽이 있으며, 뒤쪽의 커다란 공간에 모든 절단기가 모여 있다. 일본에서 생산되는 이 기계의 가격은 대당 20만 달러에서 30만 달러이다. 사업 천재인 그는 하버드 대학을 졸업하자마자 사업가로서 성공을 거두었다.

위에서 논의한 두 집은 밤과 낮처럼 다르다. 어찌 보면 사람과도 비슷하다. 사람이 장차 어떻게 변하고 무얼 하게 될지 예측하는 것은 불가능하다. 그러니 최선을 다하는 수밖에 없다. 나는 루이스 칸이 한 말을 좋아한다. 〈건축은 존재하지 않는다. 건축의 정신이 존재할 따름이다.〉 따라서 건물의 크기는 중요하지 않다. 아주 작아도 상관없다. 나는 아주 작은 것 안에 거대한 정신을 담을 수 있다고 믿는다.

2004년 10월 27일
아이오와 주립대학교 건축 대학
미국 아이오와 주 에임스

2005년 1월 25일
토론토 대학교 건축 설계 대학
캐나다 토론토

2005년 3월 7일
칼턴 대학교와 캐나다 국립 미술관
캐나다 오타와

2005년 3월 9일
국립 건축 박물관 액체 돌 전시회
미국 워싱턴 D.C.

2005년 4월 1일
버펄로 대학교
미국 뉴욕 주 버펄로

이번 논의는 실험적인 것으로서, 현상학에 대한 나의 관심에서 비롯되어 지금껏 내 작품의 주제가 되어 온 것에 관한 이야기다. 나는 늘 「뉴욕타임스」의 과학 섹션을 처음부터 끝까지 구석구석 읽는다. 그런 종류의 지식은 건축가에게 영감의 일부가 되어 준다. 지난 2000년에 출간된 『시차』의 차례에는 내가 좋아하는 단어가 포함되었다. 다공성. 나는 이것이 현상학적 질문들을 위한 렌즈 노릇을 한다고 생각한다. 최근 나의 작업은 일련의 다공성 실험에 초점을 맞추었다.

요즘 내 작품에서는 이 콘셉트가 유형학typology에서 지형학topology으로 이동하고 있다. 이탈리아 합리주의 운동이 끝나 갈 무렵 건축을 시작한 나는 동료들과 함께 연구하면서 건물의 타입을 분류했는데, 『알파베티컬 시티The Alphabetical City』와 『북아메리카의 도시 및 지방 주택 타입Urban and Rural House Types in North America』 같은 책에 그 내용이 실려 있다. 처음에는 유형학으로부터 새로운 건축으로의 이동이 가능하다고 생각했지만, 결국 막다른 골목에 부딪친 기분이 들었다. 공교롭게도 1984년에 나는 열차를 타고 캐나다를 가로지르고 있었는데, 당시 어느 철학자와 함께 밤새 메를로퐁티에 관한 이야기를 나누었다. 그 열차는 나선형 터널을 통과했다. 거기서 내 건축 철학이 바뀌었다는 생각이

르다. 마치 성전환 수술을 받은 기분이었나. 기회가 된다면 밴쿠버 토론토에서 맴프로 가는 캐나다 횡단 열차를 타보라. 그 나선형 터널은 놀랍고 기묘한 경험을 선사한다.

건축가 알바르 알토가 빌라 마이레아를 위한 디자인 실험을 하고 있던 1938년에, 르코르뷔지에의 빌라 사부아가 7년 만에 완공되었다. 이 두 집은 모두 현대 건축의 상징적 본보기가 되었지만, 건물과 장소의 연관성에 관한 접근법은 서로 정반대이다. 넓은 들판 한가운데 자리 잡은 빌라 사부아는 필로티 위에 얹힌 지극히 독립적인 건물로서, 기하학적으로 순수하게 주변 풍경과 대조를 이룬다. 반면 자작나무 숲과 어우러진 빌라 마이레아는 장대들을 엮어 벽을 세우고 부분적으로 잔디 지붕을 얹어 주변 풍경과 조화를 이룬다. 비록 크기와 프로그램은 거의 같지만 이 두 빌라는 하얀 큐브와 스펀지처럼 대조적이고, 유형학과 지형학의 관계처럼 뚜렷이 구별된다.

이보다 앞서 프랭크 로이드 라이트가 지은 유소니언 하우스의 〈유기적 건축〉은 건물과 자연의 진정한 융합을 열망했지만, 알토가 지은 빌라 마레이아는 이 열망의 새로운 아이콘이 되었다. 라이트의 기하학적 일관성과 비교해 너무나 자유로워 보이는, 위트 있고 불손한 콜라주 기법 때문일까? 또는 장대를 엮어 만든 벽과 격자 세공, 가죽으로 싼 문손잡이의 의도적인 원시적 디테일 덕분일까? 아니면 부분적으로 회를 바른 덩어리 벽돌 마감에 녹아든 새로운 〈백색 건축〉의 적용 때문일까? 어쨌든 프랭크 로이드 라이트가 앞서 천명한 건축 원리를 구현함으로써 빌라 마이레아는 새로운 방식으로 주변 환경과 융합하는 건축의 상징이 되었다.

기둥들 위에 육면체를 얹은 형태인 빌라 사부아는 극단적으로 선명하다. 단순한 벽면, 단순한 평면, 옥상 정원, 필로티, 수평으로 길게 뻗은 창. 사실 1926년에 르코르뷔지에가 천명한 〈새로운 건축의 5원칙〉은 이 집에서 실질적으로, 글자 그대로 구현되었다. 하지만 빌

라 사부아에는 소실점들이 있어서 일반적인 원근법을 보여 준다. 반면 알토가 지은 집에는 소실점이 없다. 빌라 마이레아는 바깥 풍경과 합쳐지고 맞물리면서 공간을 확장시킨다. 빌라 마이레아 안에 있으면 고개를 돌릴 때마다 시야의 중첩이 느껴진다. 빌라 사부아의 엄격한 기하학적 공간을 걷고 있노라면 순수주의 선언의 고정된 확실성이 느껴지지만, 빌라 마이레아 내부를 거닐면 불확실성의 현상학적 수용을 경험하게 된다. 마치 불확실성 그 자체가 알토의 작품 주제였던 것처럼.

그리고 이 작품을 하나의 모델로 격상시키려 할 때, 여기서 의심이 시작된다. 서양의 관점은 시간에 얽매이는 반면 동양의 관점은 시간 바깥에 존재한다. 이 우연적이고 파편적인 관점이 자작나무 숲과 빌라를 융합시킨 알토의 작품 곳곳에서 보이며, 이것이 일종의 〈시간 다공성〉을 창조한다. 〈건축 원리들의 재평가〉에 관한 글에서 피에를루이지 니콜린은 이렇게 썼다. 〈도전이란 경계를 넘어서는 것이다. 비록 상징적인 의미일지라도, 강하고 오래된 경계를 넘어서는 것이다. 자연과 인공의 경계, 즉 자연적으로 존재하는 것과 건축되어 존재하는 것의 경계.〉 알토의 빌라 마이레아는 바로 그 〈오래된 경계〉를 들여다보는 다공성 렌즈를 열어 준다.1

이것이 알토의 빌라 마이레아에 대한 우리의 첫 고찰이었다. 또한 그것을 바탕으로 다공성이 내포하는 다양한 특성과 형태를 더 깊이 연구했다. 글자 그대로의, 현상으로서의, 도시의 다공성.

지금껏 우리는 수년간 다공성의 다양한 특성과 형태를 연구해 왔다. 건축과 도시주의, 풍경의 다공성에 관한 기존의 논쟁은 형태와 색조, 음영을 통한 빛의 효과뿐만 아니라 정신과 물질의 다공성 입증으로 보강할 수 있다. 다공성이란 단단하고 독립적인 물체 형태에 대한 집착을 버리고 연속된 공간들의 현상을 경험하는 것이다. 그 공간들 안에서, 주위에

서, 사이에서 건축을 경험함으로써 다양한 정서와 기쁨을 느끼게 된다. 정교하게 면을 이루는 형태에 반사되거나 굴절된 빛의 현상적 특성들은 면을 가진 형태 제작의 형식적 양상들을 초월한다. 그 형태들은 지는 해의 환한 주황빛에 물들고, 그 빛은 그것들의 인공적인 표면에서 날마다 변한다. 또한 디지털 방식으로 천공한 외벽은 수평으로 낮게 들어오는 햇살이 관통하면서 수많은 빛줄기와 그에 따른 그림자의 그물 속에서 존재가 증폭된다. 나무들 사이로 투과된 햇빛이 벽에 하얀 빛과 검은 그림자를 뿌리면 이 춤추는 얼룩이 활력을 준다. 자연광과 그림자는 우리에게 영감을 주고 기운을 북돋는 심리학적 힘을 갖고 있다. 태양 각도의 계절적 변화가 일출로부터 일몰까지의 변화에 의해 증폭되면 빛과 융합된 다공성은 아름다운 무용을 보는 듯한 느낌을 준다.

하나의 사고 실험으로서 우리는 최근의 몇몇 프로젝트를 이 모델과 연관시켜 진행했다. 우리가 다공성이라는 주제를 처음으로 구현한 프로젝트는 1996년에 설계되었는데, 소셜 하우징 회사인 헛 오스턴의 사르파티스트라트 오피스가 그것이다. 이 건물은 오스트리아의 수학자 멩거가 고안한 3차원 프랙털 도형인 멩거 스펀지Menger sponge를 건축으로 구현하는 실험적 가능성을 제시했다. 전반적인 다공성은 단면과 평면, 입면에서 모두 같다. 글자 그대로의 다공성이 갖는 이런 현상적 특성들은 매사추세츠 공대 학생 기숙사인 시먼스 홀을 위한 1999년 설계 이후로 도시 다공성을 목표로 삼았다. 현상적 양상을 탐구하면서 우리는 아이오와 대학교 미술 대학을 보고 빛과 땅이 기본적 다공성에 어떻게 기여하는지 발견하게 된다. 2003년에는 8개의 탑 프로젝트인 베이징의 링크드 하이브리드를 설계하면서 〈도시 안의 도시〉 스케일로 도시 다공성을 시도했다.

오늘날 새로운 디지털 기술은 과거에는 도달하기 어려운 수준의 다공성을 막(膜)과 표면, 고형물에 제공함으로써 새로운 현상적 특성을 지닌 21세기 건축의 가능성을 열어 준다. 하지만 기술의 힘이 아무리 전능하다 해도 여전히 인간의 동기가 필요하며, 정신과 물질

1. Nicolin, Pierluigi, "Steven Holl and Nihilism", *Domus* (February, 2004).

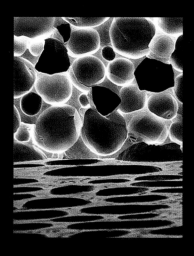

의 연결이 요구된다. 그러지 않으면 우리의 모든 작품은 허망한 과시이거나 유행을 조작하는 어설프고 경박한 행위로 전락한다. 디지털 방식으로 구동되는 하드웨어와 소프트웨어가 객관적 측면이고 마음을 움직이는 생각들이 주관적인 측면이라면, 물질과 정신을 이어 주는 것은 객관과 주관의 융합이다.

이 단순한 원리를 어떻게 실행할 것인가? 가장 큰 문제는 언어가 우리의 개념적 행위의 현상적 효과를 오도한다는 사실이다. 일종의 직관이나 〈주관적 이상(理想)〉은 객관성을 움직이는 힘으로서 반드시 필요하다. 최후의 물리적 형태에서는 기술의 힘이 드러나지 않는다. 정신의 감각적 경험 안에서 성찰이 그 존재를 완성한다.

사르파티스트라트 오피스

네덜란드 암스테르담, 1996~2000

암스테르담 싱겔 운하에 자리 잡은 이 리모델링 건물은 과거에 의료 물품을 보관하던 연방 정부 창고였다. 본채에 해당하는 구조물은 4층짜리 U자형 벽돌 건물이며, 강에 인접한 새로운 〈스펀지〉 파빌리온과 내부가 이어져 있다. 외관의 표현은 상보적 대조인 반면(기존의 벽돌에 인접한 새로운 천공 동판) 내부 공간의 전략은 융합이다.

이 직사각형 파빌리온의 다공성 건축에는 20세기의 대표적 전위 음악가인 모턴 펠드먼의 〈반음계의 패턴들Patterns in a Chromatic Field〉에서 얻은 콘셉트가 새겨져 있다. 광학적 현상이 일어나는 거미집 같은 공간을 구축하려는 열망은 색의 조각들이 운하를 알록달록하게 수놓으면서 반사되는 밤에 특히 빛을 발한다. 외부 동판과 내부 합판이 중첩된 천공 외장재 안에는 조명과 환기 그릴 등등 모든 설비가 포함되어 있다. 3차원으로 설계된 다공성 스크린은 부피가 제로로 접근할 때까지 면들이 계속 잘려 나가는 멩거 스펀지의 원리가 반영된 것이다. 이 건물의 중첩된 외벽들 사이에서 튕기는 빛은 〈색채의 공간Chromatic Space〉을 형성한다. 밤이 되면 스크린들 사이에 갇힌 빛이 이따금 공중에 떠 있는 두꺼운 컬러 블록처럼 보인다. 때로는 해가 운행하는 동안 고동치듯 변화하는 색이 만들어지거나 움직이는 무아레 패턴(두 개의 패턴이 겹쳐져서 만들어진 물결 같은 무늬)이 만들어진다.

이 복합 건물의 진입로는 기존에 있던 20세기 벽돌 건물의 안마당이다. 내부를 지나갈수록 점점 더 많은 다공성 공간들이 드러나고, 마침내 운하가 내려다보이는 멩거 스펀지 파빌리온에 다다르게 된다. 면적이 약 4,650제곱미터에 이르는 이 건물은 대부분 소셜하우징 회사 직원들의 근무 공간이지만, 거대한 스펀지 공간은 공적인 모임에서부터 공연 행사에 이르기까지 다양한 목적에 사용되도록 개방되어 있다. 지역 사회에 환원하는 뜻에서 이 건물에 인접한 운하 가장자리에는 새로운 보도가 가설되었다.

배치도

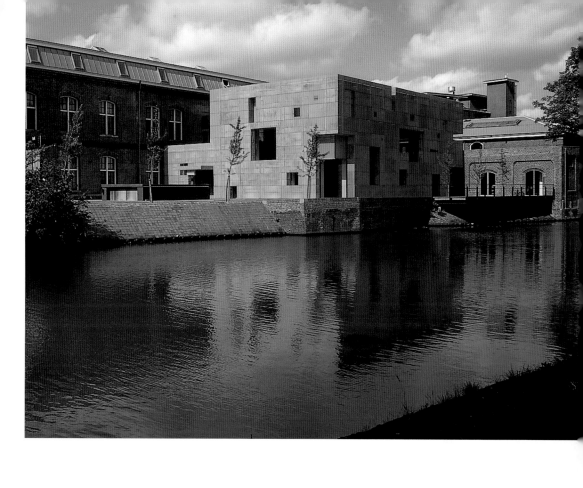

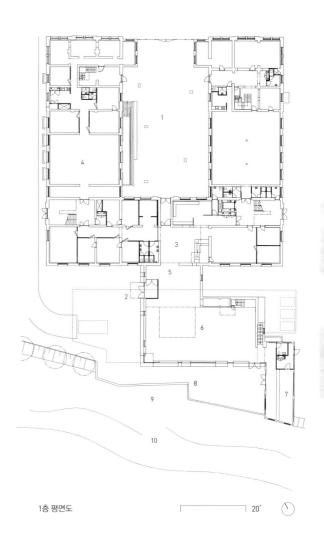

1층 평면도   20´

1. 주 출입구 2. 출입구 3. 메인 로비 4. 사무실 5. 로비/전시 공간
6. 회담장/레스토랑 7. 조리실 8. 옥외 휴게 공간 9. 선착장 10. 강

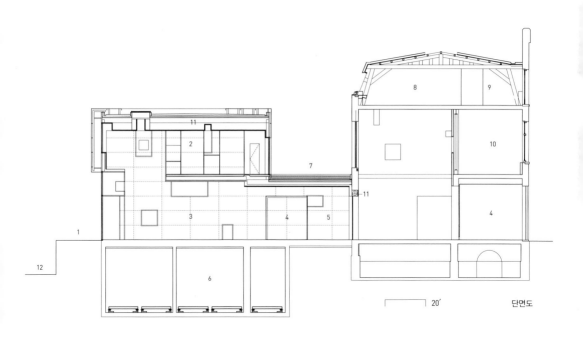

단면도

20′

1. 공용 보도 2. 중이층/회의실 3. 회담장/레스토랑 4. 문간방 5. 로비/전시 공간 6. 기계실/주차장 7. 연못 8. 프로젝트 리더 사무실
9. 프로젝트 개발실 10. 서재/독서실 11. 공기 공급 12. 운하

사르파티스트라트 오피스　　　음악을 색채로 구현한다

1996년에 암스테르담 싱겔 운하에 있는 헛 오스턴 본사 리모델링 프로젝트와 함께 우리의 다공성 탐구가 시작되었다. 네덜란드에서 공공건물과 개인 건물을 짓고 관리하는 회사인 헛 오스턴은 20세기에 지어진 U자형 건물을 사들였는데, 본래 이 건물은 군용 의료품을 보관하는 창고였다. 이 회사는 각종 회의에서부터 비공식 리셉션까지 다양한 행사에 맞춰 손쉽게 전환할 수 있는 커다란 공간을 원했다. 그래서 그들은 이 회사의 독특하고 시각적인 정체성을 부각시킬 증축 건물을 우리에게 요청했다. 헛 오스턴이 우리를 찾은 것은 디테일과 표현에 대한 우리의 안목 때문이었다. 이 프로젝트를 위해 헛 오스턴을 몇 번 방문한 나는 그들에게 기존 건물에 빛과 공간이 더 필요하다고 말했다. 우리는 그 건물을 개념적으로 회전시켜 운하를 마주 보게 하고 싶었다. 이 회사는 직원이 240명인 소셜하우징 개발업체이다. 우리가 지을 파빌리온은 크리스마스 파티나 점심시간 활동 등등 각종 모임에 사용될 예정이었다. 따라서 단독 프로그램이 없는, 특정한 프로그램 성격이 없는 건물을 설계하는 것이 관건이었다.

우리의 계획은 헛 오스턴이 원하는 것과 정확히 일치했다. 설계도를 만들기 전에 우리는 디자인 리뷰 보드 두 개를 가지고 우리가 지을 파빌리온이 기존 창고 건물의 물가 쪽 입면을 차지하고 있던 보일러 공장과 굴뚝을 대체하는 것이 좋다는 점을 헛 오스턴과 함께 관할 당국 관계자들에게 납득시켜야 했다. 우리는 업무 시간이 끝난 뒤에도 파빌리온의 물가 쪽 면을 개방하여 일반인이 사용할 수 있도록

파빌리온 입구를 따로 만들기로 했다. 결국 시 공무원들은 매우 열정적으로 이 프로젝트를 받아들였다.

우리는 평면, 단면, 입면이 같은 물체를 최초 모델로 삼았다. 바로 멩거 스펀지라고 불리는 과학적 물체인데, 이 물체는 다공성 안에 다공성이 존재한다. 우리는 이 형태를 모턴 펠드먼의 작품인 「반음계의 패턴들Patterns in a Chromatic Field」의 음악적 콘셉트와 조합함으로써 이 건물의 컬러 필드를 규정하는 우연적 효과를 이끌어 냈다. 펠드먼의 작품은 음표를 무작위로 배치하여 자신의 음악에서 아름다운 현상이 일어나도록 하는 실험이었다. 이 파빌리온은 전체적으로 멩거 스펀지의 다공성이 반영되어 있고, 마치 주

멩거 스펀지

사위를 던지듯 우연적으로 배치된 컬러 필드와 창으로 이루어져 있다.

빛의 무작위적인 무늬가 운하에 비치도록 이 건물의 천공 스크린들은 일부러 균일하지 않게 설치하였으며, 다공성 금속을 통과한 빛은 창밖으로 뻗어 나가는 색과 어우러진다. 밤이 되면 동판 층에 삽입된 조명 장치가 파빌리온의 색깔들은 밖으로 내뿜어 운하를 알록달록하게 물들이고, 이 색깔들은 강의 리듬에 따라 느릿느릿 움직인다. 우리가 만든 이 내부 공간에서는 빛이 떠돌고, 그 색의 조각들을 보면 색채의 패턴을 연상하게 된다. 우리의 목적은 우연적으로 배열된 다양한 색상으로 싱겔 운하를 물들이는 거미집 같은 다공성 공간을 형성하는 것이었다.

이 건물의 외벽은 천공 동판이고, 내벽과 외벽 사이의 공간에는 HVAC 시스템이 뻗어 있다. 외벽과 마찬가지로 내벽도 다공성 재질이다. 이 천공 합판을 뒷받침하는 방음재

덕분에 이 커다란 공간에서 다양한 모임이 동시에 이뤄질 수 있다. 한쪽 모퉁이에서 회의가 열리는 동안, 또 다른 모퉁이에서도 회의가 진행될 수 있다. 서로를 방해하는 일 없이.

건물 밑에는 컴퓨터로 작동되는 주차장이 있는데, 자동차 48대를 수용하는 이 주차장 안에는 사람이 들어갈 수 없다. 스캐너 안에 손을 넣으면 차가 밑으로 내려가고 나일론 휠 위에서 이리저리 움직인다. 컴퓨터가 워낙 지능적이어서 대개 오후 5시에 퇴근하는 경우 컴퓨터가 직원의 퇴근을 예상하고 차를 지상으로 올려 주기 때문에, 스캐너에 손을 넣으면 금세 차가 나온다. 이 주차장은 수면 밑에 있다. 만약 미국에서 이런 주차장을 제안한다면 미쳤다는 소리를 듣고 사무실 밖으로 쫓겨날 것이다. 하지만 제방으로 바닷물을 잘 막아 내는 네덜란드에서는 군말 없이 이 주차장을 지었다. 누수 한 방울 없이!

매사추세츠 공과 대학교 시먼스 홀

매사추세츠 주 케임브리지, 1992~2002

Simmons Hall
Massachusetts Institute of Technology

350개의 룸을 갖춘 이 주거 건물은 〈다공성〉 콘셉트를 바탕으로, 배서 가를 따라 도시 형태와 캠퍼스 형태의 일부로서 설계되었다. 하나의 도시를 수직으로 잘라 낸 형태인 이 건물은 10층 높이에 길이는 1백 미터이다. 이 도시 콘셉트는 125석을 갖춘 극장과 야간 카페 같은 시설을 기숙사 내에 두어 학생들에게 편의를 제공한다. 또한 특수 차양과 옥외 테이블을 갖춘 학생 식당을 거리 높이로 설치해 길가 레스토랑 같은 느낌을 준다. 방과 방을 연결하는 복도들은 마치 거리를 보는 듯하다(복도의 폭은 3.5미터). 알바르 알토의 베이커 하우스처럼, 이곳의 통로도 도시를 연상시키는 거대한 공간 안에서 공공장소나 라운지의 기능을 한다.

시먼스 홀의 스펀지 콘셉트는 일련의 시설적 기능과 생물 공학적 기능을 통해 다공성 건물 형태학을 변형시킨다. 이 건물 전체에는 커다랗게 다섯 곳이 뚫려 있다. 이 부정형 터널들은 기숙사의 주요 출입구, 전망 복도, 주요 옥외 활동 테라스에 거의 상응하며 체육관 같은 각종 시설들과 연결된다.

이 내부 터널들은 건물에 수직적 다공성을 부여하며, 격자형 표면 구조는 평면에서 입면으로 스펀지 무늬에 자유롭게 연결된다. 기숙사 내부의 특정 공간들과 대체로 상응하는 이 크고 역동적인 터널들은 이 건물의 〈허파〉로서, 입면을 따라 자연광을 끌어들이고, 움직이는 공기를 위로 올려 보낸다.

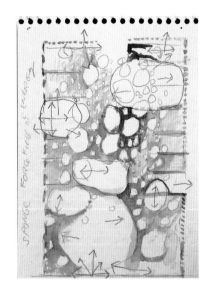

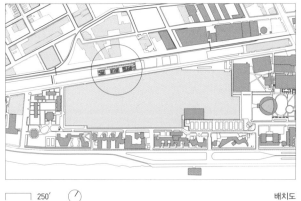

250′

배치도

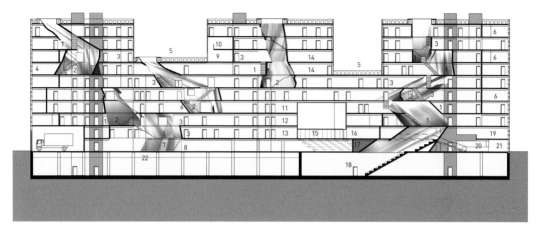

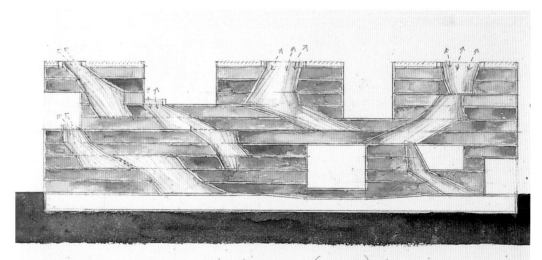

25′   동-서 단면도

1. 그룹 스터디실 2. 그룹 라운지 3. 연구 조교실 4. 테라스 5. 옥상 테라스 6. 객원 교수실 7. 학생 식당 8. 뒤쪽에 조리실 9. 체력 단련실
10. 웨이트 트레이닝실 11. 사감실 12. 사감 응접실 13. 로비로 가는 통로 14. 부사감실 15. 유리 통로 16. 그룹 스터디실 17. 명상실
18. 다용도실 19. 소규모 그룹 스터디실 20. 로비 21. 현관 라운지 22. 기계실

M.I.T. 2001 (POUROSITY) SPONGE
LIGHT & AIR VENTILATION (AIR DRAWN
UP THROUGH MAIN "LUNGS" VIA SLOW RPM FANS
OPERATED BY ROOF TOP PHOTOVOLTAIC CELLS)

1층 평면도

├─────┤ 25´   ⊙

3층 평면도

6층 평면도

8층 평면도

1. 학생 식당 2. 다용도실 3. 로비 4. 그룹 스터디실 5. 연구 조교실 6. 유리 통로 7. 그룹 라운지 8. 객원 교수실

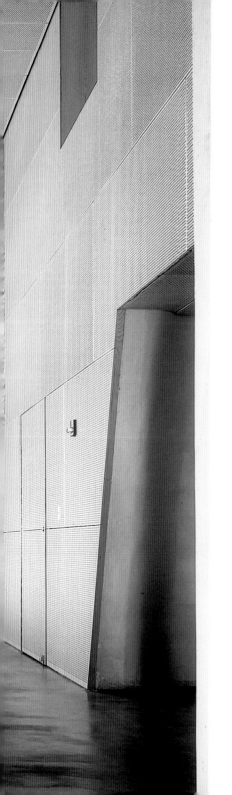

1. 그룹 스터디실 2. 그룹 라운지 3. 학생 더블룸 4. 학생 싱글룸 5. 밑으로 개방된
부분 6. 부사감실 7. 조리실 8. 학습실

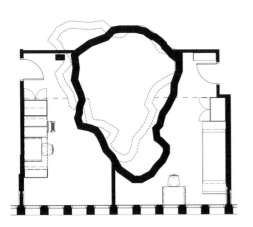

아트리움이 있는 싱글룸

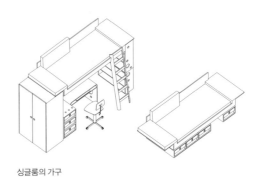

싱글룸의 가구

위 요다가 학생의 어깨를 두드려 준다.

위 몇몇 방들은 공간이 일그러져 있다.
뒤 왼쪽 학생 라운지 공간이 격자형 외벽과 만난다.

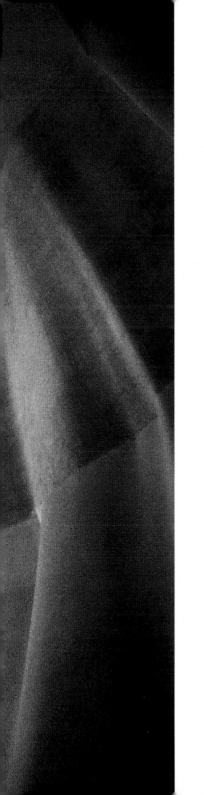

1999년 12월에 우리가 MIT의 새 기숙사를 위한 인터뷰를 시작했을 때, 그들은 이미 배서 가를 따라 단조로운 벽돌담을 짓는 마스터플랜을 갖고 있었다. 그들은 건축가 다섯 명을 초청해 설명회를 열었다. 마스터플랜에 관한 설명을 들은 나는 호텔 방으로 돌아와 스케치를 했다. 강을 바라보고 케임브리지 포트와 연결되는 여러 가지 타입의 다공성 건물을 그렸다. 그 스케치를 가지고 다시 인터뷰 장소로 돌아온 나는 이렇게 말했다. 「저는 이 기숙사를 꼭 지어 보고 싶습니다. 하지만 여러분의 마스터플랜에 문제가 있다고 생각합니다. 따라서 만약 저희가 이 일을 맡게 된다면 기존의 마스터플랜을 수정해야 할 것 같습니다. 제가 보기에는 7층짜리 벽돌담이 아니라, 개방적인 건물이 필요합니다. 다공성이 필요하죠.」 그리고 나는 그들에게 한 달에서 6주 정도 마스터플랜을 연구할 시간을 달라고 했고, 그들은 동의했다. 결국 이 일을 맡게 된 우리의 첫 작업은 마스터플랜의 수립이었다.

MIT 운영 위원회를 이끄는 래리 백코 총장은 미래 지향적인 리더였다. 그는 기숙사 건축 문제를 처음부터 다시 시작해야 한다고 주장하는 지극히 도전적인 건축가들과 함께 일하는 것을 전혀 두려워하지 않았다. 그들은 훌륭한 기숙사를 간절히 원했다. 알바르 알토의 베이커 하우스 이후로 MIT에는 제대로 된 기숙사가 지어진 적이 없었다. 예컨대 맥그레거 하우스는 모든 창문이 창살로 막혀 있을 뿐 아니라 조리실도 하나 없으며, 실질적인 공동 구역도 전혀 없다. 새로운 마스터플랜의 기숙사는 알바르 알토의 베이커 하우스의 프로그램과 같았다. 그러나 운영 위원회는 훨씬 더 나은 건축을 원했다. 결국 6주 뒤에 우리는 네 개의 건물을 소개하는 마스터플랜을 수립했다. 각각의 건물은 350개의 방으로 이루어진 기숙사였고, 모두 25퍼센트의 다공성을 갖고 있었다. 정밀성을 좋아하는 MIT 측은 25퍼센트 다공성 아이디어를 긍정적으로 받아들였다. 그들은 이 마스터플랜의 디자인을 좋아했다. 래리 백코는 이렇게 말했다. 「당신이 짓고 싶은 건물을 골라 가장 미래 지향적인 프로젝트로 만들어 주십시오.」 우리는 네 개의 옵션 중에서(수직 다공성, 수평 다공성, 사선 다공성, 전체 다공성) 가장 어려운, 우리가 〈접힌 거리The Folded Street〉라고 부른 것을 선택했다.

석 달 보름 동안 개발 작업에 몰두하던 우리는 MIT에서 척 베스트와 래리 백코를 만나 몹시 우울한 회의를 했다. 그 지역 커뮤니티에서 30미터 고도 제한을 초과하지 말라고 충고했기 때문이다. 이는 이미 55미터 건물을 설계한 우리에게는 처음부터 다시 시작하라는 뜻이나 마찬가지였다. 그럼에도 애초의 계획대로 우리는 8월 20일까지 기초 설계를 끝내야 했다. MIT 측에서 프로젝트를 수정할 시간을 더 줄 수가 없다고 했기 때문이다. 그들은 자신들의 요구가 불합리하다는 것을 알고 있었으며, 우리가 이 프로젝트를 포기한다 해도 이해하겠다는 입장이었다. 그들의 태도는 매우 너그러웠다. 회의를 마치고 사무실로 돌아온 나는 이미 6월 1일이란 사실을 깨달았다. 나는 8월을 좋아한다. 8월은 사색하고, 독서하고, 수영하기에 좋은 달이다. 보아하니 우리에게 8월은 없을 듯싶었다. 회의하느라 바쁠 테니까. 나는 당시 우리 사무실에 근무하던 15명에게 말했다. 「우린 이제 전체 다공성 건물을 지어야 합니다. 보완 작업을 거치면 새로운 설계도가 나오겠지만 8월 말에나 끝날 겁니다. 만약 계속 진행하기로 결정한다면 우리한테 8월은 없겠죠.」 결국 나는 침묵의 투표를 실시했다. 14명이 찬성하고 1명이 반대했다. 반대자는 바로 나였다. 그 순간은 내가 아니라 우리 사무실의 에너지, 특히 팀 베이드의 에너지가 이 프로젝트를 진행시켰다. 우리 사무실의 젊은이들이 내게 새로운 에너지를 불어넣어 준 것이다.

그렇게 건물 설계가 시작되었다. 우리가 그린 기초 단면도에는 환기를 위해 공기와 빛을 끌어들이고, 사회적 콘덴서

25퍼센트 다공성을 갖는 네 개의 건물

노릇을 하는 구조가 나타나 있다. 건물 내부의 사회적 연결 개념은 내겐 가장 중요한 것이었다.

이 기숙사 안에는 개별 관리자와 라운지가 있는 10개의 홀이 있다. 나는 학생들이 자기 방에만 처박혀 있지 않고 다양한 방식으로 기숙사 내부를 돌아다닐 수 있는 가능성을 부여하고 싶었다. 그래서 건물 내부에 수직 섹션들을 뚫어 라운지들을 세로로 연결함으로써 사람들이 쉽게 만날 수 있도록 했다. 라운지 공간 중 한 곳의 문을 열면 또 다른 홀이 나오고, 또 다른 사람들 쪽으로 올라가거나 내려갈 수도 있다. 우리가 예상한 대로 이 공간들은 사회적 콘덴서 노릇을 훌륭히 해냈다. 또 다른 종류의 사회적 콘덴서로 만든 것은 1층에 있는 식당이다. 우리는 거리에 활력을 불어넣을 멋진 식사 공간을 만들려고 치열하게 노력했다. 덕분에 이제는 식당 시설이 없는 다른 기숙사의 학생들이 이곳 시먼스 홀에 와서 식사를 하고 교류를 하고 있다. 밤에도 이 건물 1층에는 언제나 사람들이 있다. 우리는 이 건물의 사회적 기능에 대해 많은 아이디어를 갖고 있었으며, 그것들은 기숙사 건축에 매우 긍정적인 가치를 부여하게 되었다.

우리는 다공성 개념을 건물 전반에 체계적으로 적용했다. 처음에는 도시 레벨로, 이어서 벽의 스케일로, 그리고 각 방에 9개의 창을 내는 것으로 말이다. 모든 학생은 자기 방의 창문 9개를 모두 열 수 있다. 우리는 여름에는 해를 막아 주고 겨울에는 햇살이 공간 깊숙이 파고드는 건물 구조

를 구상했다. 그래서 패시브 솔라 월passive solar wall을 만들기로 했다. 이를 위해 가이 노르덴슨 앤 어소시에이츠와 함께 우리는 퍼프콘perf-con이라 불리는 구조를 개발했다. 각각의 퍼프콘 섹션에서는 벽 속의 기둥들이 18개의 창과 어우러져 있다. 하나의 주형으로 만들어진 이 섹션들은 디지털 방식으로 조작되어 서로 다른 필수적인 구조적 기능을 갖는다. 이 이상적인 콘크리트 벽체는 석재와 다를 바 없지만 더욱 경제적이고 공사 기간도 짧다. 게다가 캐나다에 있는 공장에서 만든 6천 개의 조각들을 트럭으로 싣고 왔기 때문에 현장에서 발생하는 불량 콘크리트 문제를 건너뛸 수 있었다. 이 건물은 전체가 하나의 실험적 건축이다. 외골격 벽체의 콘크리트는 측면 하중을 버티며 그 위에 단열재와 알루미늄 외피가 덮인다. 가이 노르덴슨은 이 구조를 가장 효율적인 패시브 솔라 월이라고 평가했다.

나는 반사되는 색으로 작업하는 것이 좋겠다고 생각했다. 내가 원한 것은 건물 외부와 내부 사이의 색이었다. 그래서 이 건물에 10개의 서로 다른 홀이 있다는 점에 착안하여 서로 다른 구역들을 위한 컬러 코드를 만들고, 10개의 색을 바깥에서 읽을 수 있게 했다. 하지만 그 색들은 바깥쪽 면이나 안쪽 면에 있지 않고, 외면과 내면 사이의 좁은 구역에 칠할 생각이었다. 불행히도 학생들은 밖에서 색으로 구별되는 것을 원치 않았다. 그래서 사무실로 돌아온 나는 조금 침울해져 있었다. 어떻게 이 건물에 색을 입힐 것이며, 그것이 무엇을 의미하게 될까? 그때 강철 안의 모든 힘을 보여 주는 노르덴슨의 구조도가 눈에 띄었다. 거

기에는 각각의 철근에 서로 다른 색을 입힌 철근 패턴이 있었다. 그걸 보고 나는 생각했다. 〈아하, 구조와 색깔에 상응 관계가 있구나. 4번 철근은 파란색, 9번 철근은 빨간색, 이런 식으로. 건물에 공학적 의미를 부여하는 컬러 코드가 있어.〉 그래서 우리는 노르덴슨의 구조도를 이 건물의 채색 계획에 반영했다. 오늘날 학생들은 그것이 변경되었다고 말하지만 그렇지 않다. 그것은 서로 다른 구조적 힘들을 의미하는 색들이다.

아이오와 대학교 미술 대학

아이오와 주 아이오와 시, 1999~2006

석호(潟湖)와 석회암 절벽에 인접한 아이오와 대학교 미술 대학의 부지는 수변 여건이 특수하나. 기존 건물은 1937년에 아이오와 강변에 지어진 본채와 측면 윙들로 이루어진 벽돌 구조물이다. 아이오와 시의 그리드는 아이오와 강 건너 석회암 절벽까지 이어진 뒤 끝난다. 새로운 미술 대학은 이 두 지형에 걸쳐앉아 있다. 1960년대에 이 학교에 증축된 부분은 강을 따라 뻗어 있어서, 강을 바라보는 신축 건물의 입구를 가리고 있다.

이 새로운 건물은 부분적으로 석호에 다리를 뻗고 있으며, 석회암 절벽의 유기적 기하학에 부분적으로 연결된다. 공간 배치로 윤곽을 형성한 이 건물은 실질적이라기보다는 함축적이다. 하나의 건물이라기보다는 〈비정형〉 도구 같다. 평평한 면이나 구부러진 면은 연결 구역으로 조립되어 있거나 끼워 맞춰져 있다. 날이 따뜻할 때면 유연한 공간들이 스튜디오에서 밖으로 열린다. 이 학교의 건축은 미래의 하이브리드 비전을 제시한다. 다리와 로프트, 이론과 실제, 인간성과 과학성의 조화.

이 건물의 건축은 공간의 배치와 루트의 조합 속에서 비정형 기하학을 탐구한다. 작업 공간이자 유연한 교육 도구로서 이 건물은 중심부의 공간 중첩을 통해 내부 기능들을 연결한다. 이 공간은 끊임없이 이루어지는 작업을 관찰할 수 있는 사회적 콘덴서로서 설계되었다. 건물 둘레의 공간들은 내려다보이고 중첩되면서 주변의 자연 풍광과 어우러진다. 가장자리들의 분산과 〈모호함〉은 석호의 물에 반사된 햇빛이나 겨울에 막 내린 눈에 비친 하얀 빛 같은 현상을 포용하는 긍정적인 방법으로 여겨진다.

오른쪽 1층 유리에 비친 도서관 브리지

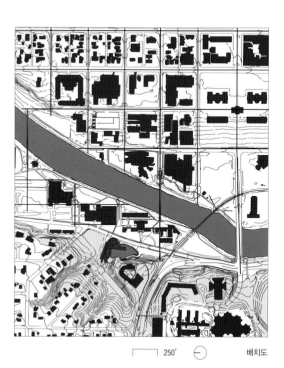

├─────┤ 250′ ⊖ 배치도

왼쪽 열고 닫기 편한 창이 달려 있는 교원 사무실

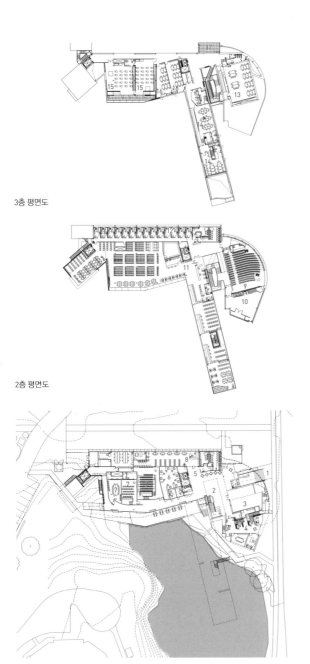

3층 평면도

2층 평면도

1층 평면도   60′   ⊕

1. 입구   2. 포럼   3. 갤러리   4. 행정처   5. 카페   6. 학생 상담실   7. 미술사 강의실
8. 시각 자료 열람실   9. 강당   10. 미디어 극장   11. 미술 도서관   12. 교원 사무실   13. 대학원
디자인 스튜디오   14. 디지털 스튜디오   15. 페인팅 스튜디오   16. 디자인 스튜디오   17. 테라스

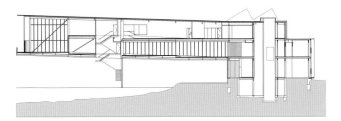

서쪽 횡단면도

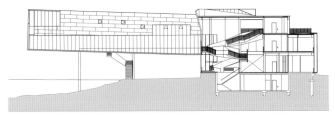

학제 커뮤니티 포럼 부분 단면도

서쪽 단면도

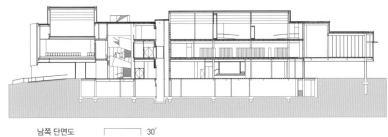

남쪽 단면도 ⊏──┐ 30′

왼쪽 강철봉으로 고정된 중앙 계단

위/아래 도서관의 독서 구역 모습들(사교적이면서도 조용한 연결 공간들)

위 도서관 브리지의 끝에 있는 큐브형 독서실
아래 큐브형 독서실 바깥에 있는 특별 발코니

1999년, 여느 때와 마찬가지로 이 프로젝트도 인터뷰로 시작되었다. 여러 저명한 건축가들이 경합을 벌였다. 미술 대학 학장이자 함께 일하기 좋은 사람인 도로시 존슨과 미술 학과 교수들이 모두 참석했다. 내 인터뷰가 끝나자 그들이 말했다. 「마지막으로 하실 말씀 있으십니까?」 나는 대답했다. 「보아하니 1968년에 학교를 증축하면서 원래 건물의 오래된 벽면을 막으셨더군요. 거기에는 〈ars longa vita brevis est〉, 즉 〈예술은 길고 인생은 짧다〉라는 글귀가 새겨져 있죠. 이번에는 그런 실수가 없길 바랍니다. 사실 저는 그 증축 건물을 뜯어내 그 글귀를 드러내고 싶습니다.」

아마 그 말 덕분에 일을 맡게 되었을 것이다. 도로시 존슨은 위원회가 만장일치로 우릴 선택했다고 했다. 우리는 설계 연구를 시작했다. 대학 개발 계획부가 제공한 땅은 본래 건물의 길 건너에 있는 넓은 풀밭이었으며, 그 위에 6천5백 제곱미터의 건물을 지어야 했다. 우리는 6개월 동안 연구에 매달렸다. 나는 다시 그들을 찾아가 건축 장소를 잘못 골랐다고 했다. 석호 옆에 지어야 한다고 말이다. 그러면 기존 학교에 더 가까워지며 잔디밭을 보존할 뿐만 아니라, 그 땅을 또 다른 건물이나 조경의 일부로 활용할 수 있다고 했다. 당시 대학 계획 개발부 책임자인 딕 깁슨은 이렇게 대답했다. 「스티븐, 석호에 얼씬대지 말고 우리가 제공한 땅에 지으세요. 석호 옆 도로에 시설 라인이 깔려 있소. 그 시설 라인과 석호 사이에 건물을 짓기는 불가능해요.」 사무실로 돌아온 나는 다시 6개월 동안 연구했고, 그 사이 그들은 아주 잠잠했다. 결국 그들 앞에서 프레젠테이션을 하게 된 나는 이 기회를 놓치지 않았다. 나는 이 건물을 최초 부지에 놓지 않고, 석호 위로 캔틸레버 다리가 난 건물을 설계했다. 나는 말했다. 「딕, 이걸 보세요. 시설 라인은 건드리지 않고 6천5백 제곱미터 건물을 세웠습니다.」 그는 기초 설계에 불과한 도면들을 보고 대답했다. 「좋습니다. 진행하세요.」

프레젠테이션 당시 나는 복잡한 형태의 캠퍼스 건물을 선보였다. 가장자리가 다공성인 이 건물은 주변 풍경과 어우러지고, 석호로 뻗어 있는 부분은 오래된 채석장의 멋진 풍경을 만들어 냈다. 18세기와 19세기에 이곳은 오래된 석회암 채석장이었다. 석회암이 제거된 자리에 물이 고여 작은 석호가 생긴 것이다. 사람들의 기억에서 잊힌 그 석호는 이 건물이 들어서기 전까지 쓸모없는 부분이었다.

도서관을 캔틸레버 형태로 만들기 위해 우리는 건물 꼭대기에 텐션 로드를 깔았다. 당시 나는 우리가 만들고 있던 모델을 보고 우리 사무실의 건축가 한 사람에게 말했다. 「피카소가 1912년에 만든 기타와 같은 크기로 만들어 줘요. 이 건물과 형태가 얼마나 비슷한지 궁금해서요.」 형태가 아주 흡사했기 때문이다. 하나의 비유였다.

설계된 건물의 외형은 실제로 피카소의 「기타」와 흡사했다. 평면적 특성과 붉게 녹슨 강철. 그 전까지 나는 예술 작품에서 직접적으로 영감을 받은 적이 없었다. 적어도 노골적으로는 말이다. 이 유사성을 소개하자 학교 측은 좋아했다. 그

들은 내가 이 건물을 평면으로 만들려는 까닭을 이해했다. 또한 가장자리가 열려 있는 비대칭형 건물을 만들려는 이유와 캔틸레버의 의미, 석호가 어떻게 디자인과 어우러지는지를 이해했다. 이 새 건물을 넓은 잔디밭에서 떼어 석호에 세움으로써 기존 건물에 45미터 정도 더 가까이 붙었다. 이 건물은 내부가 모두 통해 있고 데크를 따라 걸을 수 있다. 이 데크는 석호로 뻗어 있는 카페이기도 하다. 옥외 시설물은 개념 미술가인 리처드 아트슈워거에게 맡겼다.

자연 현상을 포용하는 복잡한 둘레 형태와 물에 반사된 햇빛이 천장을 환하게 비춘다는 개념은 이 건물의 멋진 현상적 특성이다. 중요한 것은 내부 공간만이 아니라 그 공간이 풍경과 어우러져 캠퍼스의 일부가 된다는 점이다. 캠퍼스를 구성하는 건축물. 그것이 중요하다. 이 공간들을 걷다 보면 캠퍼스와 석호로 이어진다. 이 건물은 코텐 강철로 지어져 경제성이 뛰어나다. 프로젝트 예산이 빠듯하여 우리는 모든 건축 자재를 노출하기로 결정했다. 프리캐스트 콘크리트 널판 및 보와 트러스의 강철도 그대로 노출되었다. 난간을 형성하는 철판으로 만들어진 층계는 계단을 지탱하는 구조물 기능도 한다. 건물이 길모퉁이를 돌아가는 형태로 만들어져서, 살짝 구부러진 길처럼 내부의 강당도 구부러져 있다. 사실 이 건물은 매우 허술한 평면들의 집합체이다. 그러나 안에서 밖을 보는 것이 이 건물의 정말로 특별한 점이다. 내가 아는 한 교수는 이렇게 말했다. 「건축은 언제나 밖에서 보이는 것보다 안에 들어가 경험하는 것이 훨씬 더 의미심장해야 한다.」

우리는 주 의회를 찾아가 이 건물의 프레젠테이션을 해야 했다. 아이오와 주 프로젝트였기 때문이다. 프레젠테이션에 주어진 시간은 딱 5분이었다. 후에 곧바로 의원들이 투표할 예정이었다. 찬성 아니면 반대. 이 프로젝트를 2년 동안 준비했는데! 문제는 이것이 코텐 강철로만 만든 녹슨 강철 건물이라는 점이었다. 의원들이 그 의미를 이해하지 못할까 봐 걱정했다. 당시 아이오와 대학 총장이었던 메리 수 콜먼은 이 건물을 좋아했지만, 일반적인 건물이 아니라는 건 알고 있었다. 석호 위에 캔틸레버로 설치된 녹슨 강철 건물이 과연 몇이나 있겠는가?

그녀가 이 프로젝트를 소개하는 데 3분이 걸렸다. 나한테 주어진 시간은 2분. 나는 기존의 건물과 우리가 설계한 건물을 보여 주면서 이렇게 말했다. 「이 건물은 경량 자재를 사용하고, 철판으로 만들어지며, 벽돌로 지은 1937년 건물과 마찬가지로 불그레합니다.」 그건 사실이었다. 곧바로 투표가 시작되었고, 이 프로젝트는 만장일치로 통과되었다. 결국 예산이 승인되었다.

이 건물은 천연 소재와 노출 자재로 마감하여 경제적이다. 레이어가 하나뿐이다. 바닥은 콘크리트이고, 천장도 노출 콘크리트이다. 내부에 구멍이 뚫린 콘크리트 바닥 판을 따라 모든 HVAC 시스템이 깔려 있어서, 모든 냉난방이 바닥을 통해 이루어진다. 시공은 복잡해도, 덕분에 덕트가 노출되지 않는다. 강당에는 펠트를 이용한 방음재가 설치되어 있고, 몇몇 강의실에는 노출 합판이 벽널로 사용되었다.

링크드 하이브리드

중국 베이징, 2003~2008

Linked Hybrid

오늘날 베이징의 발전은 거의 전적으로 〈튀는 건물〉과 녹립적 타워에 조섬이 맞춰져 있다. 하시만 링크느 하이브리느 개발자가 바란 것은 이 20만 제곱미터의 복합 단지 안에서 이루어질 21세기 친환경 도시 생활의 초현대적 표현이었다. 이 프로젝트를 위해 도시 안의 도시로 공간을 구상했으며, 그 안에 카페, 빵집, 세탁소, 꽃 가게 등등 2천5백 명이 넘는 주민들의 일상생활을 지탱해 줄 모든 활동과 프로그램을 계획했다. 이 여덟 개의 탑들은 카페와 각종 시설이 갖춰진 고리로 20층에서 연결되어 있다.

베이징의 오래된 성곽 근처에 아파트 7백여 채가 자리 잡은 이곳에서 링크드 하이브리드의 목표는 여러 면으로 이루어진 다층적 공간을 통한 영화 같은 도시 공간이다. 공간들을 지나가는 육체의 경험에 초점을 맞춘 이 탑들은 움직임과 타이밍, 연속성에 따라 조성되어 무작위적이고 도시적인 관계들을 만들어 낸다.

고대 중국의 다색채 건축은 특히 밤의 공간성을 부각시키는 새로운 현상적 차원을 제공한다. 이 건물의 캔틸레버 부분들의 밑면에 붙인 채색 막은 야간에 조명을 받아 알록달록 빛난다. 저수장의 물을 이용한 분수들이 물보라를 뿌리면 이 빛이 색색의 구름을 만들고, 중앙에 떠 있는 시네플렉스에서 상영 중인 영화들의 일부 영상이 그 밑면에 영사되어 물에 반사된다.

이 프로젝트 전반에 반영된 풍수지리 원리는 〈보 없는〉 천장 등의 특성을 부여한다. 모든 방은 두 곳이 노출되어 있고 내부 복도는 없다.

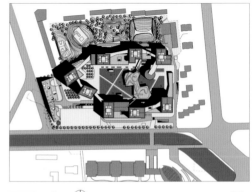

200'   배치도

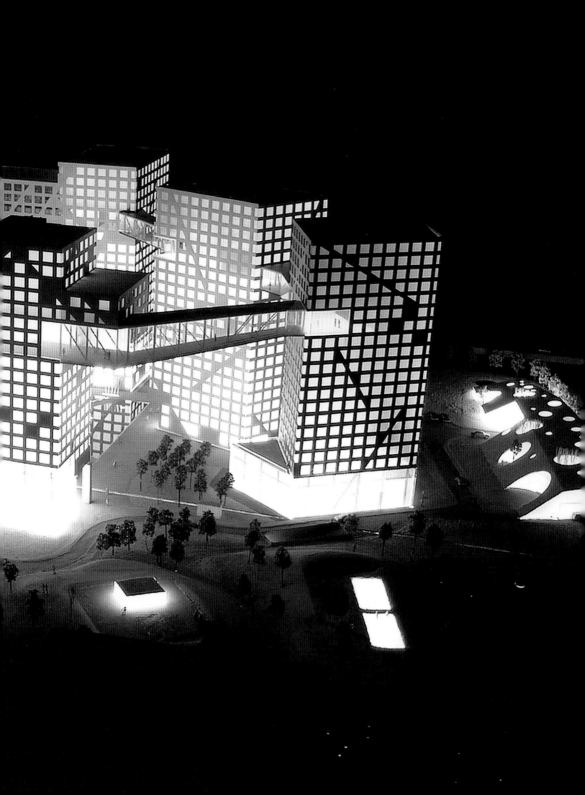

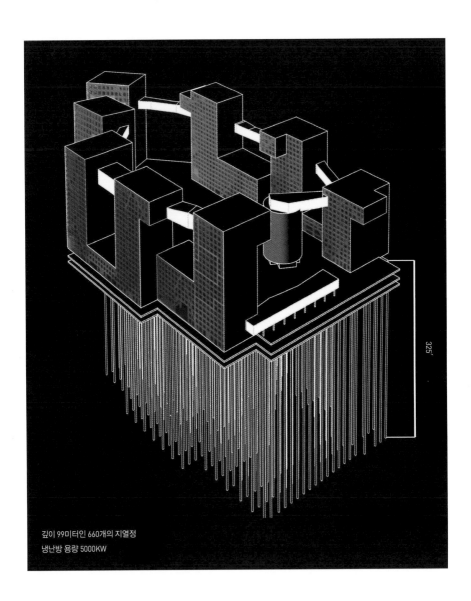

325'

깊이 99미터인 660개의 지열정
냉난방 용량 5000KW

위 건설 현장 전경
왼쪽 중국의 주택 건축 역사상 가장 큰 지열 냉난방 시스템

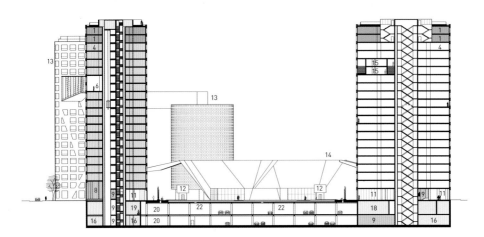

북-남 단면도

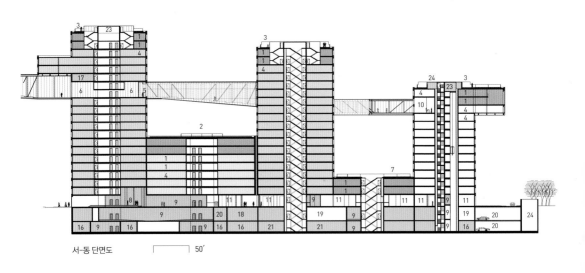

서-동 단면도   50′

1. 듀플렉스 2. 듀플렉스 옥상 정원 3. 개인 옥상 정원 4. 전형적인 개별 아파트 5. 테라스 6. 미술 갤러리 7. 공용 옥상 정원 8. 메인 로비
9. 로비 10. 바 11. 상업 공간 12. 뒤쪽에 찻집 13. 뒤쪽에 타워 14. 뒤쪽에 시네마테크 15. 라커 룸 16. 서비스 공간 17. 기계실
18. 쓰레기 처리 및 재활용실 19. 자전거 보관소 20. 주차장 21. 창고 22. 풀 렌즈 23. 물탱크 24. 배기 및 환기 시설

오른쪽 개별 아파트의 중수 파이프에서 나온 중수를 정수한 물로 채운 중앙 연못

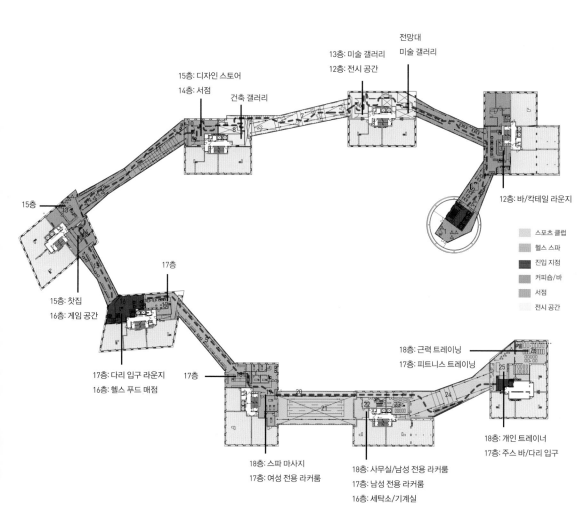

15층: 디자인 스토어
14층: 서점
건축 갤러리

13층: 미술 갤러리
12층: 전시 공간

전망대
미술 갤러리

12층: 바/칵테일 라운지

15층

15층: 찻집
16층: 게임 공간

17층

17층: 다리 입구 라운지
16층: 헬스 푸드 매점

17층

18층: 근력 트레이닝
17층: 피트니스 트레이닝

18층: 개인 트레이너
17층: 주스 바/다리 입구

18층: 스파 마사지
17층: 여성 전용 라커룸

18층: 사무실/남성 전용 라커룸
17층: 남성 전용 라커룸
16층: 세탁소/기계실

스포츠 클럽
헬스 스파
진입 지점
커피숍/바
서점
전시 공간

1. 음악 감상 라운지　2. 울트라 라운지　3. 바/칵테일 라운지　4. 식당　5. 전망대　6. 전시 공간, 미술 갤러리　7. 조각/건축 갤러리　8. 건축 갤러리
9. 디자인 스토어　10. 독서실　11. 도서 행사 공간　12. 커피숍 테이블 공간　13. 커피숍　14. 찻집　15. 찻집 테이블 공간　16. 다리 입구 라운지
17. 미용실/네일숍　18. 만남의 장소　19. 스파/마사지　20. 좁은 통로　21. 3레인 수영장　22. 사무실/남성 전용 라커룸　23. 스피닝 룸
24. 단체 운동 공간　25. 개인 트레이너실　26. 근력 트레이닝실

왼쪽 수영장과 스파가 설치되어 있는 연결 다리

위 자연 식생을 갖춘 중앙 연못
오른쪽 위 〈다섯 개의 언덕〉 전경

대각선으로 〈힌지드 스페이스Hinged-Space〉가 바라보이는 전형적인 아파트

〈힌지드 스페이스 도어〉가 있는 전형적인 아파트   50′

1. 입구 2. 방 3. 안방 4. 부엌 5. 식당 6. 거실 7. 다용도 공간(서재/손님 방)
8. 화장실

오른쪽 모델 하우스에는 주문 제작한 소품이 갖춰져 있다. 식탁 의자는 알바로 시자의 작품

이 베이징 프로젝트는 설계 공모전이 아니었다. 모던 그룹이 우리에게 건물 설계를 맡아 달라고 직접 연락해 왔다. 여기서 분명히 밝혀 둘 것이 있다. 나는 일거리를 찾으러 중국에 가본 적이 없다. 요즘 기업 건축가들은 죄다 중국으로 몰려가는데, 중국에 건축 붐이 일고 있다는 신문 기사 때문이다. 어쨌거나 당시 난징에 머물고 있던 나는 베이징으로 와달라는 초청을 받았다. 베이징에 와서 개별 아파트 8백 개로 이루어진 8개의 타워를 위한 프로젝트를 검토해 보지 않겠냐는 것이었다. 나는 이렇게 대답했다. 「뭐라고요? 그 말이 진심이라면 난징에서 베이징으로 가는 비행기 표를 보내 주십시오.」 결국 비행기 표가 도착했다. 이 모든 일이 하루 만에 이루어졌다. 계획을 바꿔 베이징으로 날아간 우리는 일요일 밤 10시에 도착했다. 운전기사 두 명을 태운 하얀 벤츠 한 대가 우리 앞에 나타났는데, 그중 한 사람은 하얀 장갑을 끼고 있었다. 그들은 우리를 태우고 자금성이 내려다보이는 커다란 호텔로 데려다 주었다.

기사들은 우리에게 〈오전 9시에 모시러 오겠습니다〉라고 말했다. 우리는 호텔 방에 앉아서 궁리했다. 〈맙소사, 대체 이게 무슨 일이지?〉 이튿날 기사들이 같은 차를 타고 다시 와서 우리를 모던 그룹으로 데려다 주었다. 모던 그룹이 이 프로젝트에 붙인 이름은 뉴욕 현대미술관의 이름과 같은 MOMA였다. 그 명성을 이용하려는 속셈이었다. 건축 예정지로 가는 길에 가설된 광고판에는 벽처럼 커다란 르코르뷔지에의 대형 사진과 그의 건축 작품 사진이 걸려 있

었다. 미스 반데어로에와 그의 작품도 있었다. 그리고 믿기 어렵겠지만, 이미 스티븐 홀의 사진도 걸려 있었다! 묘한 기분이었다. 믿을 수가 없었다. 그들은 둥그런 유리 실린더 형태의 작은 파빌리온을 현장에 지어 놓았고, 유리판에 깔린 하얀 돌 위에는 베이징에서 그들의 구역인 전체 도시 절반의 모형이 떠 있었다. 그 한가운데에는 오래된 건물이 모두 허물어져 있고, 작은 건물들이 사방에 늘어서 있었다! 그들의 건물은 갈색이었다. 마치 영화 「블레이드 러너Blade Runner」를 보는 것 같았다. 너무 기묘해서 현실 같지 않은 기분에 사로잡혀 있을 즈음 어디선가 함성 소리가 들려왔다. 「아자, 아자!」 미식축구팀 같은 한 무리의 사람들이 함성을 질러 댔다. 「아자, 아자!」 나는 〈저게 뭐죠?〉 하고 물었다. 안내해 주던 남자가 내게 설명해 주었다. 판촉 직원들이 아침에 전의를 다지는 기합 소리라고 했다. 뒤에서 우르르 몰려나온 그들은 죄다 스튜어디스처럼 보였다. 콘도미니엄을 판매하는 판촉 직원들이었다.

판촉 직원들의 함성을 듣고 나서 안내자들은 우리를 메인 빌딩으로 데려갔는데, 그곳에 걸린 LED 스크린에는 〈스티븐 홀과 그의 조수 리를 환영합니다〉라고 적혀 있었다. 곧이어 우리는 회의실로 올라갔다. 그곳에는 기다란 검은색 가죽 테이블이 여럿 있고, 모든 가죽 의자에 소형 마이크가 달려 있었다. 방에는 고작 10명 정도 들어갔지만 다들 마이크에 대고 말을 했다. 내가 자리에 앉자 그들은 8개의 타워를 울타리로 둘러친 건축 부지를 보여 주었는데, 몹시 까다로워 보였다. 그들은 오래된 공장을 허물지 말고 미술

관으로 변모시켜 달라고 했다. 위에서 내려다보면 결코 멋져 보이지 않을 흉측한 건물이었다. 그래서 나는 첫 미팅 자리에서 이미 마음속으로 이렇게 생각했다. 〈저걸 그대로 둘 수는 없어. 난 그렇게 못해. 저걸 내버려 두면 안 돼.〉 결국 그들에게 말했다. 「비용이 얼마가 들지는 모르지만 두 달만 주시면 이 프로젝트에 걸맞은 멋진 계획을 세우겠습니다. 건축 부지에 딱 맞춰 드리죠. 하지만 여러분이 기대하는 건물은 아닐 겁니다. 제게 자유를 주시면 정말로 뛰어난 건축을 해드리겠습니다.」 결국 우리는 계약을 체결했다.

우리는 매우 열심히 작업을 진행했다. 많은 모델을 만든 끝에 결국 거대한 모델을 채택했다. 공장을 허물고 대형 연못을 만들었으며, 전체 부지의 중앙을 차지하는 그 연못에 떠 있는 두 개의 극장 꼭대기에는 정원을 두었다. 이는 미래의 극장 건축을 보여 준다. 그리고 프로그램에 없던 원형 호텔도 있었다. 모든 타워를 지그재그로 연결하는 브리지에는 스파가 설치되었고, 수영장이 설치된 브리지도 있다. 또한 카페와 식품점이 있고, 인근에 유치원과 학교들도 있다. 우리는 다양한 시설들을 모두 갖추려고 했다. 나는 입주민이 생필품을 구하러 차를 타고 나가지 않도록 기본적인 시설을 모두 갖춰야 한다고 주장했다. 자전거 보관소는 있지만 이곳은 보행자 중심 커뮤니티다. 입주민들은 차를 타고 멀리 나가지 않고도 여기서 모든 것을 해결할 수 있다. 고리 모양으로 연결된 이 하이브리드 빌딩들은 외벽이 퍼프콘 구조인 MIT 기숙사와 흡사하다. 베이징

에서 나는 이렇게 말했다. 「가로와 세로를 동일하게 유지하면서 그 구조의 스케일만 완벽하게 확대시키면 어떻게 될까?」 즉 퍼프콘의 구조를 한 층 높이로 확대시키는 것이었다. 이것은 하나의 실험이었고, 성공적이었다.

두 달 뒤 우리의 설계를 가지고 다시 베이징을 찾았다. 프레젠테이션이 끝난 작년 3월 3일에 모던 그룹 회장이 소형 마이크에 대고 이렇게 말했다. 「이번 일에서 중요한 것은 정신적인 면입니다. 우리는 이 아파트를 모두 팔 수 있다고 믿습니다.」 그의 주장은 그랬다. 반면 나는 속으로 중얼거렸다. 〈이걸 다 짓겠다는 거야?〉 그러고는 생각했다. 〈그래, 짐작이 가…….〉 그들이 이 프로젝트에 들여 있다는 게 짐작이 갔다. 하지만 가능한 일이었다. 결국 모든 것이 계속 진행되었다. 내가 말했다. 「리, 예산을 확보해야겠어.」 우리가 설계도를 두고 간 뒤, 모던 그룹은 2주 동안 대대적인 분석 작업을 했다. 그 후 두 문장으로 이루어진 이메일이 왔다. 〈귀하의 프로젝트는 저희의 예산을 크게 초과합니다. 하지만 예산을 조정해 귀하의 프로젝트에 맞추도록 하겠습니다.〉

베이징은 뉴욕보다 조금 더 춥다. 3월에는 고비 사막에서 끔찍한 황사가 몰려온다. 이 황사는 6주 동안 계속된다. 너무 짙어서 앞이 보이질 않는다. 이는 무분별한 벌채로 인한 사막화와 강한 바람 때문이다. 이것은 베이징의 지속적인 문제이다. 또한 앞으로 물 문제도 발생할 것이다. 물이 넉넉하지 않기 때문이다. 로스앤젤레스와 비슷한 처지다.

2005년 12월 28일 기공식

링크드 하이브리드는 내가 50년 뒤에 우리 마음속에서 훨씬 더 절박하고 지배적인 것이 될 거라고 믿는 인프라의 일부로 하는 건축의 본보기이다. 물은 날씨에 영향을 끼치는 현상학적 잠재력을 지닌 중대한 요소이다. 물은 긍정적으로 비를 반영하며, 떠오르는 해와 지는 해, 바람이 만드는 잔물결을 반영한다. 그래서 깊이가 불과 5센티미터인 연못만으로도 훌륭한 조경이 이루어진다. 누구나 물을 조경 요소로 활용하지만 나는 조금 달리 재활용수를 사용했다. 두 개의 극장이 떠 있는 이 연못은 개별 아파트의 배수관에서 나오는 물을 재사용한 것이다. 겨울에 연못이 얼면

스케이트장이 된다. 이 프로젝트 전체의 물은 버려지는 하수, 화장실에 나오는 고형 폐기물, 싱크대와 욕실에서 나오는 중수로 나뉜다. 개별 아파트에서 배수관을 따라 흘러나온 중수는 자외선 필터를 지나 커다란 연못으로 들어간다. 수련과 물풀 등의 식생이 자라는 이 연못은 가장 주요한 녹색 친환경 요소이다. 냉방과 난방은 지열정을 뚫어서 해결한다. 이 프로젝트 밑에 뚫린 6백 개의 지열정은 둘레가 5미터이고 깊이가 1백 미터이다.

오랜 세월 동안 베이징은 낮은 도시였다. 10미터 높이의

담장 너머 자금성을 들여다보는 것이 금지되었기 때문이다. 중국의 마지막 황제 푸이가 1924년에 강제 추방된 이후, 1930년대 중반이 되어서야 자금성을 에워싼 담장보다 높은 건물을 지을 수 있었다. 하지만 공산당 정부가 들어서면서 중국은 구소련의 모델을 따라갔다. 1976년에 마오쩌둥이 사망하면서 점진적인 개방이 이루어졌고, 진정한 변화는 1980년대 중반부터 일어나기 시작했다. 오늘날 중국은 발전 속도를 늦추려 하고 있다. 한번 비교해 보자. 미국의 인구는 3억이지만, 중국은 13억이다. 그 많은 중국인이 갑자기 아파트를 소유하려 하는 모습을 상상해 보라. 이제껏 그런 집을 가질 수 없었던 터라 모두들 아파트를 원할 것이다. 마치 갑자기 모두가 자동차를 원하듯이 말이다. 우리의 계획은 현재 중국에 유행하는 건축에 역행한다. 요즘 중국에는 독립적 타워들이 지어지고 있다. 외따로 존재하고 편의 시설이 전혀 없는 폐쇄적인 커뮤니티, 그런 건물이 지어지고 있다. 나는 이 프로젝트를 진행하면서 아슬아슬한 줄타기를 하는 기분이었다. 모던 그룹은 줄곧 내 뜻을 수용했지만, 그들은 예외적인 클라이언트였다.

기업들은 대부분 도시에 대한 비전이 전혀 없으며, 그들 중 일부에게는 기업이라는 호칭도 아깝다. 그냥 장사치일 뿐이다. 그들은 최대 30층짜리 건물을 지으면서 개별 아파트의 수를 최대로 채워 넣는다. 대리석 바닥과 구리 문손잡이로 이루어진, 커다랗기만 한 아파트. 건물 주위에는 울타리가 둘러쳐져 있고 경비가 둘씩 있으며, 주민들은 차를 이용해 출입한다. 우리 프로젝트의 바로 맞은편 길 건너에 그런 건물이 세 채나 있다. 외따로 존재하는 반(反)도시적인 건물들.

나는 우리가 도시적 상호작용의 비전이 있는 프로젝트를 만들어야 한다고 믿는다. 각종 편의 시설이 갖춰져 있고 일반인에게 열려 있는 프로젝트 말이다(가게들이 생존하기 위해서 그래야만 한다). 나는 이렇게 말했다. 「보세요, 여기는 매우 개방적입니다.」 2005년 12월 28일에 열린 멋진 기공식에는 황금 삽과 펄쩍거리는 용이 등장했으며, 알록달록한 색종이들이 바람에 날리는 가운데 사방에서 폭죽이 터졌다.

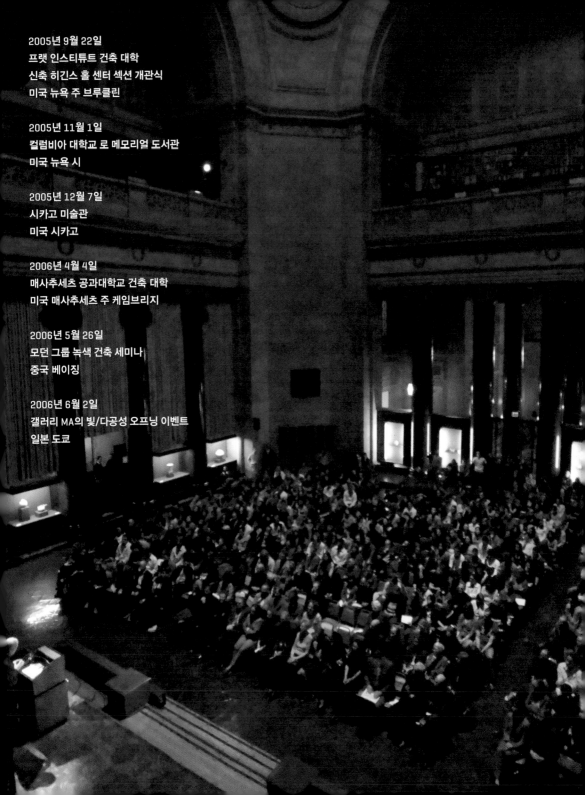

2005년 9월 22일
프랫 인스티튜트 건축 대학
신축 히긴스 홀 센터 섹션 개관식
미국 뉴욕 주 브루클린

2005년 11월 1일
컬럼비아 대학교 로 메모리얼 도서관
미국 뉴욕 시

2005년 12월 7일
시카고 미술관
미국 시카고

2006년 4월 4일
매사추세츠 공과대학교 건축 대학
미국 매사추세츠 주 케임브리지

2006년 5월 26일
모던 그룹 녹색 건축 세미나
중국 베이징

2006년 6월 2일
갤러리 MA의 빛/다공성 오프닝 이벤트
일본 도쿄

이번 강연은 워싱턴 대학 시절 나의 은사로서 지난 2000년에 작고한 헤르만 푼트 교수에게 바치고 싶다. 그분은 내게 영감을 주는 존재였으며 매우 열정적인 스승이었다. 내가 1967년에 학생 신분으로 처음 워싱턴 대학에 왔을 때, 그분은 〈가르침의 정신과 목적〉이라는 제목의 강연을 했다. 그날 푼트 교수는 제도판 앞에서 인턴들에게 둘러싸인 프랭크 로이드 라이트의 모습이 담긴 슬라이드로 강연을 시작했다. 라이트는 대학 학위도 없고 공식적으로 교육을 받은 적도 없었지만 자신의 지식과 아이디어, 열정을 후학들에게 나누어 주었다. 헤르만 푼트 교수의 저서는 『싱켈의 베를린Schinkel's Berlin』 한 권뿐이다. 나는 이 책의 기본 개념을 바탕으로 건축이 도시적 행위라는 나의 건축 철학을 설파한다. 『싱켈의 베를린』에서 푼트 교수는 싱켈의 작품과 그것이 도시의 모든 면면과 맺는 관계를 조망한다.

〈도시주의〉를 주제로 한 이번 논의는 건축을 도시 발전의 기폭제로 바라보는 것이다. 그것은 시각적이면서 언어적이다. 나는 우리가 말하는 것과 우리가 보는 것의 간극을 좁히려고 노력한다. 내 관심사는 〈말하기와 보여 주기〉의 차이이다. 루트비히 비트겐슈타인이 의미의 그림 이론을 주창했듯이 나도 도시주의의 현상 이론에 대해 이야기하겠다.

특정 도시들의 빛과 공간의 현상적 성질들은 도시 생활의 질을 결정하는 중요한 특성이다. 이상하게도 도시 계획자들은 도시의 공간과 형태(때로는 참담한), 도시 경험에 막대한 영향을 주는 리포트나 책을 준비할 때 좀처럼 이런 것을 이야기하지 않는다. 현대 의학이 마침내 심신증(心身症)의 불합리한 정신적 힘을 깨달았듯이, 머지않아 도시 계획자들은 도시의 경험적, 현상적 힘이 완전히 설명될 수 없고 주관적으로 연구되어야 한다는 점을 깨달을지도 모른다.

이번 강연의 주제인 〈도시주의〉는 새로운 건축 프로젝트를 통해 자연 풍경의 관점에서 바

라본 밀집 도시의 새로운 비전에 관한 논의이다. 나는 내 다양한 프로젝트들을 한데 묶고자 이 논의를 구상했다. 그것들은 기폭제로서의 건축을 이야기하려는 노력의 일환이다. 항상 도시에 영향을 끼치는 중요한 구동 요소들로서 말이다. 바꿔 말하자면, 이 작은 지구에서 우리가 아는 바로는 건물의 모든 면면은 도시적 행위라 할 수 있다.

나는 이번 논의를 다섯 부문으로 구성했다. 도시 파편City Fragments, 다공성Porosity, 삽입Insertions, 관구Precincts, 융합Fusion.

나는 파편, 즉 도시의 조각들에 관심이 많다. 이는 생채기로부터 새로운 도시를 창조하는 것의 가능성이나 도시 가장자리에 관한 것일 수 있다. 생채기로부터 새로운 도시를 만들어 내는 것, 안 될 것 없지 않은가? 우리는 뉴욕의 세계 무역 센터 자리에 새로운 다목적 고층 빌딩 기술의 도시적 하이브리드 비전을 선보였다. 그것은 수평적이면서 동시에 수직적인 비전이었다.

내가 중요하게 여기는 또 한 가지 개념은 〈도시 다공성〉이다. 거기에 뒤따르는 것이 〈사회 다공성〉과 〈글자 그대로의 다공성〉이다.

우리는 복잡한 도시 환경 속에 건축적 요소들을 집어넣음으로써(삽입) 새로운 정서를 유발시킬 수 있다는 것을 깨달았다. 건축적 삽입은 특정한 조건에 따라 무거움을 가벼움으로, 생기 없음을 활기 넘침으로, 또는 그 반대로 변모시킬 수 있다. 미네소타 대학교 건축 조경 대학의 증축 건물은 내부 공간과 외부 공간 모두에 캠퍼스 활동과 보행 편이성을 증진시키면서, 캠퍼스 안에 있는 건축 학교와 조경 학교를 위한 통합 편의 시설을 제공한다. 프랫 인스티튜트 히긴스 홀 센터 섹션은 유서 깊은 건축 대학 건물 두 동 사이에 삽입되었다. 이 프로젝트의 콘셉트는 북쪽 건물과 남쪽 건물의 바닥 레벨을 끌어다가 학생들이 모이는 새로운 〈불협화음의 구역dissonant zone〉을 만드는 것이었다.

대한민국 부산의 새로운 복합 영화관 설계 공모전 당시 우리는 붕괴된 시간을 의미하는 여섯 개의 극장을 지으려 했다. 우리는 노출된 평면 구조물 안에 극장들을 수직으로 쌓았다. 각각의 홀들은 주위의 설계 요소들을 내부의 평면 인테리어 쪽으로 끌어당겼다. 이 부지는 대중을 위한 광장으로 구상되었다. 현재 우리가 벨기에 크노크헤이스트에서 짓고 있는 세일 하이브리드는 그 도시의 중심부를 활성화시키는 도시적 삽입이다.

스케일이 작은 경우에도 건축은 많은 자연 풍광을 보존하면서 소규모의 도시성을 창조할 수 있다. 나는 이런 프로젝트를 〈관구(管區)〉라고 부른다. 예컨대 오스트리아 랑겐로이스에서 우리는 와인 농장을 위한 관광 센터와 호텔을 설계했다. 이 프로젝트는 세 부분으로

URBAN
3. INSERTIONS

구성되어 있으며 — 지하, 지표, 지상 — 이 역사적인 마을과 연계된 복합 단지이다.

마지막 카테고리인 〈융합〉에서 소개할 미술관 네 곳은 건축과 도시주의, 풍경의 융합을 의미한다. 핀란드 헬싱키 중심부에 위치한 키아스마 현대 미술관은 서쪽으로는 의사당, 동쪽에는 엘리엘 사리넨이 설계한 헬싱키 역, 북쪽에는 알바르 알토가 설계한 핀란디아 홀이 있다. 키아스마의 콘셉트는 미술관 건물이 그 도시와 풍경의 기하학과 뒤얽히는 것이며, 이는 건물 형상에 반영되어 있다. 함축적인 문화의 선이 이 건물과 핀란디아 홀을 이어 주고, 〈자연적인 선〉이 뒤쪽 풍경과 뢴 만으로 이 건물을 이어 준다. 캔자스 시에 있는 넬슨-앳킨스 미술관의 증축과 개축을 위해 우리는 새로운 조각 정원에 등장하는 유리 렌즈들이 갤러리에 빛을 뿌리면서 풍경과 건축이 융합되는 광경을 상상했다. 현재 우리는 프랑스 비아리츠에서 서핑과 바다의 도시를 짓고 있다. 서쪽으로 바다를 마주한 이 건물은 양쪽 가장자리가 살짝 들려 있어서, 건물과 풍경을 연결함과 동시에 양쪽에 주차된 차들을 가려 준다. 이 건물은 중앙에 만남의 광장이 있고 하늘과 바다에 열려 있는 형태이고 멀리 수평선이 보이는 등 주변 풍경과 완벽하게 어우러진다. 완전히 평평한 유틀란트 반도 벌판에 자리 잡은 헤르닝 아트 센터는 풍경과 건축의 융합을 위한 비전으로서 시작되었다. 중요한 점은 우리의 의도가 도시 근교의 스프롤 현상과는 다르다는 사실이다. 무분별하게 퍼져 나가는 주택과 잔디밭은 지극히 의존적이다. 우리가 추구하는 융합은 공공 장소 및 공공 업무와 관련이 깊으며, 헤르닝처럼 건물이 밀집해 있고 상업 지구에 통행이 허용된 곳에 이상적이다.

도시 기폭제로서의 건축 프로젝트에 관한 나의 논의는 마스터플랜이 아니라 이상적인 증식 행동들에 대한 것이다. 끝없이 논의되고 정치적으로 뒤얽히는 마스터플랜은 너무 느려서 21세기에는 비효율적이다. 대개 슬그머니 변경되거나 폐기되어 버린다.

물론 잘 계획된 전체 비전은 필요하며, 특히 교통과 기간 시설에 관한 것은 필수적이다. 하지만 우리의 도시 경험은 특정 건축 프로젝트의 구현을 통해 형성된다.

특히 급속도로 성장하는 아시아에서는 개별 프로젝트 안에서의 비전과 이상의 조화가 효과적인 건축 구현을 결정한다.

1950년에 시인 찰스 올슨은 〈아메리카의 중심 팩트는 공간이다〉라고 말했다. 20세기가 끝나갈 무렵 해럴드 블룸은 〈우리의 중심 팩트는 시간이다〉라고 말했다. 지금 우리는 전환점에 서 있다. 대우주는 지구이며, 소우주의 뼈대이다. 건축은 변화의 기폭제이다.

요컨대 이 다섯 카테고리는 자연 풍경의 관점에서 보면 보수적인 다양한 도시주의에 관한 논쟁을 촉발한다. 하지만 건축 프로젝트의 관점에서 보면 실험적 작업 가능성의 초점을 극단적으로 재설정한다. 기폭제로서 그것들은 상황과 장소에 대해 독특한 해법을 제시한다.

미네소타 대학교 건축 조경 대학

미네소타 주 미니애폴리스, 1990~2002

College of Architecture and Landscape Architecture
University of Minnesota

이 건축 조경 대학 증축 건물의 내부 공간과 외부 공간은 캠퍼스 활동과 보행 편이성을 증진시키면서, 캠퍼스 안의 학교들을 위한 통합 편의 시설을 제공한다. L자 모양의 덩어리 두 개가 겹쳐진 형태인 이 증축 건물에는 새로운 도서관, 강당, 세미나실, 사무실, 스튜디오 공간이 갖춰져 있다. 지하층과 1층, 2층은 기존 건물의 층들과 일치하며, 네 층 모두 기존 건물의 엘리베이터를 통해 출입이 가능하다.

이 증축 건물은 1958년에 로이 토르쇼프와 로버트 서니가 지은, 중앙에 9제곱미터 넓이의 안뜰이 있는 기존 건물의 보완이자 카운터포인트이다. 기존 건물은 4면이 동일한 중앙 집중식 형태인 반면 새로운 증축 건물은 주변 전망과 형태적 다양성을 제공한다. 네 개의 직각으로 이루어진 중앙 집중식 기존 건물은 하나의 안뜰을 네 곳에서 바라보지만, 중앙에서 뻗어나가는 형태인 증축 건물은 서로 다른 네 개의 외부 경관이 보이도록 네 개의 둔각이 열려 있다. 기존 건물의 수평성을 보완하기 위해 증축 건물은 각각의 팔 끄트머리를 수직으로 올렸으며, 가상의 탑으로서 솟아 있는 이 〈공간의 기둥들〉은 이 건물을 활성화시킨다.

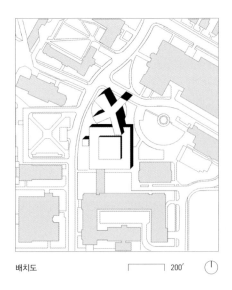

배치도   200′

오른쪽 빛이 분산되는 판유리가 설치된 도서관

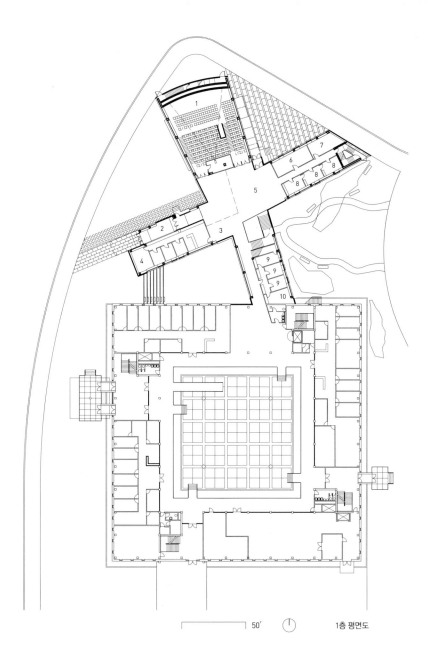

50′　⊕　1층 평면도

1. 강당　2. 현관　3. 로비　4. 학장실　5. 갤러리　6. 통신실　7. 사회교육원　8. 회계실　9. 회의실/세미나실
10. 학생 사무실

왼쪽 아래에서 올려다본, 콘크리트와 빛으로 이루어진 출구

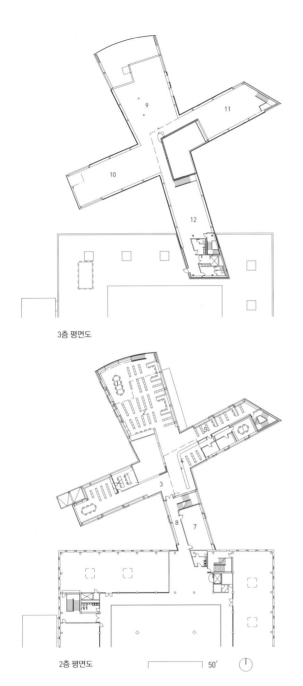

3층 평면도

2층 평면도   50′

1. 독서공간 2. 서가 3. 로비 4. 공기순환장치 5. 정기 간행물 6. 참고 자료실
7. 연구실 8. 홀 9. 북쪽 스튜디오 10. 서쪽 스튜디오 11. 동쪽 스튜디오
12. 남쪽 스튜디오

EXIT>

왼쪽 노출된 프리캐스트 콘크리트 판과
스튜디오 구조

내가 미네소타 대학교 건축 대학을 짓는 데는 13년이 걸렸다. 우리가 이 작업을 시작한 1988년은 해리슨 프레이커가 학장으로 있을 때였다. 그때까지 나는 대형 건물을 지어 본 적이 없었다. 하지만 해리슨은 내 작품을 좋아했다. 당시 나는 일본에서 후쿠오카 주택 단지 프로젝트를 막 시작했는데, 꽤 큰 규모의 건물이었다. 해리슨은 이렇게 말했다. 「우리는 건축 대학을 증축할 생각입니다. 주 의회가 시행하는 대형 프로젝트이긴 해도, 우린 진짜 건축을 원합니다. 그런데 스티븐, 정말 안타까운 이야기이지만 당신은 여섯 번째 건축가입니다. 그러니까 최종 후보 명단에는 5명만 선택되었다는 말입니다. 나는 당신이 그 명단의 후보 중 한 팀과 짝을 이루면 좋을 것 같습니다.」 그러면서 그는 직원이 1천 명에 이르는 미네소타의 한 대형 건축 회사인 엘러비 베켓이 최종 후보 중 하나라고 귀띔해 주었다. 「거기와 팀을 이뤄 보는 게 어떻겠습니까? 당신의 철학적 성향과 그들의 생산 능력이 어우러지면 이번 프로젝트를 충분히 따낼 수 있을 거라고 생각해요. 그들에게 전화해서 팀으로 일하자고 제안해 보지 그래요?」

그래서 나는 엘러비에 전화를 해보았다. 그들은 내 제안을 귀담아 들었지만 곧바로 응답하진 않았다. 며칠이 지나도 응답이 없기는 마찬가지였다. 시간이 흘러가고 있었다. 인터뷰는 금요일로 예정되어 있었다. 인터뷰 일주일 전에야 나는 그들에게 다시 전화를 걸어 보았다. 하지만 그들의 대답은 이러했다. 「검토 중이긴 합니다. 하지만 아직 결정된

바는 없습니다. 검토 중입니다.」 그러고는 인터뷰 전날인 목요일 저녁에야 마침내 내게 전화를 걸어 함께 힘을 합쳐 프로젝트를 따내 보자고 했다. 나는 그 이튿날 아침 7시에 비행기를 타고 추운 미니애폴리스로 가서 인터뷰를 했다. 큰 대학과 주 의회 관계자들이 그 프로젝트의 클라이언트였다. 그들 앞에서 하는 프레젠테이션의 좋은 점은 프레젠테이션이 끝나자마자 투표가 이뤄진다는 것이었다. 그들이 다시 한 자리에 모일 일은 없었기 때문이다. 목요일 저녁에야 엘러비로부터 통지를 받은 나는 금요일 아침에 부랴부랴 비행기를 타고 날아간 것이었다. 미니애폴리스에 도착한 시각은 오전 10시 30분 아니면 11시 즈음이었다. 그날 오후 2시에 우리는 인터뷰를 하러 갔다. 인터뷰를 마친 다음 나는 비행기를 타고 뉴욕으로 돌아왔다. 밤 10시에 사무실로 돌아와 보니 메시지가 와 있었다. 우리가 프로젝트를 따냈다는 것이었다! 인터뷰가 끝나자마자 투표가 시작되었고, 내가 뉴욕으로 돌아오는 중이던 오후 5시에 결과가 발표되었던 것이다. 하지만 줄곧 우리를 마뜩찮아 하던 엘러비는 우리와 경쟁할 자체 설계 팀을 꾸렸다. 그들은 우리에게 말도 없이 해리슨을 뉴욕으로 초청하기도 했다. 해리슨이 내게 전화를 걸어 이렇게 말한 것이다. 「스티븐, 내가 설계도를 보러 뉴욕에 간다는 거 알고 있습니까?」 내가 대답했다. 「뭐라고요? 지금 무슨 소릴 하는 겁니까?」 해리슨이 말했다. 「내가 건축 대학 설계도를 보러 간다고요. 나더러 와서 보라고 엘러비 쪽에서 초청했습니다.」 내가 대꾸했다. 「하지만 엘러비 쪽과 우린 아직 만난 적도 없단 말입니다! 대체 이게 무슨 일이죠?」 그가 말

site plan _____ 100' ⊕

Holl's X-shaped building joins the square existing one where two campus grids intersect at an angle, and at a location exposed to long views. The geometry of the new building resonates with a nearby Richardsonian structure (at left in photo). Since the sidewalls of the wings serve as mechanical chases, only limited windows puncture them up to the top-floor sills, above which broad swaths of glazing are possible.

Steven Holl's first, more ambitious design for the College of Architecture and Landscape Architecture at the University of Minnesota won a P/A Award in 1990. The scheme took its cues from the existing 1960 design-school building by Minnesota architects Thorshov & Cerny, with the form of a hollow square around a roofed, clerestoried court. Though strong in concept, the existing structure is almost anonymous in detail, with a brick exterior deferring abjectly to its classical revival neighbors. The first design for the addition joined a circle to the square, with an open court in the center—a way to recognize the college's landscape architecture curriculum. Characteristic of Holl's work, the circle was impure geometrically, responding to the specifics of program and site. A series of new towers attached to the exterior of the old and new buildings were meant to both establish a joint identity and terminate campus view corridors.

After the design was accepted, the state legislature deferred the project for almost a decade without increasing the budget. When it was revived in the late 1990s, the original allocation intended to yield about 100,000 square feet would pay for only about 50,000.

The X-shaped scheme that Holl and his team developed for the reduced program was in a sense a transformation of the existing square—as the hollow circle had been—in this case turning it inside out, with the enclosure at the center and four open courts around it. Although the final design has no common elements such as the towers relating new to old, it is sensitively compatible in both massing and materials.

O to X:
Evolution of a Scheme

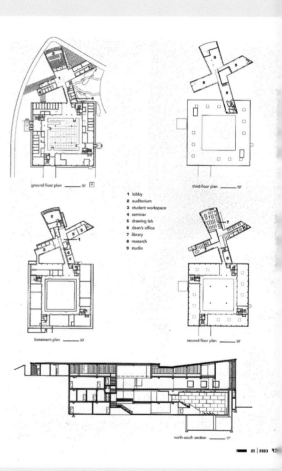

ground-floor plan _____ 50' ⊕

third-floor plan _____ 50'

1 lobby
2 auditorium
3 student workspace
4 seminar
5 drawing lab
6 dean's office
7 library
8 research
9 studio

basement plan _____ 50'

second-floor plan _____ 50'

north-south section _____ 17'

했다. 「음, 아무래도 그들이 이번 프로젝트를 내부 경합 방식으로 하려나 보네요.」 나는 당장 설계 작업에 착수해야 했다. 그렇게 하여 우리와 엘러비 쪽은 각자 설계도를 만들었다. 우리는 우리의 설계도를 준비하고 그들은 그들의 설계도를 준비했다. 그렇게 우리는 미니애폴리스에 가서 미네소타 대학 개발 계획부, 건축 대학 및 조경 대학 교수진 앞에서 프레젠테이션을 했다. 두 설계도 중 하나가 선택되는 자리였다. 실로 끔찍했던 그날, 우리의 설계와 엘러비의 설계를 놓고 애초부터 계획에 없던 당혹스러운 심사가 행해졌다. 대학 측은 결국 우리의 설계를 선택했다. 우리의 파트너였던 엘러비는 설계도가 폐기되는 수모를 당했다.

우리는 계획대로 진행했다. 하지만 엘러비는 우리의 삶을 비참하게 만들었다. 미네소타 대학이 그들에게 대금을 지불했지만 그들은 6개월 동안 우리에게 한 푼도 주지 않았다. 우리는 없는 돈으로 수개월간 작업을 진행했다. 그렇게 작업한 프로젝트는 주 의회에 상정되었으나 통과되지 못했다. 그러자 해리슨이 말했다. 「내년에는 잘될 겁니다. 걱정 마세요. 내년에는 통과되도록 힘써 노력해 보겠습니다.」 세 번이나 실패한 뒤 해리슨은 마침내 대학 관계자들에게 이렇게 장담했다. 「내년에 의회에서 이 사안을 최우선 과제로 삼지 않는다면 내가 학장직을 사임하겠습니다.」 그러나 결국 그는 학장 자리에서 물러났고, 버클리 대학교로 가 버렸다.

이듬해, 교수회의 오랜 멤버인 가스 록캐슬이 주 의회를 찾아가 이 프로젝트를 통과시킬 방법을 문의하자 이런 대답이 돌아왔다고 한다. 「예산을 반으로 줄이면 통과시키겠습니다.」 결국 그들은 예산을 반으로 줄이고 프로젝트를 승인받았다.

1995년 아니면 1996년이었을 것이다. 어느 날 가스가 내게 전화를 걸어 이렇게 말했다. 「그 건물이 통과되었습니다.」 내가 대꾸했다. 「지금 농담하시는 겁니까?」 그 건은 6년 동안 서랍 속에서 잠자고 있었으므로 그런 반응이 나와 버렸다. 곧이어 가스는 예산이 반으로 줄었다고 말했다. 다시 내가 대꾸했다. 「그렇다면 프로젝트를 반으로 축소해야겠군요.」 그러자 가스가 말했다. 「그렇습니다. 두 달 안에 해주실 수 있습니까?」 당시의 학장은 톰 피셔였다. 톰은 우리가 해내길 원했다. 나는 이렇게 말했다. 「이 건물을 바꿔야겠습니다. 뒤집어 버리는 거죠. 새로운 건물, 다른 건물이 되는 겁니다. 기존 건물과 전혀 다른 건물.」 우리는 그 지역 건축가인 빈스 제임스를 영입하고 엘러비를 내침으로써 마침내 멋진 팀을 꾸리게 되었다.

이 건물이 문을 열기까지, 나는 그 일을 13년 동안 했다. 세 상사가 얼마나 어려운지 알려 주는 교훈이었다. 여기에는 또 다른 흥미로운 점이 있다. 즉, 흔들림 없이 자기 길을 가다 보면 어떤 것들은 떨어져 나가기도 하지만 결국에는 다른 형태로 되돌아온다는 것이다. 결국 2002년에 이 건물이 문을 열 당시, 맨 처음 이 프로젝트에 참여했던 사람들은 아무도 없었다. 모두 바뀌어 있었다. 학장이 바뀌었고, 총장이 바뀌었으며, 대학 개발 계획부에도 새로운 사람들이 들어찼다. 바뀌지 않은 사람이 없었다. 13년 뒤 이 프로젝트에 남은 사람은 오직 나뿐이었다.

키아스마 현대 미술관   Kiasma Museum of Contemporary Art

핀란드 헬싱키, 1992-1998

키아스마에는 도시와 풍경의 기하학이 건물과 어우러진다는 콘셉트가 담겨 있으며, 이는 건물 형태에 반영되어 있다.

헬싱키의 특징은 북구 지역의 수평 자연광이다. 이 건물은 살짝 구부러진 부분 때문에 방들의 형태와 크기가 조금씩 다르고, 그 덕분에 자연광이 여러 개의 서로 다른 방향에서 들어온다. 이로 인해 관람객은 연속된 공간들을 비대칭적으로 이동하게 된다. 결국 전체 디자인은 살짝 뒤틀린 〈방들의 갤러리〉가 되고, 빛을 잡는 수평 구역과 연속된 내부 공간의 조합에서 공간의 흐름이 생겨난다. 구부러지면서 전개되는 이 연속성은 신비로우면서 동시에 놀라운 요소들을 부여하는데, 직각으로 공간을 배열하는 전형적인 구조에는 이런 특징이 존재하지 않는다. 이곳에 들어온 사람은 건물 내부에서 특별한 경험을 하게 되는데 즉, 키아스마 전체 콘셉트인 어우러짐과 이어 주는, 끊임없이 연속되고 변화하는 시각들의 전개와 계속 마주치게 되는 것이다.

키아스마에는 건축과 미술, 문화가 각각 개별적인 원리가 아니라 도시와 풍경의 필수적인 부분들이라는 사실을 확인시켜 주는 희망이 담겨 있다. 디테일과 소재에 심혈을 기울인 이 새로운 미술관은 남쪽으로는 도시, 북쪽으로는 자연 풍경을 향해 뻗어 있는 역동적이면서도 섬세한 형상이다. 이 기하학적 건물 내부의 신비로움과 외부의 지평선은 마치 손뼉을 치는 두 손처럼 공개적인 초청의 건축적 표현이라 하겠다. 주변 풍경이 반영된 인테리어는 전환이 가능하며, 이 미술관은 이 특별한 장소와 환경 안에서 건물과 풍경의 통합을 의미한다. 하나의 키아스마(염색체 교차를 뜻하는 생물학 용어)로서.

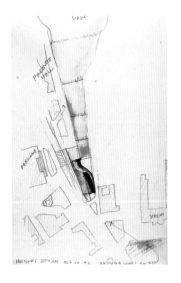

배치도   1500′

오른쪽 뒤얽힌 층계를 가린 천공 샌디드 알루미늄 벽

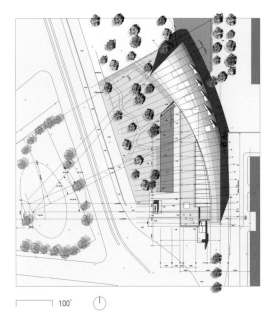

100'

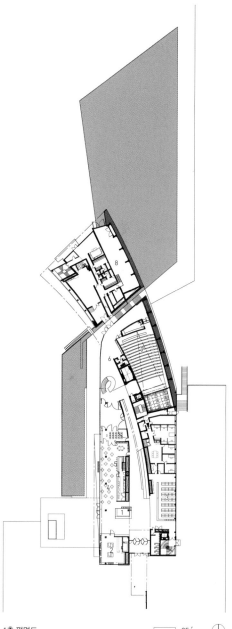

1층 평면도   25′   ◯

1. 안내 데스크   2. 서점   3. 코트 보관소   4. 카페테리아   5. 바
6. 강당 로비   7. 강당   8. 기계실

왼쪽 빛을 분산시키는 판유리 벽에 낮게 뜬 헬싱키의 태양이 비친다.

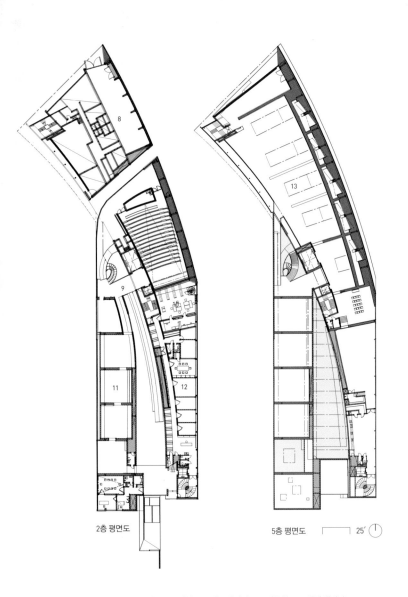

2층 평면도

5층 평면도 ⊢——————⊣ 25′ ⏱

8. 기계실   9. 로비   10. 도서관   11. 영구 갤러리   12. 사무실   13. 임시 갤러리

오른쪽 2층 갤러리로 올라가는 주 출입구 경사로

오른쪽 유하니 팔라스마가 디자인한 가로등이 늘어선
입구 광장

왼쪽 개관일이었던 1998년 5월 31일의 모습
위 뒤얽힌 중앙 층계

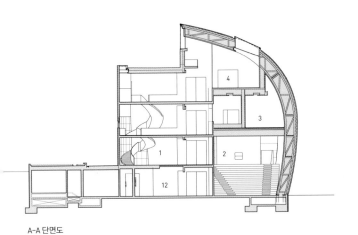

A-A 단면도

B-B 단면도   25′

1. 로비 2. 강당 3. 갤러리 4. 임시 전시장 5. 복층형 영구 전시장 6. 영구 전시장
7. 아이들을 위한 워크숍 8. 비서실 9. 물품 보관소 10. 창고 11. 미술품 창고 12. 포장 및 조립실

오른쪽 주 출입구 경사로가 보이는 2층과 4층의 연결로

키아스마 현대 미술관   건축 인생을 바꾼 건축물

헬싱키 현대 미술관 설계 공모는 1992년에 시작되었다. 내 기억으로 우리는 10월에 현장을 찾아가 프로젝트 책임자들과 인터뷰를 했다. 그날 나는 이 프로젝트가 충분한 예산을 갖춘 제대로 된 프로젝트란 사실을 알게 되었다. 그래서 방문 첫날 저녁에 호텔 방에서 간단한 스케치를 몇 장 그렸고, 그러는 동안 모리스 메를로퐁티의 『가시성과 비가시성 The Visible and the Invisible』을 읽었다. 그중 한 챕터의 제목이 〈키아슴The Chiasm〉이었는데, 공간 속의 교차에 관한 내용이었다. 이는 눈알 뒤에서 신경들이 교차하는 것과 같다. 결국 〈키아슴〉이 그 건물의 콘셉트가 되었다.

뉴욕으로 돌아온 우리는 6개월 동안 아주 열심히 일했다. 그리고 건물 내부 공간들을 메를로퐁티의 글에 담긴 개념들과 연결시키려고 치열하게 노력했던 기억이 난다. 나는 이 건물을 공간 속을 이동하는 몸과 자연광의 개념을 담는 그릇으로 만들 생각이었다. 이 건물에 들어갈 25개의 갤러리들은 모두 어느 정도 자연광을 받게 되고, 마치 하나의 음악 작품처럼 연속성 안에서 이해된다. 그리고 관람객이 이곳을 거니는 동안 공간과 빛의 중첩이 이루어지고, 마침내 절정에 다다르듯 꼭대기 갤러리에 이르게 된다.

그리하여 이 철학적 개념에서 출발한 그 건물은 프로그램에 부합하는 라인을 따라 진행되었다. 우리는 갤러리들의 이상적인 라인으로서 직사각형 구역을 만들었고, 헬싱키의 형태학에서 문화와 역사의 라인에 상응하는 구부러진 구역을 만들었다. 핀란드의 설계 공모에서는 설계자를 익

명으로 한 채 프로젝트 이름을 프레젠테이션 보드에 적어야 한다. 키아슴을 쓰기로 작정한 나는 메를로퐁티가 그랬던 것처럼 희랍어로 chiasm이라고 적었다. 하지만 핀란드어에는 〈ch〉가 없기 때문에 첫 글자가 K로 바뀌어 Kiasma가 되었다. 결국 우리가 설계자로 선정되었고, 이 프로젝트에는 건물 공간의 교차를 의미하는 이 신비로운 이름이 채택되었다. 우리가 수년에 걸쳐 기초 설계를 발전시키는 동안 그 이름에 아주 친숙해진 핀란드 사람들은 이 미술관을 공식적으로 〈키아스마〉로 부르게 되었다.

이 건물의 세부 설계는 헬싱키에 있는 유하니 팔라스마 아키텍츠의 도움을 받았다. 유하니 팔라스마는 위대한 핀란드 건축가 중 한 사람이다. 우리가 이 미술관의 설계자로 선정되었을 때 나는 그에게 파트너 건축가가 되어 달라고 부탁했다. 바로 옆에 열차 역이 있는 그곳은 헬싱키 중심부에 위치한 중요한 자리였으며, 유하니는 이 미술관이 헬싱키에 얼마나 중요한 건물이 될지 눈치챘다. 놀랍게도 그는 우리를 돕겠다고 했다. 우리가 이 프로젝트를 구현할 수 있었던 것은 유하니의 정치적 명성과 영민함 덕분이었다. 그에 비해 나는 너무 어수룩했다. 복잡 미묘한 핀란드의 문화와 역사를 전혀 모르고 있었다. 한번은 이 건물에 반대하는 단체가 1만 명의 서명을 받았다. 알고 보니 이 건물이 들어설 자리가 만네르헤임 장군의 동상 근처였다. 나는 핀란드 역사에서 만네르헤임 장군이 미국의 에이브러햄 링컨 같은 존재란 사실을 몰랐다. 유하니에게서 그 이야기를 듣자마자 만네르헤임에 관한 책을 읽은 나는 그 동

kytaiteen museon ratkaisu
tyi lokakuun yönä Helsingissä

ehti Steven Holl palasi Helsinkiin kansainvälisen suunnittelukilpailun voittajana

만네르헤임 동상 논쟁

상이 얼마나 중요한지 알게 되었다. 그래서 현재는 박물관인 만네르헤임의 저택에 가서 그가 소장한 그림들을 살펴보았다(당대에 가장 급진적이었던 현대 미술 작품도 더러 있었다). 또한 그가 즐겨 가던 식당에 가서 그가 먹던 음식을 먹고 그가 마시던 술인 슈납스를 마셨다. 만네르헤임 장군이 어떤 사람인지 이해하고자 그가 되려고 노력했다. 얼마 후에는 텔레비전에 출연해 이 건축에 대한 인터뷰를 했다. 나는 이 새로운 미술관이 만네르헤임 동상을 더욱 부각시키는 배경이 되어 줄 거라고 주장했다. 그 중요한 동상이 보이는 새로운 전망대 노릇을 해줄 거라고 말이다. 결국 우리의 설득이 먹혀들었다.

이 프로젝트를 진행하는 동안 아주 신기한, 거의 초현실적인 일들이 많았는데, 공사 도면 스케일 결정 과정도 그런 경우였다. 대개 이런 일은 건축 부서 공무원들이 이름 없는 회의실에 모여서 결정한다. 하지만 헬싱키에서는 이런 결정조차 사우나에서 한다. 역사적으로도 핀란드의 모든 중요한 결정은 사우나에서 이루어졌다. 그날 나도 어느 사우나에서 5명가량의 공무원들과 앉아 있었는데, 다들 몸집이 엄청나고 몇몇은 등에 털이 수북했다. 나는 그 고통스러운 열기를 견딜 수가 없었다. 조금 야윈 뉴요커였던 나는 바닥에 앉아서 그들에게 어서 결정해 달라고 애원했다. 사우나 밖으로 나간 그들은 빙판에 뚫린 구멍으로 펄쩍 뛰어 들어갔다가 나왔다. 나라면 그냥 밖에서 찬바람으로 몸을 식혔을 텐데. 결국 그들은 결정을 내렸다. 공사 도면 스케일이 1:50으로 정해졌다.

건물 둘레를 표시하는 불이 피워지고 눈이 내리는 가운데 기공식이 열렸다. 춤 공연이 어우러진 성대한 행사였다. 기공식이 끝난 뒤, 살을 에는 듯 추운 1월에 공사가 시작되었다. 착공 이후에는 모든 것이 일사천리로 진행되었고, 공사 인부들은 놀라운 집중력을 보여 주었다. 이 건물은 정확히 4천만 달러로 지어야 했으며, 단돈 1센트도 초과돼서는 안 되었다. 그들은 적극적으로 이 도전에 맞섰다.

건축가로서 내게 이 프로젝트는 진정한 전환점이었다. 그 전까지 나는 주로 학생들을 가르치면서 몇 채의 집을 지었고, 일본에서 30개의 유닛으로 이루어진 후쿠오카 주택 단지를 지었다. 하지만 이 미술관을 짓는 동안 4명이었던 사무실 직원이 갑자기 최소 10명으로 늘었다. 516명의 건축가가 경합을 벌인 설계 공모에서 우리의 설계가 심사위원 만장일치로 선정되었다는 사실은 국제 건축계에서 우리의 존재를 어마어마하게 부각시켜 주었다. 이후 많은 프로젝트가 우리에게 몰려들었고, 그중 하나가 오스트리아 랑겐로이스에 지은 건물들이었다. 이제 나는 말할 수 있다. 건축가의 인생에서 단 하나의 건물이 모든 것을 바꿔 버릴 수 있다는 사실. 나에게 그 건물은 바로 오늘날 키아스마라고 불리는 헬싱키 현대 미술관이었다.

프랫 인스티튜트 히긴스 홀 센터 섹션

뉴욕 주 브루클린, 1997~2005

새로운 히긴스 홀 센터 섹션은 인접해 있는 역사적 랜드마크인 두 건물을 연결하는 도시적 삽입이다. 북쪽 건물과 남쪽 건물은 각 층의 바닥 높이가 같지 않기 때문에, 우리는 이 어긋난 바닥들이 유리 건물의 중앙에서 만나 〈불협화음의 구역〉을 이루는, 이 학교의 새로운 입구가 되도록 했다.

기존의 석조 건물 두 채는 새로운 유리 건물과 함께 평면도 상에서 H자 형태를 이룬다. 동쪽과 서쪽을 바라보는 새로운 안뜰은 재활용한 붉은 벽돌로 포장되어 있는데, 이 벽돌은 1996년에 이곳에서 발생한 화재 이후 남은 것이다. 불탄 벽돌 위에 세운 유리 건물은 여섯 개의 지주가 떠받치는 콘크리트 프레임이고 바닥 역시 콘크리트이며, 외벽은 건축용 판유리로 싸여 있다. 단열 성질이 있는 경제적인 산업 자재인 이 반투명 판유리들은 층간마다 펼쳐져 있어 야간에 은은한 빛을 발한다.

동쪽으로 향한 안뜰은 내부 블록의 녹지를 바라보고, 서쪽 안뜰은 세인트 제임스 플레이스 쪽으로 난 건물 정면으로 형성되었다. 이 중앙 건물 꼭대기에는 두 방향으로 개방된 천창이 있는데, 여기서 두 종류의 빛, 즉 남쪽의 빛과 북쪽의 빛이 합쳐진다. 이는 불협화음 속의 하모니를 의미한다.

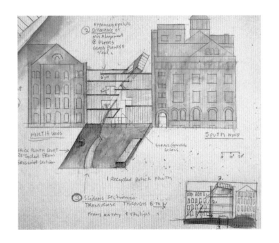

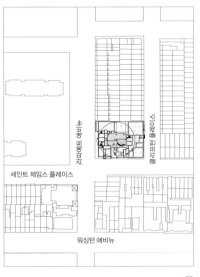

배치도　　　　　　　　　　60'

왼쪽 경사로가 스튜디오 공간을 가로지르면서 몸의 움직임을 외부 전경과 직각을 이루게 한다.

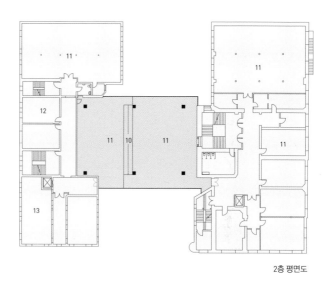

2층 평면도

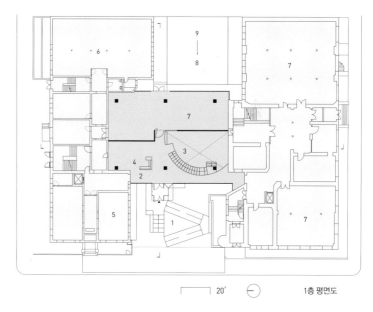

 ⊏───┐ 20′   ⊖   1층 평면도

1. 입구   2. 로비   3. 낮은 로비   4. 리셉션장   5. 학생 복지처   6. 행정처   7. 갤러리   8. 조각 정원
9. 비탈   10. 경사로   11. 스튜디오   12. 교실/세미나실   13. 교무처

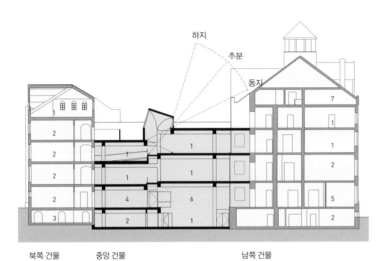

하지
추분
동지

7

1

1

2

5

2

1

2

2

1

2

2

1

1

4

6

2

3

2

1

북쪽 건물   중앙 건물   남쪽 건물

스튜디오 구역 단면도   ⌐   ⌐ 20′

1. 스튜디오 2. 교실 3. 사무실 4. 로비 5. 갤러리 6. 뒤쪽에 갤러리 7. 다락

왼쪽 경사로가 내부를 가로지
르면서 공간과 시야가 위아래로
밀린다.

훌륭한 건축가를 클라이언트로 모시는 것은 멋진 일이다. 나와 톰 핸러핸은 오랫동안 알고 지낸 사이이며, 함께 컬럼비아 대학교에서 교수 생활을 했다. 당시 톰은 막 프랫 건축 대학의 총장이 되었다. 1997년 7월에 콜라 자판기에서 발생한 화재로 이 건축 대학 건물의 센터 섹션이 전소되었다. 사실 나는 그 화재가 있기 불과 몇 달 전 그 불탄 건물의 강의실에서 학생들을 가르쳤다. 화재 이후 센터 섹션을 다시 지을 보험금 — 정확히 4백만 달러였던 걸로 기억한다 — 이 나오긴 했지만, 연말까지 건물 전체에 파이프라인을 연결해야 했다. 그래서 그들은 건축가 4명을 불러 인터뷰를 했다. 나도 그 인터뷰에 참여했는데, 이미 미네소타 대학교 건축 대학을 지은 우리에게 이 프로젝트가 맡겨졌다. 6주 안에 전체 설계를 끝내고 행정 절차를 마쳐야 한다는 조건이었다. 몹시 더운 여름이었던 걸로 기억한다. 사무실에서 땀을 흘리며 일할 정도로!

우리의 아이디어는 매우 단순했다. 1850년에 지어진 왼쪽 건물과 1860년에 지어진 오른쪽 건물의 어긋난 각 층 바닥 판들을 끌어당겨 한가운데 〈불협화음의 구역〉이라는 새로운 공간을 만들고, 이 건물의 새로운 입구를 만드는 것이었다. 센터 섹션이 불타 버린 것이 기회를 준 셈이었다. 수년간 이 두 오래된 건물들은 제대로 연결되지 못했다. 마당 대신 작은 아스팔트 지붕이 있었고, 근사한 진짜 입구도 없었다. 결국 이 건물이 전소됨으로써 학교 중앙 지점에 제대로 된 입구와 마당을 만들고, 지금껏 한 번도 없었던 멋진 강당을 만들 첫 기회가 생긴 것이다. 이 모든

가능성이 스스로 나타나 줬지만, 매우 신속하고 저렴하게 일을 진행해야 했다.

양쪽 건물의 바닥 판들이 센터 섹션 내부를 관통한다는 개념과 불탄 센터 섹션에서 재활용한 벽돌로 만든 주추에 전체 구조물이 놓인다는 개념은 사실 두 부분으로 이루어진 하나의 아이디어였다. 이 건물의 구조는 교육적이어야 했으며, 겨우 6개의 지주가 새로운 섹션 전체를 떠받쳐야 했다. 이 지주를 비롯해 보와 벽은 아주 좋은 프리캐스트 콘크리트로 만들어져야 했다. 나는 여섯 개의 지주로 센터 섹션 전체를 지탱한다는 아이디어를 금방 얻었으며 — 그래야만 했다 — 설계자로 선정되고 나서 곧바로 9월 첫 주에 프레젠테이션으로 소개했다. 위원회 사람들은 이 아이디어를 좋아했다. 그들은 솔직하고 말이 잘 통하는 사람들이었으며, 우리의 설계를 승인해 주었다. 우리는 곧바로 작업에 착수했으나 이 프로젝트는 지연되었다. 다 이야기하자면 길지만, 프로젝트와 자금 문제가 변경되고 지연되는 사이 수년이 흘러갔다. 2003년 무렵에야 학교 측에서 준비가 되었다고 말했다. 우리는 나머지 두 건물의 복원과 리노베이션을 담당했던 로저스 마벌 아키텍츠와 함께 공사 도면 작업을 시작했다. 시공은 프랭크 사이엄이 이끄는 사이엄 건설이 맡았다. 프랭크는 잘 건축을 아는 뛰어난 시공업자이며, 그의 회사는 모든 것이 노출되어 있는 이 까다로운 건물을 아주 잘 지어 줬다. 올해 9월 22일 개관식에서 우리가 리본을 자르던 순간은 매우 행복한 순간이었다. 지금껏 없던 방식으로 이 학교를 연결해 주는 새로운

2007년 7월의 프랫 건축 대학 화재 현장

벽돌 바닥에 조각을 새기고 사람들이 앉을 자리와 벤치를 만들었으며, 자전거 거치소도 마련했다. 이곳에는 오전과 오후에 학생들이 모여든다. 그리고 뒤쪽 구역에서는 멀리 적갈색 건물들이 늘어선 녹색 지대가 내다보여서, 날이 따뜻할 때 야외 수업을 하기에 더없이 좋은 장소다. 이 건물이 두 개의 옥외 공간을 만들어 준 셈이다.

바닥들이 한 건물에서 다른 건물로 넘어가는 센터 섹션에서 서쪽과 동쪽으로 향한 판유리들은 불협화음의 구역을 제외하면 모두 뿌옇다. 불협화음의 구역에서는 바닥이 경사로로 바뀐다. 따라서 북쪽과 남쪽으로 이동하다가 불협화음의 구역에서 갑자기 동쪽과 서쪽으로 움직이게 된다. 즉, 동쪽의 녹지대나 서쪽의 앞마당이 눈에 들어온다. 이는 비록 작은 아이디어지만, 보행자의 몸이 경사로를 따라 이동하고 회전한다는 점에서 최대의 효과를 가진다. 이 건물의 공간적 연속성은 사회적 기능도 하는데, 이곳에서 사람들이 뒤섞이고 만나는 현상이 일어나기 때문이다. 이는 우리가 지은 MIT 기숙사와 조금 흡사하다. 이곳의 공간 콘셉트는 형식적인 콘셉트지만 사회적 혼합의 기능이 내재되어 있다. 이것은 건축이 단순히 하나의 외피가 아니라 정말로 내적이고 사회적인 기능을 한다는 점에서 매우 흥미롭다. 건축은 자재들을 조립해 하나의 건물을 만드는 것만이 아니다. 그것을 경험하는 것, 그 안을 돌아다니는 것, 그 공간들이 사회적 기능을 하도록 건물을 활용하는 것, 내겐 그것이 매우 중요하다.

건물이 탄생했기 때문이다. 이 학교에 새로운 사회적 기능이 생긴 것이다. 우리는 새로운 교류와 다양한 모임의 장소로 활용되는 이 건물이 무척 자랑스럽다.

모든 자재가 노출되어 있는 이 건물은 최소 경비 건축의 전형을 보여 준다. 덮여 있는 것이 하나도 없다. 노출된 콘크리트 보와 널, 판유리가 끼워져 있는 강철 채널이 보인다. 판유리를 통해 단열재도 보인다. 나는 이 건물을 이 단순한 콘셉트를 구성하는 건축적 요소들의 〈제로 그라운드 zero ground〉로 여긴다. 우리가 지은 미네소타 대학교 건축 대학도 이처럼 구조적 명확성을 보여 주는 교육적 건축물을 만들려는 노력의 일환이었다. 이곳 프랫 건축 대학에서 더욱 중요한 것은 새로운 공간의 사회적 기능일 것이다. 규모에서 이 대학은 미국에서 거의 가장 큰 학교이다. 원래 이 건물에는 입구 마당이 없었다. 우리는 앞마당의

로이지움 관광 센터와 호텔

오스트리아 랑겐로이스, 2001~2005

Loisium Visitor Center and Hotel

비엔나에서 서쪽으로 60분 동안 자동차로 달리면 나오는 랑겐로이스 외곽에 남쪽으로 완만하게 경사진 포도 농장이 있다. 우리는 거대한 와인 저장 시설을 갖춘 이 지역의 풍요로운 유산을 기리고자 새로운 와인 센터와 관광 시설을 지었다. 9백 년 전통의 석조 저장실들이 있는 이 역사적인 지하 네트워크는 이 도시의 근간을 이룬다.

이 프로젝트는 세 부분으로 구성되어 있다. 방문객들이 출입할 수 있도록 만들어진 기존의 저장실들, 관광 센터 그리고 호텔과 스파. 이 세 가지 요소들은 와인 생산이 이루어지는 포도 농장의 기하학적 풍경과 연관되어 있다. 지하(기존의 저장실들), 지표(관광 센터와 연결 경사로), 지상(호텔과 스파).

와인 관광 센터

단순한 형태의 건물을 와인 저장실의 형태학을 통해 자르고 나누어 풍요로운 내부 조명을 만들어 냈다. 깊게 잘린 몇몇 곳은 진한 초록빛을 띤 재활용 병 유리에 둘러싸여 눈부신 빛을 내부에 뿌린다. 부분적으로 포도 농장 땅속에 박혀 있고 살짝 앞으로 기울어진 건물 구조는 지하와의 연결을 의미한다. 안에 들어서면 넓은 공간이 나타나고 밖에는 포도 농장이 펼쳐져 있다. 보도를 따라 내려가면 와인 저장실의 입구로 이어지고, 돌아올 때는 연못에 비쳐 굴절된 빛으로 얼룩덜룩한 비탈진 통로를 지나게 된다.

호텔과 스파

호텔의 평면도는 주변 포도 농장의 엄격한 기하학적 배열과 맥을 같이 한다. 그리고 이 호텔은 다양한 프로그램과 객실 타입을 제공한다. 흙을 연상시키는 자재와 주변 풍경과 어우러진 채색은 이 호텔과 주변 환경과의 강한 연대감을 불러일으킨다. 1층은 투명하고 개방적인 반면 위의 2층과 3층은 한결 아늑하다. 마당과 테라스에는 노천카페가 설치되어 있다.

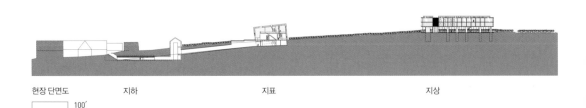

현장 단면도   지하   지표   지상

⌐———⌐ 100′

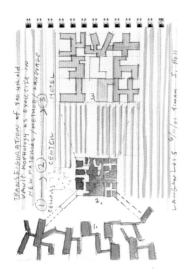

오른쪽 오래된 저장 시설의 형태가 큐브형 와인 센터의 빛의 조각들로 반영되었다.

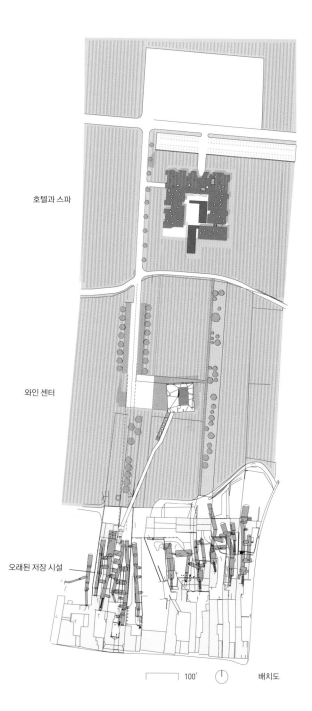

호텔과 스파

와인 센터

오래된 저장 시설

├─── 100′ ⊕   배치도

왼쪽 오래된 저장실로 내려가는 경사로 방향으로 9도 기울어진 큐브형 건물

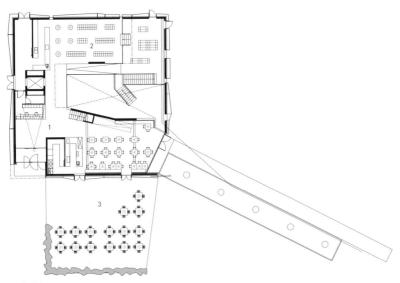

1층 평면도

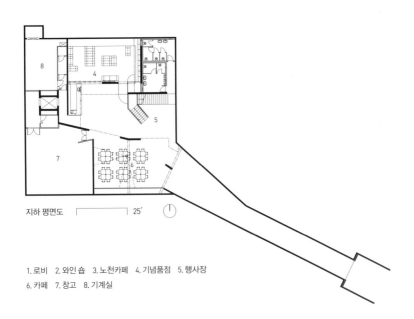

지하 평면도 ┌─────────┤ 25′ ⊕

1. 로비   2. 와인 숍   3. 노천카페   4. 기념품점   5. 행사장
6. 카페   7. 창고   8. 기계실

오른쪽 초록빛 재활용 병유리를 통해 들어오는 햇살

호텔 2층 평면도

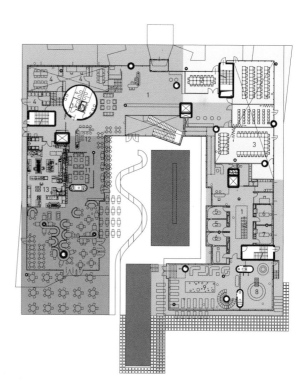

1. 로비   2. 회의실   3. 강당/회의실   4. 사무실
5. 미용실   6. 스파 습식 치료실   7. 광천수 샤워실
8. 피트니스   9. 스파 휴게실   10. 식당   11. 흡연실
12. 바   13. 조리실   14. 휴게실   15. 객실

뒤쪽 지상 호텔의 투명한 1층까지 뻗어 있는 포도 농장

호텔 1층 평면도

위 저장실의 형태가 반영된 샌드캐스트 알루미늄 문손잡이

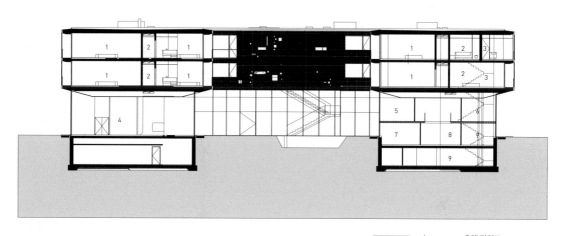

25′　　　호텔 단면도

1. 객실　2. 복도　3. 화장실　4. 식당　5. 매니큐어/페디큐어 실　6. 스파 치료실　7. 사무실　8. 로비　9. 스파

왼쪽 바 천장에 달린 개구리 램프

로이지움 관광 센터와 호텔

오스트리아 랑겐로이스에 있는 이 와인 센터와 호텔 및 스파 시설은 묘한 우연의 일치로 시작되었다. 당시 나는 〈아이디어와 현상〉이란 주제로 빈에서 아키텍투어첸트룸을 위한 전시회를 준비하고 있었다. 하루는 빈의 건축 감독인 디트마르 슈타이너가 전시회 조직 회의를 위해 찾아왔다. 전시회를 1년 앞둔 2001년 초의 일이었다. 슈타이너는 그 지역에서 아주 훌륭한 와인을 생산하는 네 가족이 연락해 왔다고 말했다. 그들이 새로운 와인 센터를 지으려 하는데, 정말로 흥미로운 건물을 짓고 싶어 한다는 것이었다. 하지만 무얼 어떻게 해야 좋을지 몰랐던 그들은 슈타이너에게 설계 공모를 주관해 달라고 부탁했다.

첫 미팅이 있던 날 가족들 중 한 사람인 툴라가 이렇게 물었다고 한다. 「이번 일을 맡아 달라고 스티븐 홀을 초청하면 어떨까요? 그게 가능할까요?」 헬싱키에서 성장한 툴라는 매년 여름마다 남편과 함께 핀란드로 돌아가는데, 그래서 우리가 지은 키아스마 미술관을 알고 있었다. 슈타이너는 이렇게 대답했다. 「음, 다음 주에 제가 뉴욕에 갑니다. 간 김에 이 시설의 설계를 맡아 줄 의향이 있는지 그에게 물어볼까요?」 그래서 슈타이너가 날 찾아왔고, 나는 그 제안을 수락했다. 「오스트리아 와인 마을에 들어설 건물이라. 흥미롭군요. 제가 설계해 보겠습니다.」

첫 스케치를 한 날은 2001년 6월 11일이었다. 현장을 찾은 나는 고색창연한 형태의 오래된 저장실에 마음이 끌렸다. 그중 일부는 9백 년이나 되었다. 나는 이 오래된 저장 시설의 형태를 쏙 빼닮은 단순한 큐브형 건물로 와인 센터를 지으면 어떨까 생각했다. 그리고 뒤쪽에 두 번째 건물로 호텔을 지음으로써 이곳을 3단계로 구성하기로 했다. 즉 오래된 저장 시설은 〈지하〉, 새로운 와인 센터는 〈지표〉, 호텔은 〈지상〉이다.

이 저장실들은 와인을 보관하는 장소이며, 이곳을 운영하는 가족들의 주요 지하 창고이다. 이 지역의 아주 무른 응회암을 깎아 만든 저장실 중 일부는 건물들 바로 밑에 있다. 지하철을 놓으려고 땅을 파듯이 커다란 땅굴을 판 다음 내부를 돌로 마감해 놓았다.

랑겐로이스에는 지난 1백 년 동안 신축 건물이 한 채도 없었다. 놀랍도록 오래되고 보수적이며 아주 작은 이 마을에는 중앙로가 하나 있고, 식당이 두세 곳 있다. 지극히 보수적인 오스트리아 문화의 전형을 보여 주는 마을이지만, 그들은 새로운 와인 센터를 흥미롭고 현대적인 건물로 지어 달라고 했다. 수채화와 도면을 그리고 모형을 만드는 동안 나는 이 프로젝트가 결국 실현되지 못할 거라는 조금 비관적인 느낌에 빠졌다. 〈오래된 타일 지붕을 얹은 중세와 19세기의 전형적인 누런 스투코 시골 건물. 이런 건물을 지을 수는 없어. 이건 전혀 다른 프로젝트가 되어야 해.〉

최초 콘셉트 스케치를 한 다음에는 개략적인 설계 도면을 그렸다. 우리는 모델을 만들고, 전면에 이 오래된 마을이 배치된 콜라주를 만들었다. 거기에는 포도밭이 늘어선 땅에 자리 잡은, 기울어진 큐브형 건물인 와인 센터가 있었고, 그 뒤쪽에는 두 번째 건물인 호텔도 있었다. 이 아이디어를 논의한 프레젠테이션 미팅이 랑겐로이스에서 열리던 날, 고작 5명이 그 자리에 참석했다. 4명은 와인 센터를 운영하는 가족들의 일원이었고, 나머지 한 사람은 이 마을의 촌장이었다. 프레젠테이션이 끝난 뒤 촌장이 말했다. 「우린 이 와인 센터를 짓겠습니다. 호텔도 지읍시다.」 나는 너무 몰랐다. 이 마을은 너무 작아서 건축 담당 부서가 따로 없었던 것이다! 촌장이 건축 결정권자였다. 그분이 건축 허가를 내주었다.

첫 번째 건물인 와인 센터는 준공 후 2003년 9월에 개관했으며, 매스컴에 여러 번 소개되었다. 어찌나 유명세를 탔는지 첫 해에만 9만 명이 이 건물을 찾아왔다. 그래서 이듬해에는 호텔을 짓기로 확정하고 2005년 10월에 문을 열기로 했다. 1년 만에 짓겠다는 것이었다. 공사는 일주일 내내 쉬지 않고 계속되었고, 밤에도 마찬가지였다. 결국 2005년 10월에 맞춰 문을 열었다. 이 호텔에는 82개의 객실과 아베다 스파, 우리의 가구로 꾸며진 식당이 있다.

이 프로젝트는 건축이 프로젝트 구현의 가장 중요한 기폭제가 된 사례이다. 이곳에서는 여러 가지 고급 그뤼너 펠트리너 와인을 생산하는데, 언젠가 내가 찾아갔을 때 그들이 나를 의자에 앉히고 말했다. 「좋아하는 와인을 직접 골라 주시겠습니까?」 나는 30가지 그루너 벨트리너를 맛보고 내가 좋아하는 와인을 골랐다. 그 후 그들이 와인 라벨을 만들었다. 그들은 내가 이 프로젝트를 위해 맨 처음 그린 수채화를 와인 라벨 그림으로 채택했다. 그 라벨에는 저장실과 와인 센터, 호텔이 그려져 있다. 지하, 지표, 지상.

이 건물이 랑겐로이스에 지어졌다는 건 놀라운 일이다. 마을의 다른 모든 건물과 극단적으로 대조되기 때문이다. 20세기 건축이 전혀 없던 곳에 느닷없이 등장한 이 건물은 사람들의 사랑을 받는다. 여기에 내포된 가능성이 나를 흥분시킨다. 예측할 수 없는 수많은 다른 일들의 기폭제로서 건축의 가능성, 그리고 상상할 수 없을 정도로 보수적인 사람들이 지극히 현대적인 디자인과 함께 살아갈 가능성. 단순히 함께 사는 게 아니라 진심으로 포용할 가능성 말이다. 모든 연령대의 사람들이 이 와인 센터를 방문하지만, 종종 은퇴자들이 버스를 가득 채우고 와인 투어를 하러 온다. 하루는 75살이 넘은 노인 40여 명을 태운 버스가 와인 센터 앞에 서더니, 몇몇 사람들이 차에서 내려 여기 저기 돌아다니다가 버스로 돌아와서는 차를 타고 떠났다. 하지만 30분 뒤에 되돌아온 그들은 남은 하루를 그곳에서 보냈다. 안내 책자를 읽은 게 틀림없었다. 그들은 이 기묘한 건축물을 좋아하게 되었다.

오스트리아 사람들은 1980년대 말부터 와인 스캔들에 시달려 왔다. 와인에 알코올을 넣어 독하게 만든다는 비난이 이는 바람에 몇몇 포도 농장은 폐쇄되었다. 결국 오스트리아 와인의 명성에 금이 갔다. 나는 몇몇 사람들로부터 이 건물이 질 좋고 잘 만들어진 오스트리아 와인의 명성을 부활시켜 다시 부흥시켰다는 이야기를 들었다. 심지어 오스트리아는 이 와인 센터가 인쇄된 우표까지 발행했다.

이곳의 건축 아이디어는 저장소 쪽으로 기울어진 단순한 큐브형 건물이다. 저장 시설의 형태처럼 구멍이 뚫린 벽으로는 빛이 들어온다. 공사 인부들은 모두 이 프로젝트의 메인 아이디어와 오래된 저장소의 관계를 이해했다. 이 건물은 독특했고 다들 그 까닭을 설명할 수 있었다. 인부들은 주인 의식을 가지고 이 건축에 참여했다. 창의적이고 흥미로운 건축에는 더 많은 사람들이 모여들어 힘을 보태고, 그러는 동안 그 건축으로부터 영감을 받게 되는 것 같다.

샌디드 알루미늄 외피를 두른 콘크리트 구조물인 이 건물은 전체적으로 코르크가 깔려 있다. 내부 방음과 따뜻한 색감을 위해 포르투갈에서 수입한 커다란 코르크 판을 합판에 붙여 사용했다. 그래서 코르크 냄새가 난다. 천장은 콘크리트이다. 지주는 없다. 이 큐브형 건물은 아주 얇은 콘크리트 벽으로 스스로 지탱하며, 와인 저장소 쪽으로 5도 기울어져 있다. 정지된 육면체처럼 그 자리에 놓여 있는 게 아니라, 건물 전체가 5도 기울어져 방문객들을 경사로를 따라 9백 년 된 저장 시설로 인도한다.

이 건물이 생기기 전에는 이 마을에 몹시 특색 없는 가게가 하나 있었고, 호텔이 아예 없어서 하룻밤 묵을 곳이 없었다. 이 프로젝트의 건축비는 대부분 포도 농장을 운영하는 네 가족이 댔다. 나머지 자금은 문화적 성격을 띤 공동체 시설 건축을 지원하는 오스트리아의 정책이 해결해 주었다. 로이지움에서는 각종 모임과 콘서트, 강연회가 열리고 호텔은 회의실을 제공한다. 그래서 이 프로젝트의 건축비 중 30퍼센트는 나라에서 지원을 받았다. 건축을 구현하려는 클라이언트의 열망은 많은 에너지를 되돌려 준다.

넬슨-앳킨스 미술관 증축 건물   Nelson-Atkins Museum of Art Addition

미주리 주 캔자스 시, 1999~2007

넬슨-앳킨스 미술관을 확장한 이 건물은 건축과 풍경을 융합하여 관람객 개개인의 움직임을 통해 시간과 공간 속에서 인지되는 경험적 건축을 구현한다. 기존의 조각 공원에 자리 잡은 이 증축 건물들은 미술관 전체를 관람객을 위한 경험의 장으로 변모시킨다.

경내의 동쪽 가장자리를 따라 뻗어 있는 증축 건물은 다섯 개의 〈유리 렌즈〉가 도드라져 보이며, 기존 건물로부터 조각 공원을 가로질러 새로운 공간과 시각을 형성한다. 조경과 건축, 미술을 혁신적으로 융합한 이 프로젝트는 미술관 큐레이터들과 미술가들과의 긴밀한 협력을 통해 미술과 건축의 역동적이고 상보적인 관계를 구축했다.

위로 이어지며 갤러리 지붕들을 덮은 조각 공원은 다섯 개의 유리 렌즈 사이에 조각 정원을 형성함과 동시에 초록색 잔디 지붕을 제공함으로써 단열성을 높이고 빗물도 흡수해 준다. 지붕 밑에 길게 뻗어 있는 새로운 갤러리들 안에는 조각 공원의 구불구불한 길에 상응하는 구불구불한 보충물이 있다. 유리 렌즈들은 서로 다른 성질의 빛을 갤러리로 끌어들이고, 조각 공원의 통로들은 렌즈들 사이로 구불구불 이어진다.

증축 건물 렌즈들의 중심에는 빛과 공기의 분배라는 건축 콘셉트가 있다. 〈숨쉬는 T〉가 렌즈의 구부러진 밑면을 따라 갤러리에 빛을 끌어들이면서 유리 구조물을 지탱한다. 순환과 전시가 합쳐짐으로써 관람객들은 한 층에서 다른 층을, 안에서 밖을 바라볼 수 있다. 가운데가 비어 있는 이중 유리로 이루어진 렌즈들은 겨울에는 햇빛을 받아 따뜻해진 공기를 모으고 여름에는 더운 공기를 배출한다. 모든 종류의 미술품 전시나 미디어 설비에 적합한 최적의 밝기와 계절적 융통성 등의 요건들은 컴퓨터로 통제되는 스크린과 이중 유리 내부에 넣은 특수 반투명 단열 소재로 충족시켰다.

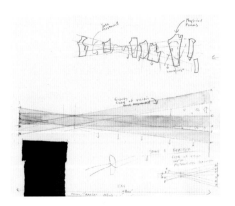

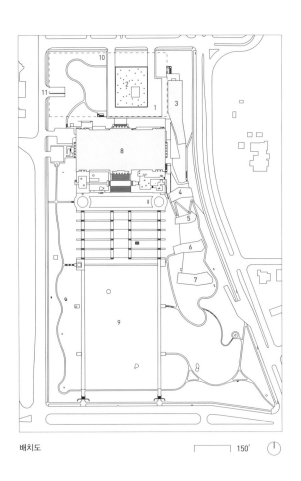

배치도   ⬜☐ 150′ 🕐

1. 입구 광장   2. 비치는 연못   3. 렌즈 1 어퍼 로비   4. 렌즈 2   5. 렌즈 3   6. 렌즈 4
7. 렌즈 5   8. 기존 미술관   9. 기존 조각 공원   10. 밑에 주차장   11. 주차장 입구

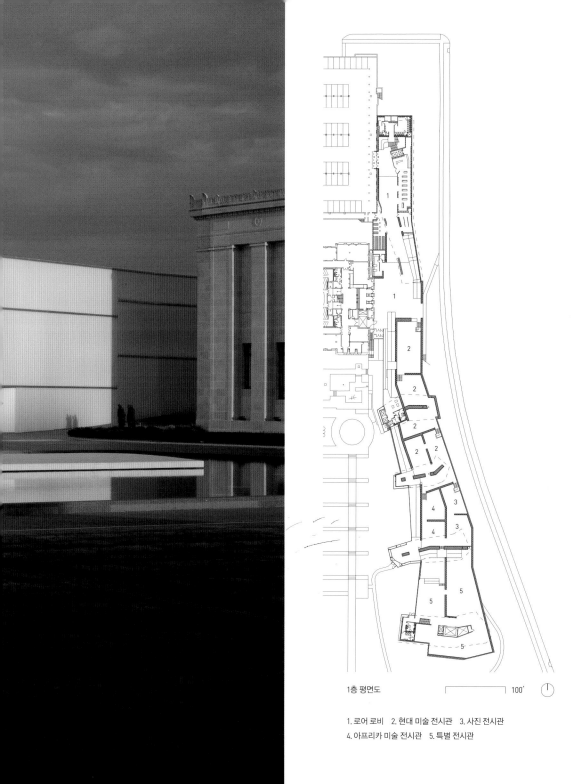

1층 평면도 ⟞────────⟝ 100′ ⊕

1. 로어 로비   2. 현대 미술 전시관   3. 사진 전시관
4. 아프리카 미술 전시관   5. 특별 전시관

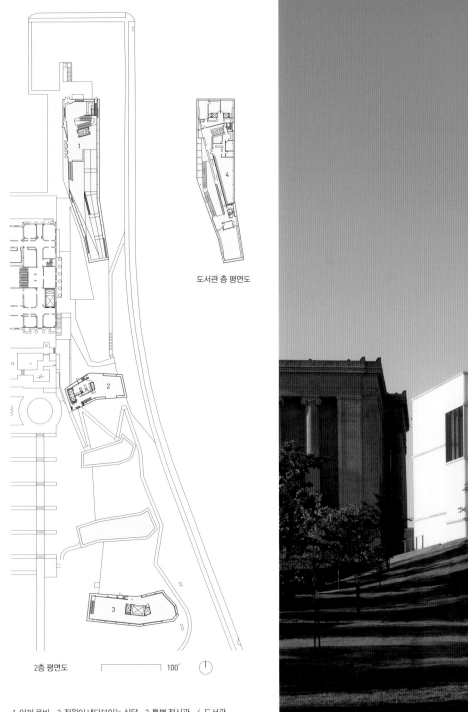

도서관 층 평면도

2층 평면도 ⊢────────┤ 100′ ⊕

1. 어퍼 로비   2. 정원이 내다보이는 식당   3. 특별 전시관   4. 도서관

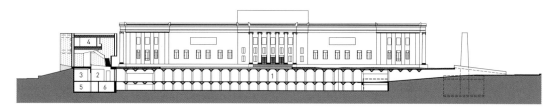

메인 로비와 주차장의 단면도

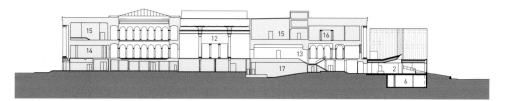

로어 로비와 기존 건물의 단면도

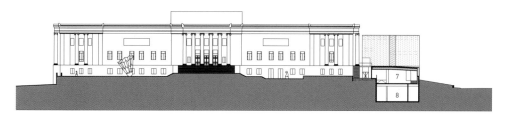

현대 미술 전시관의 단면도

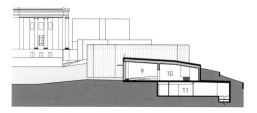

노구치 작품 전시관과 특별 전시관의 단면도

1. 주차장 2. 로비 3. 미술관 매점 4. 도서관 5. 창고 6. 기계실 7. 현대 미술 전시관 8. 컬렉션 보관소 9. 노구치 작품 전시관 10. 특별 전시관
11. 미술품 반입실 12. 기존 건물 13. 새로운 입구와 층계 14. 유럽 미술 전시관 15. 아시아 미술 전시관 16. 아메리카 미술 전시관 17. 강당

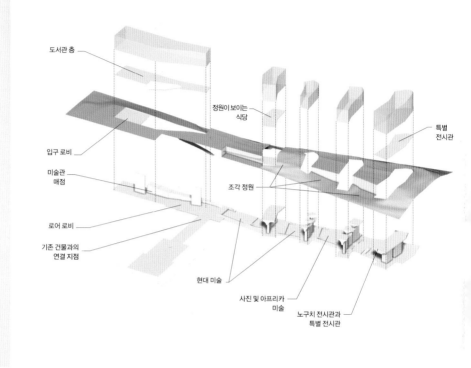

도서관 층

정원이 보이는
식당

특별
전시관

입구 로비

미술관
매점

조각 정원

로어 로비

기존 건물과의
연결 지점

현대 미술

사진 및 아프리카
미술

노구치 전시관과
특별 전시관

오른쪽 입구에 있는 경사로

1. 어퍼 로비   2. 로어 로비   3. 현대 미술 전시관   4. 사진 전시관
5. 특별 전시관   6. 지하실

횡단면도 |⎺⎺⎺⎺⎺⎺| 50′

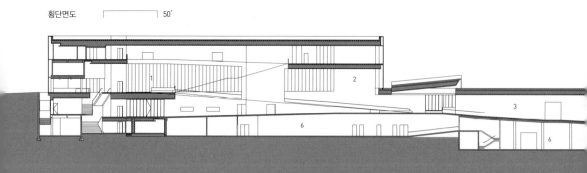

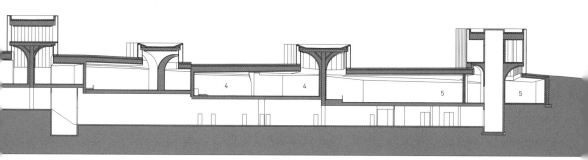

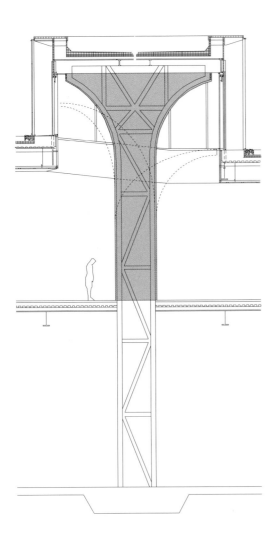

오른쪽 차가운 빛과 따뜻한 빛을 섞는 퍼덕이는 〈T〉

위쪽 북쪽의 빛과 남쪽의 빛을 섞는 퍼덕이는 〈T〉

뒤쪽 주 출입구 마당에 있는 비치는 연못. 월터 드 마리아의 작품인
「하나의 해와 34개의 달One Sun and 34 Moons」이 어우러져 있다.

1999년에 넬슨-앳킨스 미술관 프로젝트 설계 공모가 있었다. 우선 응모 서류를 제출해야 했는데, 응모자가 2백 명쯤 되었던 것 같다. 결국 최종 후보는 여섯 팀으로 좁혀졌고, 여기에는 파리에서 온 크리스티앙 드 포르장파크, 일본에서 온 안도 다다오, 보스턴에서 온 마차도와 실베티, 스위스에서 온 지공과 구여가 포함되었다. 우리가 처음 그곳을 방문했을 때 나의 첫 충동은 주최 측에서 제시한 규칙을 따르지 않는 것이었다. 그 규칙은 기존 미술관의 북쪽에 건물을 지어 북쪽 입면을 막아 버리는 것이었는데, 물론 그것이 가장 실용적인 증축 방식이겠지만 내 생각은 달랐다. 우리는 풍경과 건축을 융합하고 싶었고, 기존 건물의 네 면을 모두 보존하고 싶었다. 그러려면 전혀 다른 방식의 건축이 필요했다. 나는 기존 건물의 석회석 벽에 새겨진 글을 보고 나서 우리 방식을 밀고 나가기로 마음먹었다. 그래서 J. 카터 브라운, 에이더 루이즈 헉스터블, 미술관장 마크 윌슨이 포함된 심사 위원단 앞에서 프레젠테이션을 시작하자마자 이렇게 말했다. 「죄송한 말씀이지만 저는 설계 규칙을 깼습니다. 그리고 오늘 여기 오는 내내 몹시 초조했습니다. 기본적으로 여러분이 제시한 룰에 위배되는 설계를 해왔기 때문이죠. 저는 기존 건물 벽에 새겨진 글을 읽고 나서 그럴 용기가 생겼습니다. 〈영혼이 원하는 것은 현실이 아니라 이상이다.〉 물론 저희가 떨어질 수도 있겠지만, 이 1973년 건물에 어울릴 〈이상적인 증축 건물〉에 대한 저의 생각을 설명해 드리겠습니다.」

제가 생각하는 이상적인 건축은 기존 건물의 네 면 모두를

막지 않는 것입니다. 전부 보존하는 거죠. 또한 자동차로 북적대지 않는 멋진 입구 마당을 두는 것입니다. 주차장은 마당 밑에 두고, 건물과 하늘이 비치는 연못도 만들 겁니다. 그러면 기존 건물뿐만 아니라 새로운 건물 역시 특별히 만들어진, 정말로 대중을 위한 공간의 느낌을 주겠죠. 기존 건물은 육중한 돌로 이루어진 다층 구조인 반면 새로운 건물은 단층 구조로 만들 겁니다. 내부를 돌아다니기에는 단층이 가장 좋으니까요. 이 건물은 풍경 속의 깃털처럼 가벼울 겁니다.」

그리고 내가 〈돌stone〉과 〈깃털feather〉이라고 부른 것을 보여 주는 오른쪽의 그림을 선보였다. 돌은 기존 건물이고, 깃털은 전체 풍경에 삽입될 가벼움의 요소인 증축 건물이다. 나는 내가 〈실패한 설계〉로 여기는 것들까지 보여 주었다. 이런 설계 공모의 흥미로운 점은 문제 해결 방법이 아주 많다는 것이다. 그리고 파기된 설계들을 보여 줌으로써 선택된 설계의 장점을 부각시킬 수 있다. 그 전략이 이번 프레젠테이션에서 먹혀들었다.

이것이 가장 핵심이 되는 그림이다. 〈영혼이 원하는 것은 현실이 아니라 이상이다.〉 이 그림에는 돌과 깃털이 있다. 돌은 무겁고 깃털은 가볍다. 돌은 1933년이었고 깃털은 2002년이다. 돌은 보행자의 방향을 지시했지만 깃털은 길을 열어 준다. 돌은 묶여 있지만 깃털은 자유롭다. 돌은 풍경의 내면을 바라보지만 깃털은 풍경의 외면을 바라본다. 밀폐와 개방. 외래와 토착. 이 모든 면들이 바로 오래된 것

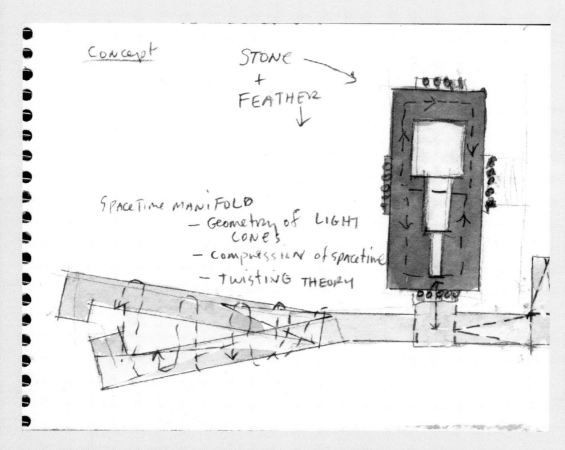

Concept

STONE + FEATHER

SPACETIME MANIFOLD
 - Geometry of LIGHT CONES
 - Compression of spacetime
 - TWISTING THEORY

을 보완하는 새로운 것의 차별성이며, 그것은 오래된 것에서 얻을 수 없는 것을 새로운 것에서 경험하게 해준다.

내가 그린 첫 그림들 중 하나는 새로운 건물에서 바라본 초록빛 정원이었다. 거대한 조각 공원이 내다보이는 건물. 엄청나게 많은 조각 작품이 옥외에 설치되어 있는 이 미술관은 미국에서 가장 큰 조각 공원 중 하나이다. 이 그림을 그리고 나서 그 풍경이 담긴 평면도를 그렸다. 나는 늘 수채화를 그림으로써 아이디어, 기본 콘셉트를 얻은 다음 안에서 밖으로 작업해 나간다. 헬싱키에서 그랬다. 키아스마 미술관의 내부를 그리고 나서야 외부를 어떻게 할지 깨달았다. 외부를 결정하지 못한 상태에서 갤러리를 먼저 그리기 시작했다. 이는 단순히 개념도나 기초 설계도의 차원이 아니라 경험적으로 작업하는 과정이다. 일단 콘셉트와 전략이 생기면 주요 내부 공간에서부터 바깥의 건물로 작업을 진행하는데, 언제나 외부보다 내부가 중요하기 때문이다. 그렇게 완벽한 공간을 구상하고, 빛과 전망, 움직임의 방향이 모두 함축된 완벽한 연속성을 구상했다. 자연광에 대한 심리적 요구 및 수평으로 뻗어 있는 260미터 길이의 갤러리를 특징짓는 자연광이 핵심 요소였다. 조각 공원의 풍경과 건물을 융합하려는 의도는 공원 안에 설치된 여러 개의 〈렌즈〉 형태로 구현되었으며, 어떤 비평가는 그것을 가리켜 〈풍경 속에 널려 있는 유리 조각들〉이라고 했다. 그것들은 위에 펼쳐진 조각 정원들을 규정하고 구별해 주며, 내부로 자연광을 끌어들여 공간적 흥분을 일으킨다. 마치 다른 차원에서 경험하게 되는 새로운 감각의 장을 이 건물이 열어 주는 것 같다. 따라서 이 유리 파빌리온 같은 요소들은 단순히 빛의 모니터가 아니라 서로 다른 성질의 산란된 자연광을 제공함으로써 꼭대기에서 밑바닥까지 다양한 공간적 기여를 한다. 심지어 나는 그것들이 예술과 빛의 물리학과 연관되어 있다는 상상까지 한다. 입자에서 파동으로, 단안경 형상에서 쌍안경 형상으로. 물론 빛과 공간에 대한 전체 아이디어를 활성화시키는 것은 건물 내부를 돌아다니는 육체이다. 거기서 얻어지는 인식, 중첩된 풍경들과의 접촉, 그리고 직원과 방문객, 직원과 직원, 직원과 학생, 학생과 방문객의 접촉이 그것을 가능케 한다.

이 건물은 뮌헨에서 제조된 건축용 유리로 만들어졌다. 이 판유리들 사이에는 빛을 산란시키는 오카룩스 단열재가 삽입되어 있다. 유럽에서는 오래전부터 주차 건물에 채널 글라스가 사용되었다. 이 백색 유리는 특별히 제작되어야 하는데, 일반 유리는 소다 성분이 있어서 녹색으로 변하기 때문이다. 순수한 독일 광학 유리로 이루어진 시스템을 제대로 구성하려면 전체 작업을 중단하고 소다 유리를 걷어낸 다음 건물 전체에 독일 광학 유리를 설치해야 한다. 우리가 처음 이 유리 공법을 사용한 것은 1994년에 도시 외곽에 실물 모형을 만든 헬싱키에서였다. 백색광과 오카룩스로 이루어진 그 건물은 아름다웠다. 우리는 이 기술을 활용해 지금껏 많은 건물을 지었으며, 수직 멀리온이 없는 건축용 유리 건물이라 시스템 구축 비용이 절약된다. 또한 오카룩스를 사용함으로써 태양열 손실률이 18퍼센트로 줄어 에너지 보존 효과도 뛰어나다. 전혀 다른 자재를 보는 것 같다. 부드럽게 빛을 투과시키는 창호지 같은 이 유리는 창호지의 단단한 버전 같다. 값도 비싸지 않아서 경제적인 산업 자재이다. 요즘은 이 백색 유리를 만드는 제조업체가 많지만, 우리의 경우는 지금 봐도 특별한 설치 작업이었다. 캔자스 시를 위해 맞춤 제작된 유리는 폭이 40센티미터여서 더 넓고 확장성도 조금 더 낫다.

내가 이 건물들을 렌즈라고 부르는 까닭은 그것들이 밑으로 빛을 끌어들이기 때문이다. 또한 관람객이 경내를 돌아다니는 동안 그것들이 위에 얹힌 조각 정원들을 형성함으로써 렌즈와 관련된 빛과 움직임의 시차(視差)를 일으키기 때문이다. 이 일련의 공간들 속을 움직이다 보면 몸의 위치가 바뀌면서 눈에 보이는 것의 시각이 달라진다. 몸의 회전에 따라 시각이 변하는 것은 고대 건축물의 주랑(柱廊) 사이를 거니는 것과 같다. 공간이 미끄러진다. 몸의 움직이면 공간이 열리고 닫히고 열리고 닫힌다. 2열로 늘어선 기둥들 사이를 걷는 동안, 열리고 닫히고 변하는 공간의 시차를 보게 된다. 나에게 이것은 건축의 핵심 척도이다. 공간 속을 움직이는 몸.

21세기 도시에서는 세로 차원이 그 어느 때보다 강하다. 세로 차원을 대각선으로 이동하는 것은 잠재적인 활력소이며, 이는 건물 내부의 어느 장소에서나 일어날 수 있다. 엘리베이터를 타고 도시 상공 30층 높이에 도달할 것을 에스컬레이터를 타고 일련의 공간들을 따라 올라가다 보면 갑자기 에스컬레이터에서 도시 상공 30층의 풍경이 보인다. 따라서 이런 경험에 맞춰 도시 풍경을 전개한다면 몸의 느낌과 공간의 느낌, 도시 경험, 새로운 시각이 어우러진 독특한 건축이 가능해진다. 이렇듯 21세기 도시 공간에서 움직임의 시차 개념은 정말로 흥미로운 차원이다.

넬슨-앳킨스 미술관은 수평적이지만 내부 공간은 아래로 서서히, 서서히 내려간다. 길이가 260미터여서 마치 40층짜리 고층 건물이 풀밭에 누워 있는 것 같고, 관람객은 그 내부를 걸어 다닌다. 우리는 모든 이동과 변화, 모든 강하 지점에서의 전망을 연구했다. 그리고 나는 하나의 층이 또 다른 층으로 강하할 때 절대로 그것을 1~1.5미터 이상 낮추지 않았다. 그래서 저 공간보다 조금 낮은 이 공간에 서

있으면 저 공간의 바닥 너머가 보인다. 그것이 관람객을 이끌고 돌아다니게 한다. 나는 공간의 중첩이 깨지지 않도록 바닥을 너무 멀리 이동시키지 않았다. 그래서 하나의 공간이 또 다른 공간과 겹쳐지는 연속성이 유지된다. 그것을 다각도로 구상하지 않거나 미리 머릿속으로 계획하지 않으면, 또는 평면도나 단면도만 잔뜩 그리고 공간의 중첩에 관해 생각하지 않으면 그런 연속성은 제대로 이루어지지 않는다. 이는 사진으로는 전해지기가 매우 어려운 것이기도 하다. 직접 그곳을 돌아다녀 봐야만 알 수 있다. 넬슨-앳킨스 미술관을 방문해 실제로 공간들을 따라 내려가는 사람들만이 나의 진의를 이해할 수 있다. 그 점에서 책은 건축적 경험을 결코 전달할 수 없다.

만약 내가 작곡을 해서 사람들에게 설명한다면, 악보를 보여 주면서 작품에 대해 이야기할 수 있을 것이다. 8분의 7박자로 5음계를 이용해 지금껏 사용된 적이 없는 악기들을 사용할 거라는 등등 무슨 이야기든 할 수 있을 것이다. 이렇듯 음악이나 건축이나 작품의 진정한 가치를 느끼려면 직접 음악을 듣거나 건물의 공간을 걸어 다녀 봐야 한다. 작품의 성공 여부는 경험에 달려 있다. 그것이 건축의 진정한 척도이다. 그걸 느껴야만 한다. 건축에 담긴 참뜻은 사진으로는 전하기 어려우며, 이것이 바로 건축의 난제이다.

성 이냐시오 성당에도 그런 지점이 있다. 정문이 아니라 모퉁이의 문을 통해 건물 안으로 걸어 들어가면 나르텍스가 보인다. 하지만 본당에 다다르는 지점의 바닥을 20센티

미터 높여야 했다. 반드시 그래야만 했다. 몸은 높이고 바닥은 낮춰야 했다. 그걸 탐탁지 않게 여긴 대학 개발 계획부 책임자는 이렇게 말했다. 「그럴 필요 없습니다. 괜한 욕심이에요.」 나는 반박했다. 「욕심인 건 알지만 제겐 필요합니다. 우리에게 필요해요.」「필요 없다니까요.」 나는 기본 콘셉트에 담긴 중첩된 전망들을 따라가는 동선에 맞춰 몸이 올라가고 내려가고 돌고 이동하면서 공간을 돌아다녀야 한다고 생각했다. 이와 비슷한 것이 프랫 건축 대학이다. 섹션에 변화를 주는 아주 단순한 아이디어였지만,

움직임의 방향을 바꾸면 공간이 일대일로 연결된다는 것을 알게 된다. 따라서 공간을 따라 몸을 이동시킨다는 개념과 이 콘셉트는 일대일로 상응한다.

공간 속의 움직임과 빛의 작용은 서로 연결되어 있으며, 이 건물이 주는 느낌과 콘셉트의 핵심 요소이다. 그것들이 제대로 작동하면 공간적 특성들이 강해진다. 그것은 음악이고 멜로디이며, 그것이 정수이다. 콘셉트를 구상하고 그것으로 개념도를 그리는 것. 그것이 디자인을 가능케 하는 씨앗이다. 그리고 그 디자인은 경험을 통해 평가되며, 경험적 특성이 성공을 좌우한다. 나는 넬슨-앳킨스에 온 몇몇 사람들이 일련의 공간을 내려가면서 흥분하는 모습을 보고 무척 고무되었다. 한 기자는 이렇게 말했다. 「우와, 공간이 바람에 날려 돛을 이루고 그 펄럭이는 돛을 통해 빛이 쏟아지는 것 같습니다.」 건물 바깥에서는 그것이 드러나지 않는다. 나는 이 점이 정말 맘에 든다. 풀밭에 늘어서 있는 다섯 개의 렌즈들이 관람객이 경험해야 하는 활력의 영역이란 사실이 맘에 든다. 어떤 면에서 그것은 이 장소의 비밀이다. 모든 것을 다 드러낼 필요는 없는 법이다. 외부 공간이 요란하다고 해서 내부 공간도 요란해야 할 필요는 없다. 나는 내부에 활력이 넘치고 외부에는 정적이 흐르는 이곳이 정말 좋다. 강조와 내적 경험이 올바른 비율을 이루고 있다. 그 반대는 결코 원치 않는다.

이곳의 주차장은 독특하다. 프리캐스트 콘크리트로 만든 두 개의 T자형 구조물 대신, 우리는 두 개의 바닥 플랜지를

연결하여 천장을 곡선 형태로 만들었다. 그래서 주차장 전체가 굽이치는 창고 같은 느낌이다. 이 〈물결치는 T들〉은 20미터 간격으로 떨어져 일련의 기둥들로 늘어서 있다. 그것들은 연결되어 있지만 수평보 없이 가로 방향으로 서 있어서 공간에 독특한 느낌을 준다.

이 건물은 불과 몇 년 전에 완공되었다. 꽤나 오랜 시간이 걸렸다. 비록 우리가 심사 위원 만장일치로 선정되긴 했지만, 건축 위원회가 유리 건물의 내구성을 믿지 못한 탓에 공사가 지연되었다. 이 유리는 플로리다에 있는 시험소에서 엄격한 테스트를 받아야 했는데, 최대 넓이로 세워 놓은 유리벽에 제트 프로펠러로 시속 320킬로미터의 바람을 뿌렸다. 건축은 쉽지 않은 일이다. 하지만 장담하건대 이곳에 지어진 건물에는 그 어떤 타협도 없었다. 다만 위원회를 설득하는 데 오래 걸렸으며, 안심시키고 연구하고 테스트하는 등등의 과정을 거치느라 오랜 시간이 걸렸다. 우리는 이 건물 전체를 단계적으로 지어 나갔다. 그래서 주차장과 연못은 완공 2년 전에 개장되었다. 차량 5백 대를 수용하는 주차장 위의 연못은 월터 드 마리아의 작품인 〈하나의 해와 34개의 달〉로 꾸며졌다. 고요하고 매혹적인 앞마당을 이룬 이 연못은 새로운 것과 오래된 것이 융합된 거대한 예술 작품이다.

세계 무역 센터

World Trade Center

뉴욕 주 뉴욕, 2002

리처드 마이어 앤 파트너스, 아이젠먼 아키텍츠, 과스메이 시겔 앤 어소시에이츠 아키텍츠와의 합작

록펠러 센터의 전통에 따라 세계 무역 센터 자리에 뉴욕 시를 위한 거대한 공공장소를 짓자는 것이 우리의 제안이다. 우리는 이 장소를 〈추모의 광장〉이라고 부른다. 19세기와 20세기에 등장한 도시 광장들은 닫힌 공간인 반면, 우리가 제안한 21세기 추모의 광장은 닫혀 있으면서 동시에 뻗어나감으로써 지역 사회와 도시와 세계의 연결을 상징한다.

추모의 광장은 로어 맨해튼에 새로운 활기를 불어넣고 삶의 질을 높여 줄 것이다. 그리고 이 도시와 세계의 새로운 탄생을 알릴 가장 두드러진 시각적 상징물은 우리가 제안한 하이브리드 건물들이다. 빛나는 백색 유리로 둘러싸인 높이 1,111피트(340미터)의 이 건물들은 맨해튼의 스카이라인을 복원해 줄 것이다. 또한 호텔과 아파트, 사무실, 문화 공간, 추모 교회 등등 다양한 활동을 제공하면서 존엄과 고요의 이미지를 발산한다. 추모의 광장의 상징적 조각들인 이 건물들을 보기 위해 전 세계에서 몰려드는 관광객은 로어 맨해튼의 꼭대기에 마련된 추모 전망대에서 뉴욕 시를 다시 한 번 조망할 것이다.

다섯 개의 수직 섹션과 그것들을 연결하는 수평 브리지들로 이루어진 이 두 개의 건물은 마천루 디자인의 새로운 유형학을 의미한다. 1층에서는 그 형태가 그곳으로 들어서는 의식적 관문 노릇을 한다. 물질과 공간의 고요한 추상성이 담긴 이 건물들은 거대한 스크린 같은 모습으로 존재와 부재를 동시에 의미하면서, 상상과 성찰의 기회를 부여한다. 건물 가장자리에 튀어나온 부분들은 평면도 상의 손가락들처럼 도시와 서로를 향해 뻗어 있다. 이 장소의 북동쪽 모서리에서 거의 닿아 있는 이 두 건물은 손가락들이 얽혀 있는 보호의 손들처럼 보인다.

프로젝트 〈도시의 가장자리: 시차 타워들〉, 1989~1990

1000′ 배치도

앞쪽 수평 브리지들이 기울어져 있는 초기 디자인

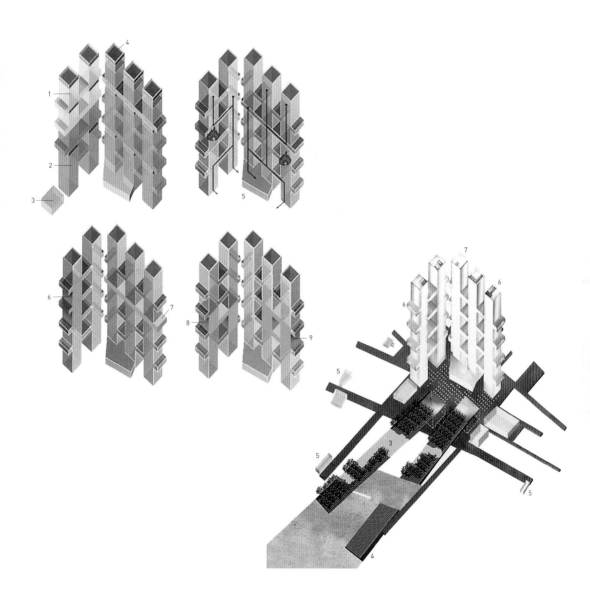

왼쪽 위 건물 활용의 유연성 1. 대중 시설(호텔, 전망대, 회담장, 고층 로비와 추모 시설) 2. 사무실 3. 문화 시설 4. 식당, 전망대, 고층 추모 시설과 교회
5. 인명 구조를 위한 다양한 탈출로 6. 수직 사무실 7. 수평 사무실 8. 꺾인 사무실 9. 순환형 사무실

오른쪽 아래 다양한 추모 장소와 문화 시설 1. 트윈 타워의 발자국/성찰의 연못 2. 연못의 깊이 3. 나무와 추모 조명으로 표현된 세계 무역 센터의 마지막
그림자 4. 허드슨 강에 떠 있는 추모 광장(대규모 집회 장소이자 추모 콘테스트 장소) 5. 손가락들의 끝에 자리 잡은 다양한 추모 시설 6. 건물 꼭대기
전망대에 있는 고층 추모 시설. 7. 명상실이 딸린 추모 교회

그해 9월 11일에 나는 31번가와 10번가가 만나는 지점에 있는 우리 사무실에 있었다. 내가 사무실 건물에 도착했을 때 첫 번째 비행기가 충돌했고, 내가 엘리베이터를 타고 올라갈 때 두 번째 비행기가 충돌했다. 나는 쌍둥이 빌딩들의 붕괴 모습을 처음부터 끝까지 실시간으로 지켜보았다. 끔찍한 경험이었다.

말로는 도저히 설명할 길이 없다.

나는 직원들을 모두 귀가시켰다. 그리고 빌딩에서 뛰어내리는 사람들을 쌍안경으로 지켜보았다. 깊은 상흔을 남긴 비극적인 사건이었다.

9·11테러 사건 이후 나는 자발적으로 기념관 스케치를 시작했는데, 평소에 날마다 그림을 그리기 때문이다. 맥스 프로테크에서 아이디어 전시회를 위한 아이디어를 부탁받았을 때도 나는 그 그림을 계속 그렸다. 첫 스케치를 발전시켜 내놓은 아이디어가 〈떠 있는 기념관/접힌 거리 Floating Memorial/Folded Street〉였다. 이 프로젝트는 추모 시설과 대중을 위한 공간, 공공 편의 시설을 제공했지만, 아직 사무용 건물로서의 실용적 기능은 전혀 없었다. 6개월 뒤 공식적인 설계 공모가 시작되었고, 다섯 팀이 최종 후보로 선정되었다. 피터 아이젠먼이 내게 전화를 걸어 이렇게 말했다. 「스티븐, 당신이 우리와 한 팀이 되어 주면 좋겠습니다.」 나는 별로 내키지 않는다고 대답했다. 마침 유럽으로 떠나는 길이었다. 실제로 문을 나서려 할 때 아

이젠먼이 다시 전화했다. 내 이름을 제출 서류에 기재해도 괜찮겠냐는 것이었다. 나는 그러라고 했다.

피터 아이젠먼, 리처드 마이어, 과스메이 시겔과 함께 설계도를 구상하는 공동 작업은 스트레스였다. 회의는 끝없이 이어졌고, 엄청난 논쟁이 벌어졌다. 내 주장의 핵심은 우리가 머리를 맞대고 록펠러 센터의 정신에 맞는 프로젝트를 만들어야 한다는 것이었다. 도시 공간을 형성하고 새로운 마천루 유형학을 창조하는 21세기 건축.

이보다 앞서 몇 년 동안 나는 〈시차 타워들Parallax Towers〉

이라는 이름의 프로젝트를 구상해 왔는데, 수평으로 연결된 얇은 수직 타워들에 관한 것이었다. 이 건물들은 사무실과 주거 및 상업 시설을 갖춘 하이브리드 빌딩이며, 입면이 연결되어 있어 일반적으로 수직 형태인 것을 수평 형태로 변모시킨다. 이 아이디어의 유연성이 우리가 이 새로운 프로젝트에 제안 받은 프로그램에 적합했다. 피터 아이젠먼과 나는 수평과 수직이 만나는 방식을 놓고 끝까지 싸웠다. 나는 1990년대 초에 내가 구상한 오리지널 프로젝트에서처럼 항상 수평 섹션을 기울이려 했지만, 아이젠먼은 직각 형태를 원했다. 결국 기울이지 않기로 합의했다. 기본적으로 우리는 추모 광장과 새로운 타입의 고층 빌딩을 구상했다. 수직과 수평이 균형을 이루고 입면과 평면 모두 발전된 형태의 건물이다.

흥미로운 것은 맨해튼의 그 장소가 주는 불안한 느낌이다. 전에 어느 풍수 전문가가 내게 섬뜩한 이메일을 보냈다. 9·11 테러 사건이 일어나고 1년 뒤에 날아온 그 이메일에는 땅에 묻히지 못한 망자의 혼에 대한 동양의 사고방식이 담겨 있었다. 갈 곳을 모르는 영혼들이 사고 현장을 떠돌며 존재한다는 것이다. 그 이야기가 계속 머릿속에 맴돈다. 맨해튼에서 그 장소에 들를 때면 늘 언짢은 기분이 든다. 어쩌면 이 모든 악업은 필연일지도 모른다. 일종의 나쁜 기운이 그 구역에 떠도는 것만 같다.

지금 돌이켜보면 그 설계 공모의 우승자가 누구였는지는 기본적으로 중요하지 않다. 이곳에는 여전히 국가적 비극의 정서가 엄청나게 강하다. 우리가 6개월 동안 공을 들이며 꿈꾸었던 이상적인 것은 이제 전혀 보이지 않는다. 하지만 나는 당시의 건축 프로젝트와 비전이 지금도 살아 있다고 생각한다. 그리고 자부심 강한 건축가 4명이 공동 작업을 하면서 누구도 이 프로젝트를 독차지하지 않았다는 것이 자랑스럽다. 우리는 록펠러 센터의 정신에 따라 대중을 위한 장소를 형성하는 건물을 제안했다. 그것은 새로운 마천루 유형학이자 뉴욕을 위한 새로운 타입의 생활 공간이었다. 시간이 지날수록 내게는 이 프로젝트가 전보다 훨씬 더 흥미롭게 보인다.

부산 영상 센터

대한민국 부산, 2005

층층이 쌓여 위로 확장된 75미터 높이의 새로운 부산 영상 센터 타워는 그 형태가 독특하다. 늘였다 줄였다 하는 아코디언처럼 생긴 이 건물은 몇 분 동안 벌어진 일을 한 시간짜리 영화로 만들거나 1만 년을 한 시간으로 압축하는 〈영화적 시간〉에 대한 은유이다. 붕괴된 시간을 의미하는 여섯 개의 극장들은 주변의 평면 요소들을 내부의 평면 인테리어로 끌어당긴다. 이 건물의 다기능적 특성은 〈뒤섞인〉 프로그램에 의해 활성화되고, 각기 특수한 목적과 기능을 가진 여섯 개 극장들 사이에 활기찬 공간을 형성한다.

적층식 복합 영화관 타워 형태 덕분에 건물 곳곳의 공간의 돌출 테라스와 옥상 등등 공용 공간에서 산과 강이 훤히 보인다. 결과적으로 이곳은 주변 아파트 단지의 경계선에 의해 규정되는 진정한 공공 광장 노릇을 하면서 인근 지역에 경제적, 사회적 기능을 한다. 전 세계 거대 도시들의 전통에 따라 이 타워는 도시에 꼭 필요한 광장을 제공하며, 24시간 운영되는 복합 영화관이 이 광장에 활기를 불어넣는다.

한국의 조선 기술이 사용된 이 타워는 건물 전체가 코텐 강판과 콘크리트 샌드위치 코어로 이루어진 복합 재료로 건축된다. 밤에는 이 독특한 시네마 타워가 조명을 받아 공간 속의 면들이 드러나고 역동적인 그림자를 드리운다. 땅속의 지열정과 연결되어 플라스틱 파이프를 통해 벽 전체에 뻗어 있는 컴퓨터 HVAC 시스템은 남쪽 면의 열기와 북쪽 면의 냉기를 제거한다.

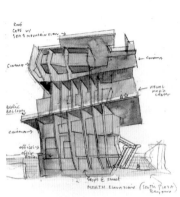

배치도

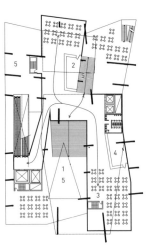

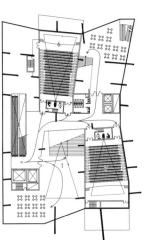

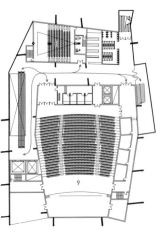

위 남해 쪽 풍경

층별 평면도   50′

1. 개방형 극장 2. 카페 3. 식당 4. 조리실 5. 밑으로 열린 공간 6. 제1소극장 7. 제2소극장 8. 대극장 9. 시네마테크

위 주거 건물 공사가 한창인 곳에 서 있는 적층식 복합 영화관

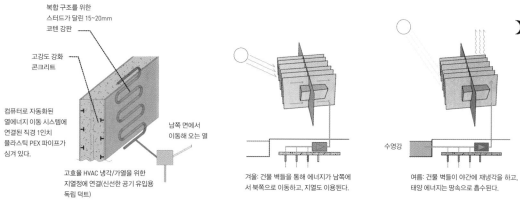

복합 구조를 위한
스터드가 달린 15~20mm
코텐 강판

고강도 강화
콘크리트

컴퓨터로 자동화된
열에너지 이동 시스템에
연결된 직경 1인치
플라스틱 PEX 파이프가
심겨 있다.

남쪽 면에서
이동해 오는 열

고효율 HVAC 냉각/가열을 위한
지열정에 연결(신선한 공기 유입용
독립 덕트)

수영강

겨울: 건물 벽들을 통해 에너지가 남쪽에
서 북쪽으로 이동하고, 지열도 이용된다.

여름: 건물 벽들이 야간에 재냉각을 하고,
태양 에너지는 땅속으로 흡수된다.

강판과 콘크리트로 이루어진 〈냉각과 가열의 벽thermal wall〉

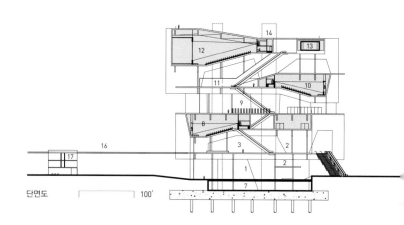

단면도 ⊢━━━━┤ 100′

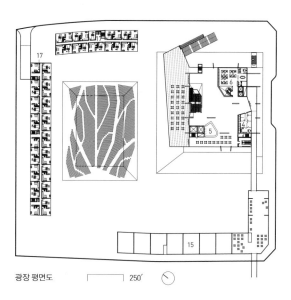

광장 평면도 ⊢━━━━┤ 250′ ⊘

1. 중앙 홀/컨벤션 2. 부산국제영화제 센터 3. 메인 시네마 홀 4. 매표소 5. 스낵바 6. 운영실
7. 서비스 공간 8. 중규모 극장 9. 미디어 센터 10. 소극장 11. 확장 플랫폼 12. 대극장 13. 시네마테크
14. 옥상 테라스 15. 공용 옥상 16. 공원으로 가는 다리 17. 사무실/로프트

이 설계 공모에 당선되고픈 마음은 전혀 없었다. 그냥 참여해서 연구의 기회로 삼고 싶었다. 그 장소에 어떤 건축이 가능할지 탐구하는 흥미진진한 기회. 물론 설계자로 선정되었다면 좋았겠지만, 내가 모든 공모에 당선될 필요는 없다. 대한민국 부산 영상 센터 설계 공모의 최종 우승자는 2차 심사에서 선정될 예정이었다. 응모한 건축가 50명 중에서 7명이 최종 후보로 선발되었으며, 주최 측에서는 우리에게 3만 달러와 6주의 시간을 주었다. 우리는 모두 모델을 만들었다. 시네마 페스티벌 빌딩이 될 이 건물이 내게는 이 뉴타운의 극단적 가능성으로 보였다. 우리는 극장들을 쌓아올렸다. 이 공공 공간들을 세로로 쌓은 이 건물은 캔틸레버 테라스가 있고 바다가 보이는 복합 강철 구조물이다. 최종 후보로 선정된 7팀 중에서 우리만이 극장들을 차곡차곡 쌓아 그 장소에 어울리는 새로운 종류의 복합 건물을 창조했다.

1988년부터 우리는 56차례 설계 공모에 참여했고 그중 21번 당선되었다(2005년부터 2006년 4월까지는 7차례 공모 중 6번 당선되었다). 공모 참여의 장점은 그것을 통해 건축을 연구하게 된다는 것이다. 건축이 의미하는 것, 또는 의미할 수 있는 모든 것에 관한 지적인 도전을 계속할 수 있다. 대개 이런 설계 공모의 주최자들은 프로젝트를 위한 최고 수준의 디자인을 원한다. 우리가 떨어졌을 때는 대개 너무 보수적인 디자인 탓이었다(그런 평가가 불쾌해지는 않다). 무엇보다 우리가 바라는 것은 건축가들과의 경쟁 과정에서 경험하는 새로운 아이디어들이다. 작품을 준비

하는 동안 아이디어 전략, 새로운 전략, 다양한 의미들을 탐구하게 된다.

부산 영상 센터 설계 공모에 응모할 때 우리는 1990년에 우리가 참여했던 베네치아의 팔라초 델 치네마 설계 공모전을 연구했다. 이 복합 영화관의 경우에는 영화적 시간을 아코디언 형상으로 표현했는데, 40년 동안 일어나는 사건을 2분으로 줄이거나 1분짜리 사건을 3시간으로 늘일 수 있는 영화의 특성을 형상화한 것이다. 우리는 3종류의 시간을 탐구했다. 비치는 시간diaphanous time, 절대적 시간absolute time, 아코디언 시간accordion time. 우리는 이 공모전에서 떨어졌지만, 중요한 것은 아이디어를 발전시켰다는 점이다. 주최 측의 초대를 받아 약간의 지원금으로 작업한 것도 영광스러운 일이다. 그런 게 건축이다. 아이디어를 현실로 구현해야만 의미 있는 것은 이니디. 놀라운 교향곡을 작곡했는데 아무도 연주해 주지 않는다고 해서 그 아이디어가 사라지는 것은 아니다. 임종을 눈앞에 두고

있던 루이스 설리번의 이야기가 생각난다. 그가 천장에 전구가 매달린 작은 방의 간이침대에 누워 있을 때 누군가가 찾아와 말했다. 「설리번 선생님, 사람들이 쉴러 극장을 허물고 있습니다.」 설리번이 일어나 앉아서 대꾸했다. 「놀랄 일도 아니로군. 상관없네. 만약 내가 천년만년 산다면 내가 지은 모든 건물이 허물어지는 광경을 보게 되겠지. 중요한 건 거기에 담긴 아이디어라네.」 부산에서 심사위원들은 당선작 선정 문제로 치열하게 싸웠다. 결국 쿱 힘멜바우가 당선되었다. 우리의 설계는 2등이었다. 극단적인 아이디어 치고는 괜찮은 성적이었다.

세일 하이브리드

Sail Hybrid

벨기에 크노크헤이스트, 2005~

북해 연안에 자리 잡은 벨기에 해변 휴양 도시 크노크헤이스트는 기존의 카지노를 개축하고 변형시켜야 했다. 이곳에 상징적인 랜드마크를 제공하면서 도시의 위상을 높이고 도시 공간을 활성화시키기 위한 수준 높은 프로그램을 바탕으로 우리의 프로젝트는 이 바닷가 휴양지를 주요한 여행 목적지이자 건축적 미관으로 변모시킨다.

세일 하이브리드의 디자인은 1953년에 르네 마그리트가 이 카지노의 의뢰를 받고 그린 벽화 「마법에 걸린 왕국Le Domaine Enchanté」에 포함된 여덟 편의 초현실주의 걸작 중 하나인 「인어에게 이야기를 들려주는 배The Ship Which Tells the Story to the Mermaid」에서 영감을 얻었다. 이 그림들은 1930년에 레온 스테이너가 지은 기존의 앨버트 플레이스 카지노 안에 특별히 마련된 마그리트 룸의 벽에 그려져 있다. 세일 하이브리드의 콘셉트는 마그리트 룸을 고스란히 보존하면서 오리지널 카지노의 외관을 복원하는 것이다. 마그리트 벽화에서 영감을 받은 우리는 카지노를 세 개의 구조물로 구성하는 하이브리드 변형을 시도했다. 초기 근대식으로 복원된 볼륨감 있는 구조물(복원하여 다시 프로그램한 백색 카지노 건물), 다공성 다리 형태의 하이브리드 구조물(구멍이 뚫려 있는 회담장 건물), 돛처럼 생긴 평면 구조물(판유리로 이루어진 호텔과 아파트 타워). 이 세 건물이 새로운 기능들의 시너지 효과를 창출한다.

세 부분으로 구성된 이 새로운 하이브리드 건물은 위대한 벨기에 건축가 중 한 사람의 작품을 재건함으로써 대서양 방벽 위에서 빛나는 새로운 햇불이 되고, 새로운 도시적 삽입으로 크노크헤이스트의 도시 빌딩들을 조화롭게 연결한다.

기존의 앨버트 플레이스 카지노에 있는 르네 마그리트 벽화의 일부

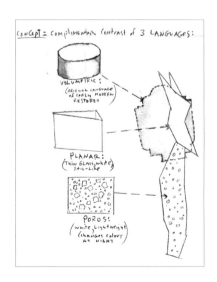

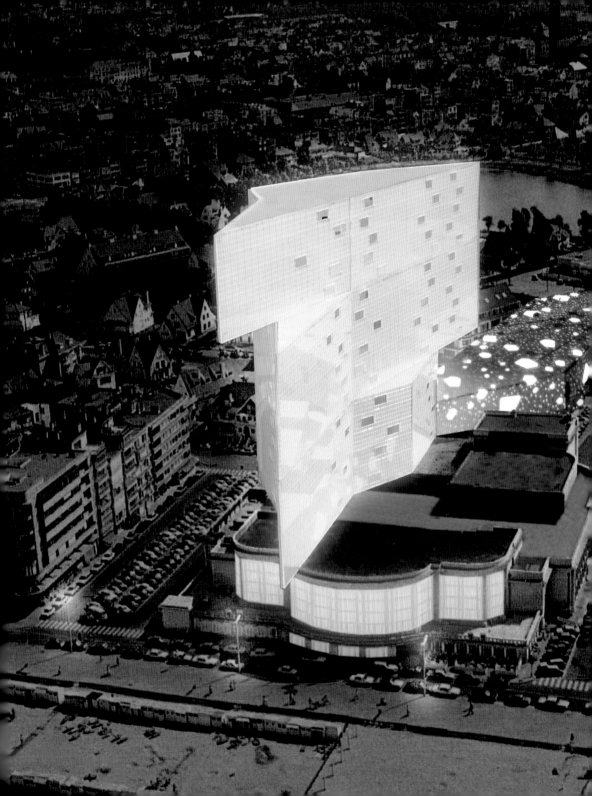

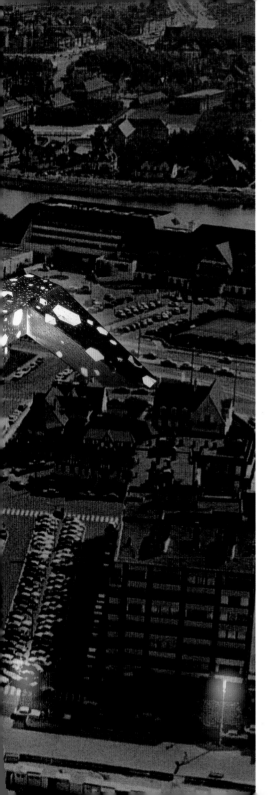

배치도

앞쪽 보 밑으로 잠수하여 들어가는 평면 건물에 있는 수영장

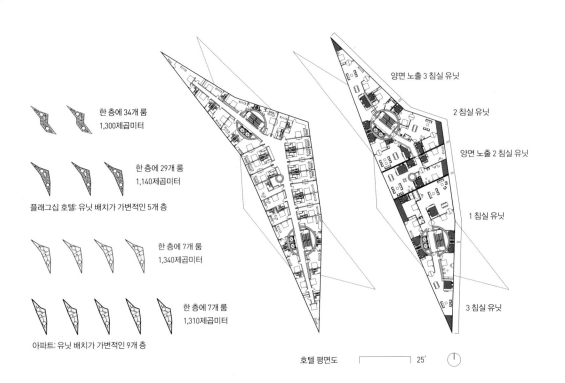

한 층에 34개 룸
1,300제곱미터

한 층에 29개 룸
1,140제곱미터

플래그십 호텔: 유닛 배치가 가변적인 5개 층

한 층에 7개 룸
1,340제곱미터

한 층에 7개 룸
1,310제곱미터

아파트: 유닛 배치가 가변적인 9개 층

양면 노출 3 침실 유닛

2 침실 유닛

양면 노출 2 침실 유닛

1 침실 유닛

3 침실 유닛

호텔 평면도 ┣━━━━┫ 25′

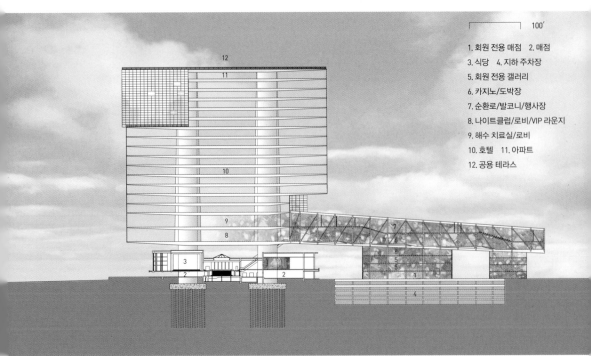

┣━━━━┫ 100′

1. 회원 전용 매점　2. 매점
3. 식당　4. 지하 주차장
5. 회원 전용 갤러리
6. 카지노/도박장
7. 순환로/발코니/행사장
8. 나이트클럽/로비/VIP 라운지
9. 해수 치료실/로비
10. 호텔　11. 아파트
12. 공용 테라스

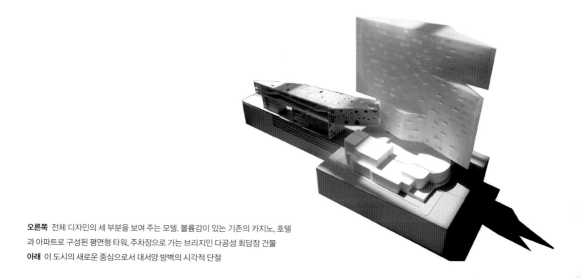

오른쪽 전체 디자인의 세 부분을 보여 주는 모델. 볼륨감이 있는 기존의 카지노, 호텔
과 아파트로 구성된 평면형 타워, 주차장으로 가는 브리지인 다공성 회담장 건물
아래 이 도시의 새로운 중심으로서 대서양 방벽의 시각적 단절

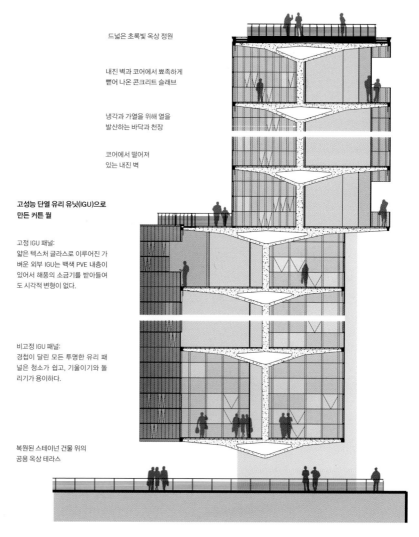

드넓은 초록빛 옥상 정원

내진 벽과 코어에서 뾰족하게
뻗어 나온 콘크리트 슬래브

냉각과 가열을 위해 열을
발산하는 바닥과 천장

코어에서 떨어져
있는 내진 벽

**고성능 단열 유리 유닛(IGU)으로
만든 커튼 월**

고정 IGU 패널:
얇은 텍스처 글라스로 이루어진 가
벼운 외부 IGU는 백색 PVE 내층이
있어서 해풍의 소금기를 받아들여
도 시각적 변형이 없다.

비고정 IGU 패널:
경첩이 달린 모든 투명한 유리 패
널은 청소가 쉽고, 기울이기와 돌
리기가 용이하다.

복원된 스테이넌 건물 위의
공용 옥상 테라스

25′   호텔 타워 단면도

〈인어에게 이야기를 들려주는 배〉.
우리는 국제적인 건축가 몇 명과 함께 이 설계 공모에 참여해 달라는 초청을 받았다. 우리가 그 일을 시작한 날이 생각난다. 우리의 협력 건축가였던 헨드릭 페르모르털이 찾아와 온종일 아이디어 회의에 매달렸다. 현장에 있는 기존 카지노는 리노베이션을 너무 자주 해서 모양이 썩 좋지 않았다. 이 흉측한 건물과 배치도를 유심히 살펴보다가 불현듯 내가 갖고 있는 레온 스테이넌에 관한 책이 생각났다. 1992년에 안트베르펜의 싱겔에서 전시회를 열었을 때 전시 디렉터가 그 멋진 책을 내게 선물로 주었다. 선반에서 그 책을 꺼내 보고서야 그 카지노가 스테이넌의 작품이란 사실을 알았다. 그는 벨기에의 유일한 모더니스트 건축 거장이었다. 그래서 나는 카지노를 허물지 않기로 마음먹었다. 대신 3개의 부분, 세 가지 구조물로 이루어진 설계를 구상했으며, 그중 하나는 기존 카지노의 복원이었다.

아이디어 회의가 있던 날 한나절 만에 이 모든 일이 이루어졌고, 우리는 곧바로 기존 카지노 안에 있는 마그리트의 벽화들을 연구하기 시작했다. 1953년 이후로 그가 그린 걸작들이었다. 아마 가장 중요한 20세기 벨기에 화가인 르네 마그리트의 거대 벽화를 이만큼 소장한 곳은 없을 것이다. 나는 생각했다. 〈이곳은 아주 특별한 장소야. 단순히 크노크헤이스트가 아니라 마그리트의 거대한 벽화 전시실이 있는 곳이잖아. 이것을 전체 프로젝트의 핵심적 가치로 삼을 수 있겠어.〉 벽화들을 유심히 살펴보는 동안 나는 근사한 콘셉트를 제공해 줄 만한 특별한 그림을 발견했다. 〈인어에게 이야기를 들려주는 배〉라는 작품이었다. 이 그림에는 세 가지 요소가 있다. 바다의 조각들로 만들어진 크고 평평한 배, 위아래가 뒤바뀐 인어, 그리고 바위. 나는 이 벽화에서 영감을 받아 세 부분으로 이루어진 건물을 만들기로 했다. 호텔, 아파트, 카지노, 회담장 등등 다양한 기능을 갖춘 하이브리드 빌딩.

이 하이브리드 빌딩은 그 벽화처럼 서로 다른 세 부분으로 이루어져 있다. 세 가지 타입의 구조물로 그 카지노를 보존한다는 아이디어였다. 즉 덩어리 형태, 평면 형태, 다공성 형태가 공존한다. 거대한 바위 같은 건물 위로 마치 두 대박이 범선의 두 돛처럼 평면 요소가 솟아 있다. 기존의 레온 스테이넌 건물을 관통하는 두 개의 원통형 코어가 돛대처럼 솟아 있고, 바람에 펄럭이는 돛을 형상화한 평면 구조물이 코어를 감싸고 있다. 거기에 연결된 다리 형태의 다공성 요소는 회담장으로 활용된다.

이 두 개의 직사각형 섹션이 돛처럼 펄럭여 서로 떨어지는 지점에 작은 수영장이 있다. 건물 내부에서 보 밑으로 잠수하여 들어가는 이 수영장에는 가드레일이 전혀 없어서 바다와 이어져 있는 것처럼 보인다. 이 평면 구조물은 동쪽과 서쪽이 뾰족하기 때문에 입면이 북쪽과 남쪽 둘뿐이다. 나는 성대한 발표회에 참석하러 갔고, 벨기에 일간지에는 마그리트가 이 새로운 호텔-카지노 프로젝트에 영감을 주었다는 멋진 기사가 실렸다.

이 건물은 도시의 중심이다. 건물을 10층이나 11층으로 지어야 한다는 규정 때문에 만들어진 이곳의 대서양 방벽은 북쪽과 남쪽으로 뻗어 있는 단조로운 반복이다. 이 새로운 건물은 그 중앙에 자리 잡고 있으며, 위로 우뚝 솟은 상징적인 건물로서 도시의 중심이 된다. 또한 동쪽의 석호(潟湖)에 다시 다리를 놓아 준다.

이 건물은 오리지널 카지노의 보존이자 복원으로서, 다리를 형성해 주고 크노크헤이스트의 중심부가 되어 준다. 우리는 이 하이브리드 건물의 콘셉트를 하루 만에 구상했고, 두 달 동안 프로그램과 구조를 완성했다. 매우 훌륭한 팀을 이룬 덕분에 우리는 이 공모전에 당선되었다. 당시 최종 후보는 둘로 좁혀졌던 걸로 기억한다. 뇌텔링스 리데이크와 우리. 주최 측에서는 우리에게 아파트를 돛 구조물 안에 넣으라고 요구했는데, 그들은 돛 형태 안에 개별 아파트를 배치할 수 있을지 의심했다. 우리는 이 요구를 충족시켰으며, 바다가 보이는 이 거대한 삼각형들은 훌륭하게 기능한다. 최근에 환경 위원회의 승인이 떨어진 이 빌딩은 건축될 것이 거의 확실하다. 하지만 모든 건축이 늘 그렇듯, 숨을 죽이고 행운을 빌면서 기다려 봐야 한다.

서핑과 바다의 도시

프랑스 비아리츠, 2005~2011

솔란지 파비앙과의 합작

Cité du Surf et de l'Océan

이 새로운 미술관의 목적은 해양 문제에 대한 인식을 고양하고 파도와 바다의 교육적, 과학적 측면을 비롯해 레저와 과학, 생태 환경에 대한 파도와 바다의 역할을 탐구하는 것이다. 이 프로젝트는 2만 2천6백 미터의 마스터플랜 안에 미술관 건물, 전시 공간, 광장으로 구성되어 있다.

이 디자인의 콘셉트는 〈하늘 아래/바다 속〉이라는 글귀에 바탕을 두고 있다. 건물의 형태는 중앙에 만남의 광장을 만들기 위한 것이다. 하늘과 바다를 향해 열려 있는 광장에 서면 멀리 수평선이 보인다. 오목한 〈하늘 아래〉 형태인 이 〈바다 광장 Place de l'Océan〉은 메인 전시 공간의 특징을 형성하며, 볼록한 구조인 천장은 〈바다 속〉 형태를 만들어 낸다. 따라서 이 콘셉트는 건물의 독특한 윤곽과 형태를 만들어 낸다. 또 효율적인 장소 활용과 삽입을 통해 주변 풍경과 어우러진다.

이 건물의 특이한 공간적 성질을 처음 경험하게 되는 곳은 입구 공간이다. 이곳의 경사로를 따라 뻗어 있는 곡면에 영사되는 파도 영상은 변화하는 이미지들과 빛으로 이 공간에 활기를 불어넣는다. 서쪽으로 바다를 마주 보는 이 구조물은 양쪽 가장자리가 살짝 솟아 있어서 형태들과 풍경을 이어 주고 측면에 주차된 차들을 가려 준다. 광장과 토착 식생이 어우러진 이곳에서는 자연 풍경이 미술관 시설을 확장시켜 주고, 각종 축제와 일일 행사를 위한 장소가 된다.

천장 일부가 열려 있는 남쪽 구조물 내부에는 실내 놀이와 활동을 위한 공간이 있다. 서핑 애호가들의 놀이터로 마련된 이곳에는 스케이트장과 개방형 포치가 있다. 여가 활동으로서의 서핑과 바다에 관한 과학 교육이 혼합된 이 공공시설은 풍경과 건축의 융합이라는 실험의 연장선상에 있는 새로운 실험실이다.

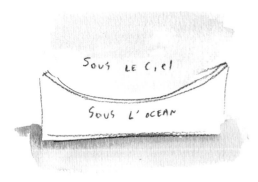

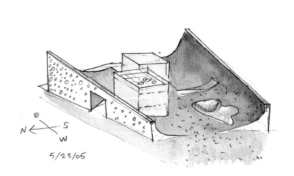

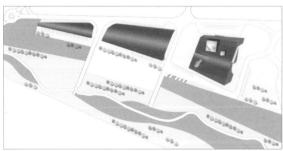

배지도 (①)

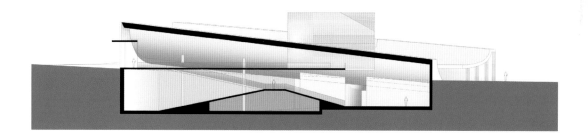

위 대서양이 바라보이는 카페
아래 메인 레벨로 내려가는 입구 층계 부분의 단면도

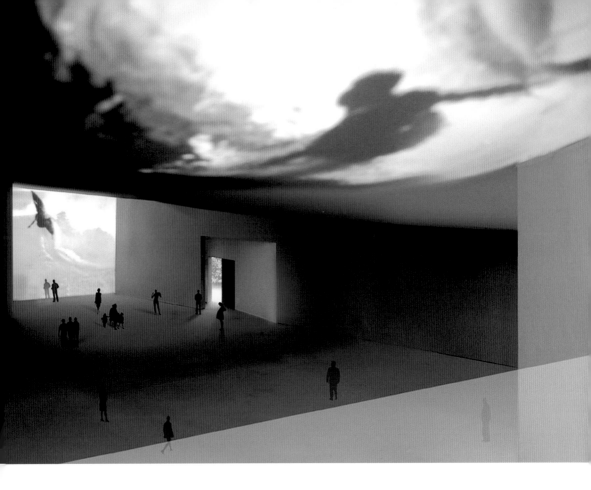

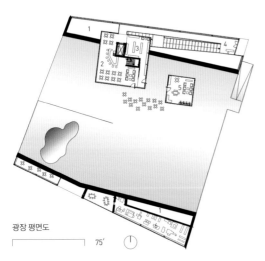

광장 평면도

75′

1층 평면도

1. 입구 2. 카페 3. 매점 4. 휴게실 5. 키오스크 6. 기계실 7. 영구 전시관 8. 임시 전시관 9. 다용도실 10. 포치

서핑과 바다의 도시

풍경과 건축의 융합

나는 내 아내인 솔란지 파비앙과의 합작으로 그해 여름에 비아리츠 설계 공모에 당선되었다. 그해에는 공모전 초청을 너무 많이 받아서 우리 회사는 그 일을 하지 않을 생각이었지만, 나는 솔란지에게 이렇게 말했다. 「우리가 이 공모전에 참가할 길은 하나뿐이야. 당신과 내가 주말에 함께 일하고, 당신이 현장 답사를 다녀오는 거지.」 이 무렵 우리는 밀라노 가구 박람회에서 함께 우리의 실험적인 〈다공성〉 전시회를 하고 있었다. 그 후 나는 당시 공사 중이던 로이지움 호텔의 현장 미팅을 위해 오스트리아로 가야 했다. 솔란지는 비아리츠로 날아가 건축 현장을 확인하고 그곳에 관한 모든 것을 이해한 다음 그 지역 건축가를 만나 설계를 구상하기 시작했다. 그 후 미국으로 돌아온 우리는 함께 〈하늘 아래와 바다 속〉이라는 단순한 콘셉트를 바탕으로 설계 작업에 착수했다. 풍경과 건축을 조화시키는 이 아이디어는 직사각형 모양의 건축 현장을 바닷가까지 확장하는 것이었다. 우리가 만든 풍경은 사람들이 서핑을 즐기는 바다까지 뻗어 나갔다. 우리는 비아리츠의 유명한 바위 두 개를 끌어다가 두 개의 〈유리 바위〉로 구성했다. 하나는 서퍼를 위한 키오스크이고 나머지 하나는 카페이다. 풍경과 건축의 융합이라는 지극히 단순한 콘셉트가 담긴 이 뒤집힌 파도 형태의 건물 내부에서는 다양한 파도 영상이 곡면 천장에 영사된다.

프레젠테이션 장소에는 6명의 경쟁자들이 있었고, 우리가 제출한 모델과 도면을 바탕으로 기술 심사 위원들이 이미 순위를 매겨 놓았다. 여섯 팀의 프레젠테이션이 모두 하루

만에 이루어졌으며, 우리 차례는 늦은 오후인 5시 무렵이었다. 나는 시장과 18명의 고문들 앞에 섰고, 솔란지가 내 곁에 있었다. 마치 의회에 온 듯한 기분이었다. 시장이 한가운데 앉아 있고 모두 마이크로폰을 착용했으며, 내가 하는 말은 프랑스어로 동시통역되었다. 나는 프레젠테이션을 시작하기 전에 들려줄 이야기가 있다고 했다. 「1966년 6월에 워싱턴 주 브레머턴에서 고등학교를 졸업할 당시 저는 제일 친한 친구와 함께 워싱턴 주에서 캘리포니아 끝까지 펼쳐진 모든 해변에서 서핑을 즐겼습니다. 그리고 이번에 제 인생 처음으로 건축과 서핑, 그 두 가지 이벤트, 두 가지 활동을 결합시킬 수 있었습니다. 리우데자네이루 해변 마을에서 자란 제 아내는 그곳의 서핑 문화에 매우 익숙합니다. 저희는 여러분의 비아리츠 미술관이 서핑의 국제적인 중심지가 되어야 한다고 생각합니다. 그런 점에서 제 아내는 남아메리카를 대표하고 저는 북아메리카를 대표합니다.」

우리의 프레젠테이션이 시작되지도 않았는데 시장이 우리와 서핑의 관계를 듣고는 웃음을 터뜨렸다. 이윽고 우리는 그들이 도면과 보드에서 이해하지 못한 이 프로젝트의 아이디어를 설명해 주었다. 그들은 이 건물 형상의 의미를 이해하려고 노력했다. 그것이 작은 돌과 풀로 만들어졌다는 사실, 그곳이 만남의 장소라는 점, 이 물결치는 공간을 따라 건물 안으로 들어가면 아래로 내려가는 동안 거대한 전시 센터의 면면이 눈에 띈다는 것을 이해하려고 노력했다. 나는 그들의 질문에 대답했다. 「아마 이번 공모의 다른 참가작들은 모두 4개의 입면을 갖고 있을 겁니다. 저희 건

1966년에 워싱턴 주에서 남쪽으로 캘리포
니아 해변을 따라 서핑을 즐기던 모습

물에는 제5의 입면이 있으며, 이 다섯 번째 입면이 설계의 핵심입니다. 이 프로젝트가 건물에서 끝나지 않는다는 아이디어죠. 이 건물은 두 개의 또 다른 섹션을 통해 주변 풍경을 따라 바다로 이어집니다. 이것이 하늘 아래, 바다 속 콘셉트입니다.」 나는 한마디 덧붙였다. 「만약 최종 선정된 작품이 바다와 연결되지 않는다면 여러분은 설계를 수정해야 할 겁니다. 서핑 센터가 바다와 이어지지 않는 건 좋은 설계가 아니니까요. 바다가 바로 옆에 있지 않습니까. 두 구획 너머에.」 프레젠테이션이 진행되는 동안 나는 몹시 거만을 떨었다. 건축 현장을 두 블록 더 확장해야 한다고 주장했다. 이날 프레젠테이션이 끝나고 나서 시장이 우리 측 현지 건축가에게 말하기를, 기술 심사 위원들의 순위표에서는 우리가 꼴찌였지만 프레젠테이션을 마친 지금은 1등이라고 했다. 그래서 결정을 내리지 못한다는 것이었다. 다음 날 나는 열흘 뒤에 돌아와서 다시 프레젠테이션을 해야 한다는 소식을 들었다. 그래서 며칠 유럽에 머물면서 이탈리아 남부의 판텔레리아 섬에 들렀다가 8월 9일에 돌아오기로 했고, 비아리츠로 돌아오자마자 시장 앞에서 다시 프레젠테이션을 했다. 그리고 다시 열흘 뒤, 우리가 최종 당선되었다는 소식을 들었다. 우리는 해양 과학이 부각되도록 프로그램을 수정하여 서핑 문화 못지않게 이 건물이 가지는 교육적 측면의 중요성도 살렸다.

헤르닝 아트 센터

Herning Center for the Arts

덴마크 헤르닝, 2005~2009

풍경과 건축의 융합을 콘셉트로 삼은 이 프로젝트의 목표는 〈장소를 건축하는 것〉이다. 평평한 들판을 변형시켜 만든 풀밭 언덕과 연못으로 이루어진 새로운 풍경은 주차장과 서비스 구역을 모두 가려 주고, 남쪽에 위치한 연못들에 초점을 맞추는 울퉁불퉁한 조경 공간들을 형성한다. 새로운 1층짜리 미술관의 구부러진 초록 지붕들은 이 새로운 〈건축된 장소〉와 어우러진다. 모든 갤러리 공간들은 미술품 전시에 걸맞게 적절한 비율로 단순한 직각 형태를 이루고 있으며, 구부러진 지붕들은 자연광을 내부로 끌어들인다. 경량 자재로 만든 내부 갤러리 벽들은 큐레이터의 필요에 따라 이동이 가능하다.

구부러진 지붕들은 레진 매트릭스와 탄소 섬유를 넣어 강화한 구조물이다. 지붕 아래 내부에서는 이 구조물의 하얗게 칠한 텍스처 표면이 보인다. 마치 시소의 양쪽 끄트머리를 묶어 놓듯이, 가운데 지지 부분에 가해지는 불균형한 힘을 상쇄시키기 위한 응력 요소로서 윈도 월 멀리온 안에 가느다란 장대를 삽입하여 지붕을 고정시킨다.

직물 테마는 이 프로젝트 전반에 반영되어 있다. 직물 형태의 텍스처가 있는 백색 콘크리트 벽과 직물 망을 이용한 옥상 녹지화 기술 덕분에 아주 얇은 초록색 지붕, 그리고 공중에서 내려다보면 이 새로운 건물이 옷소매들을 모아 놓은 것처럼 보인다.

지열을 이용한 HVAC 시스템과 중수 재활용 시설은 이 새로운 미술관이 21세기 건축의 본보기가 되게 해주는 여러 친환경 요소 중 일부이다.

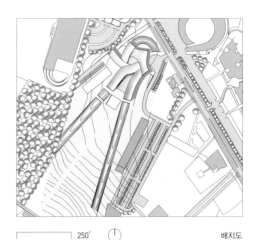

250′ 배치도

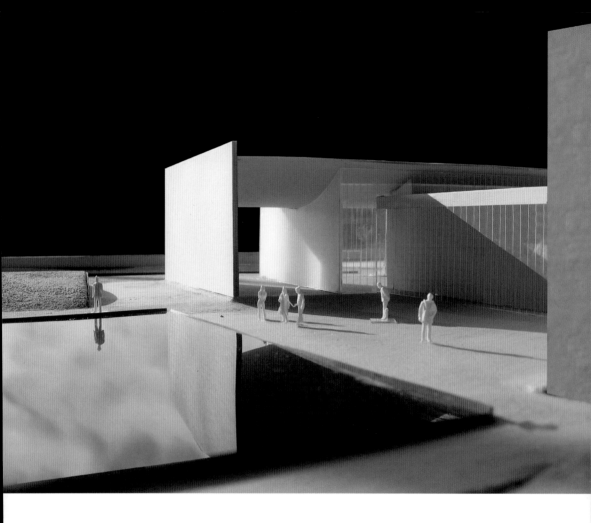

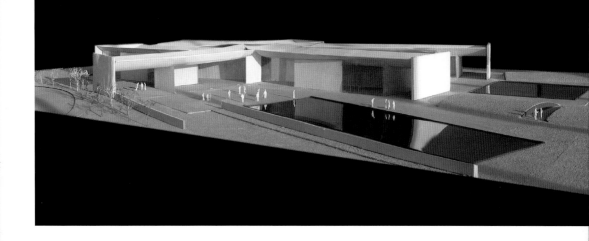

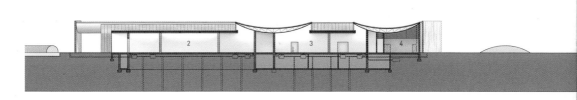

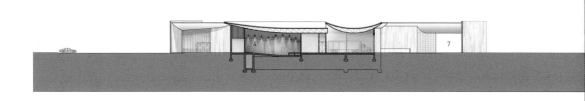

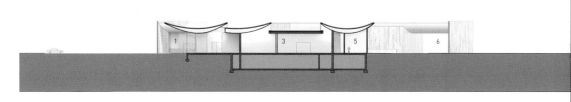

단면도   500′

1. 주 출입구   2. 임시 전시관   3. 영구 전시관   4. 강당   5. 도서실   6. 타운 스퀘어 입구   7. 리허설실

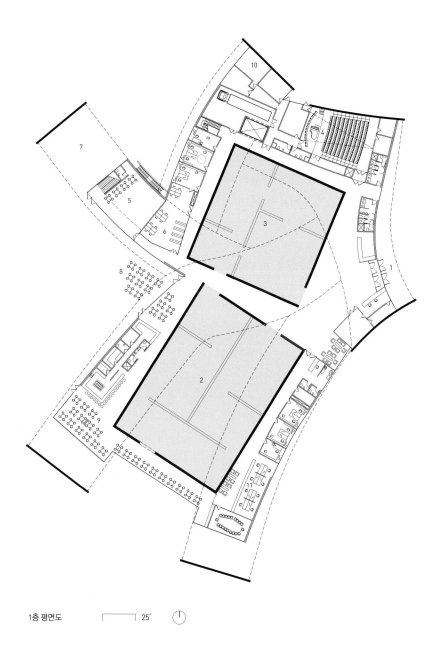

1층 평면도 ⊏────┐ 25′ ◯

1. 주 출입구   2. 임시 전시관   3. 영구 전시관   4. 강당   5. 디스커버리 센터   6. 도서실   7. 타운 스퀘어 입구
8. 타운 스퀘어   9. 식당   10. 리허설실   11. 관리 사무소

그림 그리기는 내가 좋아하는 것 중 하나이다. 마음만 먹으면 한 자리에서 끝없이 그릴 수도 있다. 휴가 여행을 떠날 때면 수채 물감 세트와 갖가지 화구를 몽땅 챙겨 가서 마냥 그린다. 그림 그리기를 좋아하기 때문이다. 그림에서 무언가가 나타날 때 정말로 신이 난다. 그것이 내게 큰 활력을 주고, 그 에너지가 새로운 에너지를 낳는다.

예컨대 우리가 헤르닝 아트 센터 설계 공모전에 당선된 것이 그런 경우이다. 당시 너무 많은 공모전에 참여한 우리는 이 공모전을 건너뛸 생각이었다. 여섯 달 동안 일곱 번의 공모전에 뛰어들었기 때문이다. 그래서 나는 일주일 동안 라인벡 근처에 있는 호수 오두막에 쉬러 갔다. 8월 23일 아침에 눈을 떴을 때는 신문을 읽고 싶지 않았다. 온 일간지가 부시 정부에 관한 뉴스로 도배되어 있었고, 그 분위기에 휩쓸리기가 싫었다. 그냥 신문을 던져 버렸다. 대신 음악을 들으면서 곡선 스케치를 조금 했는데, 마침 헤르닝 아트 센터 공모전 자료가 그 자리에 있었다. 문득 이 스케치들을 공모전 설계에 적용하면 어떨까 하는 생각이 들었다. 이런 접근 방식은 늘 흥미롭다. 나는 그림을 그릴 때 가장 행복하다. 내가 그린 곡선 스케치는 처음에는 아무 의미도 없는 것이었다. 헤르닝 아트 센터 건축 부지의 길 건너에는 1975년에 지어진 셔츠 칼라 형태의 건물이 있다. 1955년 무렵에 셔츠 공장의 공장장이 그 형태를 그림으로 그리고 2명의 덴마크 건축가에게 그 모양대로 공장을 지어 달라고 했다. 매우 뛰어난 건축가였던 그들은 완벽한 조명을 갖춘 완벽한 구조물을 만들어 냈다. 나는 우연히

셔츠 무늬 같은 형태를 그렸는데, 아마 디드로의 백과사전에서 영감을 받았을 것이다. 이 그림은 내 스튜디오에 사본이 있다. 노란 곡선 형체들과 그 사이에 파란색이 곁들여진 그림이었다. 나는 이 〈셔츠 소매〉 형상들을 배치하여 풍경과 조화를 이룬 물의 정원을 구상했다. 다음 날과 그 다음 날 아침에 수채화를 그렸고, 그것이 이 프로젝트의 진정한 시작이었다. 내 멋대로의 시작이었다. 이래서 내가 늘 수채화를 그리는 것이다. 건축에 대한 욕망, 일 벌이기 좋아하는 습성 때문이다.

화요일에 사무실로 돌아온 나는 이렇게 말했다. 「우리가 이 형상들을 발전시켜 풍경과 융합시키면 어떨까요? 하부의 직각 공간에 빛이 들도록 이 곡선들을 뒤집는 겁니다.」 그러자 마틴, 노아, 알레산드로가 대답했다. 「네, 20일 정도 작업하면 공모전에 제출할 보드를 만들 수 있습니다.」 이들 중 2명은 여기서 일한 지 1년도 안 된 사람들이

었다. 그들이 함께 모델을 만들고 평면도와 단면도를 제작하려면 내가 설계에 깊이 개입해야 했다. 결국 그들은 해냈다. 내가 말했다. 「흑백으로 프레젠테이션을 합시다. 이번 프로젝트는 색에 관한 것이 아닙니다. 빛과 공간이 핵심이죠. 흑백으로 하면 우리의 프레젠테이션이 돋보일 겁니다.」

처음에 여덟 팀이 참여한 이 공모전은 결국 두 팀의 경합으로 좁혀졌다. 그중 한 팀의 설계는 직사각형 성냥 통이었는데, 아르네 야콥센의 초기 작품 같았다. 그리고 우리의 설계는 완전히 흐르는 형태로서 풍경과 어우러지는 것, 풍경과 건축의 융합이었다. 건축가들로 이루어진 심사단은 성냥통에 표를 던졌고, 미술관장과 큐레이터들은 모두 우리의 프로젝트를 선택했다. 결국 할로윈 기간에 미술관장이 우리가 이겼다고 연락해 주었다. 이 프로젝트는 그림 그리기에 대한 나의 열망이 빚어 낸 프로젝트의 본보기이다. 호수에 수영하러 갔던 나는 그냥 앉아서 끊임없이 그림만 그렸었다.

프로젝트 연표 1974~2006

1974
레지던스Residence
장소: 미국 워싱턴 주 맨체스터
프로그램: 개인 주택
설계 건축가: 스티븐 홀

1975
마닐라 공동 주택 설계 공모전Manila
Housing Competition
장소: 필리핀 마닐라
프로그램: 국제 공동 주택 설계 공모
설계 건축가: 스티븐 홀
프로젝트 팀: 존 크로퍼, 제임스 태너

1975
플린트 분수와 아르키메데스 나사못
Flint Fountain and Archimedes Screw
장소: 미국 미시간 주 플린트
프로그램: 산책 공원과 분수
설계 건축가: 스티븐 홀과 로런스 해프린 조
경 회사
프로젝트 팀: 존 크로퍼

1976
세인트폴 의사당(공모전)St. Paul Capitol
장소: 미국 미네소타 주 세인트폴
프로그램: 주 의회 의사당, 관공서, 미술관 설
계 공모
설계 건축가: 스티븐 홀
프로젝트 팀: 제임스 태너, 윌리엄 지머맨

1976
교차의 집(공모전: 3등)House for an
Intersection
장소: 영국 런던
프로그램: 주거 공동체 설계 공모
설계 건축가: 스티븐 홀
프로젝트 팀: 조지프 펜턴

1976
소콜로프 별장Sokolov Retreat
장소: 프랑스 생트로페
프로그램: 주거 시설
설계 건축가: 스티븐 홀

1977
브롱크스 김나지움 브리지Bronx
Gymnasium Bridge
장소: 미국 뉴욕 주 사우스 브롱크스
프로그램: 랜들 섬으로 연결된 다리
설계 건축가: 스티븐 홀

1978
텔레스코프 하우스Telescope House
장소: 미국 메릴랜드 주 스틸 폰드
프로그램: 개인 주택
설계 건축가: 스티븐 홀
프로젝트 팀: 조지프 펜턴

1978~1979
밀빌 코트야드Millville Courtyard
장소: 미국 뉴저지 주 밀빌
설계 건축가: 스티븐 홀
프로젝트 팀: 조지프 펜턴

1979
레 알(공모전)Les Halles
장소: 프랑스 파리
프로그램: 레 알 파빌리온이 있는 곳의 주거
시설과 만남의 장소 설계 공모
설계 건축가: 스티븐 홀
프로젝트 팀: 스튜어트 디스턴, 조지프 펜턴,
론 스타이너

1979
멜버른의 다리들(공모전)Bridges of
Melbourne
장소: 오스트레일리아 멜버른
프로그램: 주거 및 상업, 오락 시설이 포함된
7개의 다리 설계
설계 건축가: 스티븐 홀
프로젝트 팀: 조지프 펜턴, 마크 잰슨, 수잰
포와디욱, 제임스 로즌

1980~1982
고가 철로 위의 집들의 다리Bridge of
Houses on Elevated Rail
장소: 미국 뉴욕 주 뉴욕
프로그램: 주거 시설과 고가 산책로, 맨해튼
서부의 버려진 고가 철로를 위해 설계된 컨
벤션 센터
설계 건축가: 스티븐 홀
프로젝트 팀: 마크 잰슨, 조지프 펜턴, 수잰
포와디욱, 제임스 로즌

1980
메츠 하우스Metz House
장소: 미국 뉴욕 주 스태튼 아일랜드
프로그램: 화가 두 사람을 위한 주택
설계 건축가: 스티븐 홀
프로젝트 팀: 파올라 이아쿠치, 마크 잰슨, 멜
리타 프리에토, 제임스 로즌

1980
풀 하우스와 조각 스튜디오Pool House and
Sculpture Studio
장소: 미국 뉴욕 주 스카스데일
프로그램: 조각 스튜디오와 수영장
설계 건축가: 스티븐 홀
프로젝트 팀: 마크 잰슨, 제임스 로즌

1980~1984
자율적인 장인의 집Autonomous Artisan's
Housing
장소: 미국 뉴욕 주 스태튼 아일랜드
프로그램: 주거 시설과 아티스트 작업실
설계 건축가: 스티븐 홀
프로젝트 팀: 파올라 이아쿠치, 마크 잰슨, 데
이비드 케슬러

1981
미니멈 하우스Minimum Houses
장소: 미국 뉴욕 주 헤이스팅스온허드슨
프로그램: 고층 건물의 대안
설계 건축가: 스티븐 홀
프로젝트 팀: 릭 보티노

1983
가디언 안전 보관소Guardian Safe
Depository
장소: 미국 뉴저지 주 페어론
프로그램: 기존 콘크리트 건물의 정면, 로비,
보안 시스템의 리노베이션
설계 건축가: 스티븐 홀
프로젝트 팀: 조지프 펜턴, 제임스 로즌

1982~1983
반 잔트 하우스Van Zandt House
장소: 미국 뉴욕 주 이스트 햄프턴
프로그램: 개인 주택
설계 건축가: 스티븐 홀
프로젝트 팀: 찰스 앤더슨, 조지프 펜턴, 마크
잰슨, 피터 시노다

1982~1983
코헨 아파트Cohen Apartment
장소: 미국 뉴욕 주 뉴욕
프로그램: 인테리어 리노베이션
설계 건축가: 스티븐 홀
프로젝트 팀: 조지프 펜턴, 마크 잰슨

1984
바다 앞의 집Ocean Front House
장소: 미국 캘리포니아 주 류캐디어
프로그램: 개인 주택
설계 건축가: 스티븐 홀
프로젝트 팀: 마크 잰슨, 피터 린치, 수잔 포
와디욱

1984~1988
마서스비니어드의 집House at Martha's
Vineyard
장소: 미국 매사추세츠 주 마서스비니어드
프로그램: 개인 주택
설계 건축가: 스티븐 홀
프로젝트 건축가: 피터 린치
프로젝트 팀: 스티븐 카셀, 랠프 넬슨, 피터
시노다

1984~1988
하이브리드 빌딩Hybrid Building
장소: 미국 플로리다 주 시사이드
프로그램: 호텔 객실, 숍, 사무실
설계 건축가: 스티븐 홀
프로젝트 팀: 로리 베커먼, 스티븐 카셀,
피터 린치, 로르칸 오힐리, 필립 테프트, 리처
드 워너

1985
쿠르츠 아파트Kurtz Apartment
장소: 미국 뉴욕 주 뉴욕
프로그램: 인테리어 리노베이션
설계 건축가: 스티븐 홀
프로젝트 팀: 마크 잰슨

1986
페이스 컬렉션 쇼룸Pace Collection
Showroom
장소: 미국 뉴욕 주 뉴욕
프로그램: 상업용 쇼룸
설계 건축가: 스티븐 홀
프로젝트 팀: 파올라 이아쿠치, 피터 린치, 도
나 세프텔, 톰 판 덴 바우트

1986
포르타 비토리아 프로젝트Porta Vittoria
Project
장소: 이탈리아 밀라노
프로그램: 공원과 수목원이 포함된 도시 계
획 제안
설계 건축가: 스티븐 홀
프로젝트 팀: 제이컵 앨러다이스, 로리 베커
먼, 메타 브룬제마, 스티븐 카셀, 기수 하리
리, 파올라 라쿠치, 피터 린치, 랠프 넬슨, 론
피터슨, 다리우스 솔로허브, 리넷 위더

1986~1987
모마 타워 아파트(XYZ 아파트)MoMA Tower
Apartment(XYZ Apartment)
장소: 미국 뉴욕 주 뉴욕
프로그램: 인테리어 리노베이션
설계 건축가: 스티븐 홀
프로젝트 팀: 피터 린치, 스티븐 카셀, 랠프
넬슨

1987
지아다 숍Giada Shop
장소: 미국 뉴욕 주 뉴욕
프로그램: 소매점 쇼룸
설계 건축가: 스티븐 홀
프로젝트 팀: 피터 린치, 스티븐 카셀, 다리우
스 솔로허브

1987~1988
크리스토퍼 가 45번지 아파트
45 Christopher Street Apartment
장소: 미국 뉴욕 주 뉴욕
프로그램: 인테리어 리노베이션
설계 건축가: 스티븐 홀
프로젝트 팀: 피터 린치, 애덤 야린스키

1988
옥스나드 하우스Oxnard House
장소: 미국 캘리포니아 주 옥스나드
프로그램: 개인 주택
설계 건축가: 스티븐 홀
프로젝트 팀: 퍼트리샤 보시, 피어 코팻, 토머
스 가드너, 켄트 히키다, 엘리자베스 레러, 피
터 린치, 로르칸 오헐리, 리처드 워너

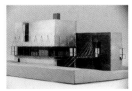

1988
프리드먼 하우스Freedman House
장소: 미국 오하이오 주 클리블랜드
프로그램: 개인 주택
설계 건축가: 스티븐 홀
프로젝트 팀: 스티븐 카셀, 피어 코팻, 로런스
데이비스, 토머스 가드너, 켄트 히키다, 피터
린치

1989
메트 타워 아파트Met Tower Apartment
장소: 미국 뉴욕 주 뉴욕
프로그램: 인테리어 리노베이션
설계 건축가: 스티븐 홀
프로젝트 팀: 아츠시 아이바, 스티븐 카셀, 로
르칸 오헐리

1988
미국 기념 도서관(공모전: 1등)Amerika-
Gedenkbibliothek
장소: 독일 베를린
프로그램: 미국 기념 도서관의 증축 및 리노
베이션 설계 공모
설계 건축가: 스티븐 홀
프로젝트 팀: 브라이언 벨, 스티븐 카셀, 피어
코팻, 토머스 가드너, 프리데리케 그로스피
체, 슈테판 슈로트 아키텍츠

1989
파리 톨비악(공모전)Paris Tolbiac
장소: 프랑스 파리
프로그램: 톨비악 철도 시스템 재활용을 위한 도시 계획 설계 공모
설계 건축가: 스티븐 홀
프로젝트 팀: 피터 린치, 윌리엄 윌슨

1989~1991
보이드 스페이스/힌지드 스페이스 주거 단지|Void Space/Hinged Space Housing
장소: 일본 후쿠오카
프로그램: 28개의 주거용 아파트가 있는 복합 활용 단지
설계 건축가: 스티븐 홀
프로젝트 팀: 히데아키 아리즈미, 피어 코팻

1989~1990
도시 가장자리(스티치 플랜)Edge of a City (Stitch Plan)
장소: 미국 오하이오 주 클리블랜드
프로그램: 생활 시설, 사무 시설, 오락 시설, 문화 시설을 제공하는 도시 계획 프로젝트
설계 건축가: 스티븐 홀
프로젝트 팀: 브라이언 벨, 퍼트리샤 보시, 피어 코팻, 재닛 크로스, 벤 프롬젠, 피터 린치

1989~1990
도시 가장자리(이리 운하의 집들)Edge of a City(Erie Canal Houses)
장소: 미국 뉴욕 주 로체스터
프로그램: 주거 및 상업 지구를 제공하는 새로운 도시 구역
설계 건축가: 스티븐 홀
프로젝트 팀: 브라이언 벨, 피어 코팻, 벤 프롬젠

1989~1990
도시 가장자리(시차 타워들)Edge of a City(Parallax Towers)
장소: 미국 뉴욕 주 뉴욕
프로그램: 사무실, 아파트, 호텔 객실을 제공하고 리버사이드 공원을 확장함으로써 맨해튼 72번가 철로 구역의 대안 제시
설계 건축가: 스티븐 홀
프로젝트 팀: 피터 린치, 뤼테르 로맹

1989~1990
도시 가장자리(공간 유지 막대들)Edge of a City(Spatial Retaining Bars)
장소: 미국 애리조나 주 피닉스
프로그램: 주거 및 사무, 문화 시설을 제공하는 건물들로 이루어진 새로운 도시 가상사리에 대한 제안
설계 건축가: 스티븐 홀
프로젝트 팀: 피어 코팻, 재닛 크로스, 벤 프롬젠, 피터 린치

1989~1990
도시 가장자리(나선형 구역)Edge of a City(Spiroid Sectors)
장소: 미국 텍사스 주 댈러스
프로그램: 댈러스와 포트워스 사이에 부분적으로 사리 잡은 시역에 들어서실 하이브리드 건물
설계 건축가: 스티븐 홀
프로젝트 팀: 로라 브릭스, 재닛 크로스, 스콧 엔지, 토드 파우저, 할 골드스타인, 피터 린치, 크리스 오터바인

1989~1991
스트레토 하우스Stretto House
장소: 미국 텍사스 주 댈러스
프로그램: 예술품 수집가들을 위한 개인 주택
설계 건축가: 스티븐 홀
프로젝트 팀: 스티븐 카셀, 켄트 히키다, 테리 서잰

1990
팔라초 델 치네마(공모전)Palazzo del Cinema
장소: 이탈리아 베네치아
프로그램: 베네치아 영화제 건물
설계 건축가: 스티븐 홀
프로젝트 건축가: 피터 린치
프로젝트 팀: 스티븐 카셀, 재닛 크로스, 토머스 젠킨슨, 김 준, 루신다 노우, 윌리엄 윌슨

1990~2002(첫 설계는 1998년)
미네소타 대학교 건축 조경 대학College of Architecture & Landscape Architecture, University of Minnesota
장소: 미국 미네소타 주 미니애폴리스
프로그램: 도서관, 강당, 사무실, 교실
클라이언트: 미네소타 대학교
설계 건축가: 스티븐 홀
프로젝트 건축가: 파블로 카스트로에스테베스
프로젝트 팀: 가브리엘라 바르만크레이머, 몰리 블리던, 사비나 카체로, 요 하나오카, 제니퍼 리, 앤디 린, 스티븐 오델

1990
월드 엑스포 95(공모전)World Expo 95
장소: 오스트리아 빈
프로그램: 월드 엑스포를 위한 전시장, 숍, 호텔, 호텔, 공공 편의시설
설계 건축가: 스티븐 홀
프로젝트 팀: 피터 린치, 뤼테르 로맹

1990~1991
실험적인 유리 워크숍Experimental Glass Workshop
장소: 미국 뉴욕 주 브루클린
프로그램: 워크숍 스튜디오 정면 리노베이션
설계 건축가: 스티븐 홀
프로젝트 팀: 재닛 크로스, 피터 린치, 히데아키 아리즈미

1991
켐퍼 미술관(공모전)Kemper Museum
장소: 미국 미주리 주 캔자스 시
프로그램: 미술관 설계
설계 건축가: 스티븐 홀
프로젝트 팀: 스티븐 카셀, 재닛 크로스, 크리스 오터바인

1991
D. E. 쇼 앤 컴퍼니 사옥D. E. Shaw & Co. Offices
장소: 미국 뉴욕 주 뉴욕
프로그램: 투자 전문 회사를 위한 리셉션실, 사무실, 회의실, 거래소
설계 건축가: 스티븐 홀
프로젝트 건축가: 토머스 젠킨슨
프로젝트 팀: 스콧 엔지, 토드 파우저, 히데아키 아리즈미, 애덤 야린스키, 아넷 고더바우어

1991
예배당과 마을 광장Chapel and Town Square
장소: 미국 워싱턴 주 포트 러들로
프로그램: 예배당, 미팅 홀, 4가구를 수용하는 주택, 마을 광장
설계 건축가: 스티븐 홀
프로젝트 팀: 재닛 크로스, 스콧 엔지, 토드 파우저, 토머스 젠킨슨, 애덤 야린스키

1991~1992
가게와 사무실Shop and Office
장소: 미국 워싱턴 주 랭글리
프로그램: 가게와 사무실
설계 건축가: 스티븐 홀
프로젝트 팀: 재닛 크로스, 테리 서잰, 애덤 야린스키

1992
침묵의 탑Tower of Silence
장소: 미국 워싱턴 주 맨체스터
프로그램: 건축적인 별장
설계 건축가: 스티븐 홀
프로젝트 팀: 재닛 크로스, 토드 파우저

1992
**빌라 덴하흐(최초 버전), 임플로전 빌라Villa
Den Haag(1st version), Implosion Villa**
장소: 네덜란드 헤이그
프로그램: 개인 주택
설계 건축가: 스티븐 홀
프로젝트 팀: 재닛 크로스, 마리오 구든, 테리
서잰, 도모아키 다나카

1992
앤드루스 대학교 건축 대학 증축 건물
**Andrews University Architecture Building
Addition**
장소: 미국 미시간 주 배런 스프링스
프로그램: 건축 대학 확장
설계 건축가: 스티븐 홀
프로젝트 건축가: 토머스 젠킨슨
프로젝트 팀: 스티븐 카셀, 아넷 고더바우어,
마리오 구든, 테리 서잰, 도모아키 다나카, 애
덤 야린스키

1992
프리드리히스트라세(공모전)
Friedrichstraße
장소: 독일 베를린
프로그램: 극장, 호텔, 헬스클럽, 공원이 포함
된 도시 계획 설계 공모
설계 건축가: 스티븐 홀
프로젝트 팀: 스티븐 카셀, 아넷 고더바우어,
유스틴 뤼슬리

1992~1996
마쿠하리 주거 단지Makuhari Housing
장소: 일본 치바
프로그램: 190개의 유닛으로 이루어진 주거
단지와 상가, 공공 편의 시설
설계 건축가: 스티븐 홀
프로젝트 건축가: 도모아키 다나카
프로젝트 팀: 재닛 크로스, 리지나 핑거후트,
마리오 구든, 토머스 젠킨스, 브래드 켈리,
안 킨스베르겐, 유스틴 코르하머르, 앤더슨
리, 애나 뮬러, S. 슐츠, G. 손, 테리 서잰, S. 다
카시나

1992~1998
**키아스마 현대 미술관 (공모전: 1등)Kiasma
Museum of Contemporary Art**
장소: 핀란드 헬싱키
프로그램: 갤러리, 극장, 카페, 매점, 아티스
트 워크숍이 포함된 미술관
설계 건축가: 스티븐 홀
프로젝트 건축가: 베사 온코넨
프로젝트 팀: 팀 베이드, 몰리 블리딘, 스티븐
카셀, 파블로 카스트로에스테베스, 재닛 크
로스, 브래드 켈리, 유스틴 코르하머르, 앤더
슨 리, 크리스 맥보이, 애나 뮬러, 유스틴 뤼
슬리, 도모아키 다나카, 타파니 탈로(우하니
팔라스마 건축 사무소와 함께)

1992~1993
**미술과 건축을 위한 가게Storefront for Art
and Architecture**
장소: 미국 뉴욕 주 뉴욕
프로그램: 소규모 건축 갤러리를 위한 건물
정면 리노베이션
설계 건축가: 스티븐 홀, 비토 아콘치
프로젝트 팀: 크리스 오터바인

1993~1998
촐리케르베르크 주거 단지(공모전)
Zollikerberg Housing
장소: 스위스 촐리케르베르크
프로그램: 다양한 주택 양식의 38개 유닛
설계 건축가: 스티븐 홀
프로젝트 건축가: 유스틴 뤼슬리
프로젝트 팀: 티모시 베이드, 스티븐 카셀, 리
지나 핑거후트, 유스틴 코르하머르

1993-1998
크랜브룩 과학원 Cranbrook Institute of
Science
장소: 미국 미시간 주 블룸필드 힐즈
프로그램: 기존 과학 박물관의 증축 및 개축,
새로운 중앙 과학 공원
설계 건축가: 스티븐 홀
프로젝트 건축가: 크리스 맥보이
프로젝트 팀: 팀 베이드, 스티븐 카셀, 파블로
카스트로에스테베스, 마틴 콕스, 재닛 크로
스, 요 하나오카, 브래드 켈리, 얀 킨스베르
겐, 유스틴 코르하머르, 애나 뮬러, 도모아키
다나카

1994
매니폴드 하이브리드 Manifold Hybrid
장소: 네덜란드 암스테르담
프로그램: 182개 유닛으로 이루어진 주거
블록
설계 건축가: 스티븐 홀
프로젝트 건축가: 유스틴 코르하머르
프로젝트 팀: 마틴 콕스, 앤더슨 리

1994
Z-하우스Z-House
장소: 미국 뉴욕 주 밀브룩
프로그램: 조립식 개인 주택
설계 건축가: 스티븐 홀
프로젝트 팀: 브래드포드 켈리

1994~
함순 센터 Hamsun Center
장소: 노르웨이 하마뢰위
프로그램: 전시 공간, 도서관, 독서실, 카페,
230석 규모의 강당으로 이루어진, 소설가 크
누트 함순을 위한 기념관
설계 건축가: 스티븐 홀
프로젝트 건축가: 에리크 랑달렌
프로젝트 팀: 가브리엘라 바르만크레이머,
요 하나오카, 유스틴 코르하머르, 애너 뮬러,
오드라 터스케스

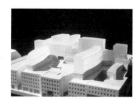

1994
휘포-방크와 아트 홀(공모전) Hypo-Bank
and Art Hall
장소: 독일 뮌헨
프로그램: 사무실, 은행 업무 공간, 쇼핑 시
설, 아파트, 아트 홀로 이루어진 은행 본사
설계 건축가: 스티븐 홀
프로젝트 팀: 팀 베이드, 마리테레세 아르농
쿠르, 유스틴 코르하머르, 앤더슨 리, 유스틴
뤼슬리, 도모아키 다나카

1994-1997
성 이냐시오 성당 Chapel of St. Ignatius
장소: 미국 워싱턴 주 시애틀
프로그램: 시애틀 대학교의 예수회 성당
설계 건축가: 팀 베이드
프로젝트 팀: 얀 킨스베르겐, 유스틴 코르하
머르, 오드라 터스케스

1994
휘포-방크(공모전) Hypo-Bank
장소: 독일 프랑크푸르트
프로그램: 은행 업무 공간과 주거 시설을 갖
춘 다용도 시설
설계 건축가: 스티븐 홀
프로젝트 건축가: 유스틴 뤼슬리
프로젝트 팀: 마틴 콕스, 앤더슨 리, 도모아키
다나카

1995
제2차 세계 대전 기념관 World War II
Memorial
장소: 미국 워싱턴 D.C.
프로그램: 워싱턴 잔디밭에 세워질 새로운
기념관의 설계 공모
설계 건축가: 스티븐 홀
프로젝트 팀: 도모아키 다나카, 마틴 콕스

1995
빌라 더 헤이그Villa The Hague
장소: 주택
설계 건축가: 스티븐 홀
프로젝트 팀: 유스틴 코르하머르

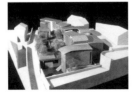

1995
I 프로젝트I Project
장소: 대한민국 서울
프로그램: 주거, 사무, 가족, 오락, 연회 시설
설계 건축가: 스티븐 홀
프로젝트 팀: 브래드 켈리, 유스틴 뤼슬리, 도
모아키 다나카

1996
간호 및 생물 의학 대학(공모전)Nursing &
Biomedical Sciences Building
장소: 미국 텍사스 주 휴스턴
프로그램: 텍사스 대학교 간호 대학 신축
건물
설계 건축가: 스티븐 홀
프로젝트 팀: 마틴 콕스, 요 하나오카, 브래드
켈리, 도모아키 다나카

1996
도시의 미술관Museum of the City
장소: 이탈리아 카시노
프로그램: 고대 미술과 현대 미술이 망라된
미술관
설계 건축가: 스티븐 홀
프로젝트 팀: 코리 클라크, 마이클 호프먼, 파
올라 이아쿠치, 브래드 켈리

1996~2000
사르파티스트라트 오피스Sarphatistraat
Offices
장소: 네덜란드 암스테르담
프로그램: 주택 개발 회사의 새로운 본사
설계 건축가: 스티븐 홀
프로젝트 건축가: 유스틴 코르하머르
프로젝트 팀: 히데아키 아리즈미, 마틴 콕스,
아넷 고더바우어, 요 하나오카, 헬렌 반 헬

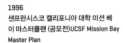

1996
샌프란시스코 캘리포니아 대학 미션 베
이 마스터플랜 (공모전)UCSF Mission Bay
Master Plan
장소: 미국 캘리포니아 샌프란시스코
프로그램: 새로운 생물 의학 연구 캠퍼스를
위한 마스터플랜 초청 공모
설계 건축가: 스티븐 홀
프로젝트 건축가: 마틴 콕스
프로젝트 팀: 파블로 카스트로에스테베스,
아넷 고더바우어, 카타리나 하늘

1997
버지니아 대학교 건축 대학UVA School of
Architecture
장소: 미국 버지니아 주 셜러츠빌
프로그램: 건축 대학
프로젝트 건축가: 팀 베이드
프로젝트 팀: 마틴 콕스, 아넷 고더바우어

1997
현대 미술관 확장Museum of Modern Art
Expansion
장소: 미국 뉴욕 주 뉴욕
프로그램: 미술관 확장 및 리노베이션을 위
한 초청 설계 공모
설계 건축가: 스티븐 홀
프로젝트 팀: 줄리아 반스 맨들, 몰리 블리딘,
솔란지 파비앙, 아넷 고더바우어, 마이클 호
프먼, 제임스 홀, 얀 킨스베르겐, 크리스 맥보
이, 유스틴 뤼슬리

1997~2001
벨뷰 미술관Bellevue Art Museum
장소: 미국 워싱턴 주 벨뷰
프로그램: 갤러리, 교실, 카페, 강당
설계 건축가: 스티븐 홀
프로젝트 건축가: 마틴 콕스, 팀 베이드
프로젝트 팀: 엘사 크리소코이데스, 아넷 고더바우어, 요 하나오카, 제니퍼 리, 스티븐 오델, 유스틴 코르하머르

1997~2005
프랫 인스티튜트 히긴스 홀 센터 섹션
Higgins Hall Center Section, Pratt Institute
장소: 미국 뉴욕 주 브루클린
프로그램: 로비 갤러리, 스튜디오, 강당, 디지털 리소스 센터, 리뷰실, 갤러리 테라스, 워크숍
설계 건축가: 스티븐 홀
프로젝트 건축가: 팀 베이드
보조 프로젝트 건축가: 마크람 엘 카디
프로젝트 팀: 마틴 콕스, 아넷 고더바우어, 에리크 랑달렌

1997~1999
Y 하우스Y House
장소: 미국 뉴욕 주 캐츠킬즈
프로그램: 주말 별장
설계 건축가: 스티븐 홀
프로젝트 건축가: 에리크 랑달렌
프로젝트 팀: 아넷 고더바우어, 요 하나오카, 브래드 켈리, 유스틴 코르하머르, 제니퍼 리, 크리스 맥보이

1998~2005
휘트니 정수 시설 공원Whitney Water
Purification Facility and Park
장소: 미국 코네티컷 주 남부
프로그램: 정수 시설과 공원
설계 건축가: 스티븐 홀, 크리스 맥보이
공동 책임자: 앤더슨 리, 우르스 포크트
프로젝트 건축가: 아르노 비우, 아넷 고더바우어
프로젝트 팀: 유스틴 코르하머르, 린다 리, 롱후이 린, 수시 산체스, 우르스 포크트

1998
레지던스Residence
장소: 미국 뉴욕 주 롱아일랜드
프로그램: 한 가족을 위한 주택
설계 건축가: 스티븐 홀
프로젝트 팀: 마틴 콕스, 가브리엘라 바르만-크레이머, 파블로 카스트로-에스테베스, 아넷 고더바우어, 스티븐 오델

1999
센트로 JVC Centro JVC
장소: 멕시코 과달라하라
프로그램: 호텔과 주거 시설
설계 건축가: 스티븐 홀
프로젝트 팀: 가브리엘라 바르만크레이머, 아넷 고더바우어, 스티븐 오델

1999
스위스 엑스포 2002(공모전)Swiss Expo
2002
장소: 스위스 비엘
프로그램: 호숫가에 떠 있는 엑스포 파빌리온과 각종 시설
설계 건축가: 스티븐 홀
프로젝트 팀: 얀 킨스베르겐, 유스틴 코르하머르, 유스틴 뤼슬리

1999~2000
아이오와 대학교 미술 대학School of Art &
Art History, University of Iowa
장소: 미국 아이오와 주 아이오와 시
프로그램: 미술 스튜디오, 행정 사무실, 갤러리, 도서관을 위한 시설
설계 건축가: 스티븐 홀, 크리스 맥보이, 마틴 콕스
프로젝트 팀: 리 후, 가브리엘라 바르만크레이머, 아르노 비우, 레지나 초우, 엘사 크리소코이데스, 히데키 히라하라, 브라이언 멜처, 크리스 오터바인, 수시 산체스, 아이린 포크트, 우르스 포크트

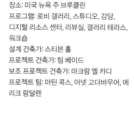

1999
현대 미술 센터(공모전)Center for
Contemporary Art
장소: 이탈리아 로마
프로그램: 미술품 갤러리, 강당, 도서관, 카
페, 사무실
설계 건축가: 스티븐 홀
프로젝트 건축가: 에리크 랑달렌
프로젝트 팀: 가브리엘라 바르만크레이머,
아넷 고더바우어

1999~2002
매사추세츠 공과대학교 시먼스 홀Simmons
Hall, Massachusetts Institute of Technology
장소: 미국 매사추세츠 주 케임브리지
프로그램: 350개의 룸과 식당, 강당을 비롯
해 각종 공동 시설을 갖춘 기숙사
설계 건축가: 스티븐 홀, 팀 베이드
프로젝트 건축가: 팀 베이드, 어시스턴스 프
로젝트 건축 사무소(지아드 자말레딘), 앤더
슨 리, 프로젝트 팀: 가브리엘라 바르만크레
이머, 피터 번스, 아넷 고더바우어, 미미 호
앙, 지아드 자말레딘, 매슈 존스, 마크람 엘
카디, 에리크 랑달렌, 앤더슨 리, 롱후이 린,
스티븐 오델, 크리스티안 바스만

1999
엑스카이 엑스크레이퍼(공모전)xky xcraper
장소: 핀란드 부오사리
프로그램: 주거 및 상업 시설, 일반인을 위한
전망대
설계 건축가: 스티븐 홀, 솔란지 파비앙
프로젝트 건축가: 유스틴 코르하머르
프로젝트 팀: 아넷 고더바우어, 베사 온코넨
아키텍츠

1999~2007
넬슨—앳킨스 미술관 증축 및 리노베이션
(공모전: 1등)Nelson-Atkins Museum of
Art, Addition & Renovation
장소: 미국 미주리 주 캔자스 시
프로그램: 미술관 증축 및 리노베이션
설계 건축가: 스티븐 홀, 크리스 맥보이
책임 파트너: 크리스 맥보이
프로젝트 건축가: 마틴 콕스, 리처드 토비아스
프로젝트 팀: 마사오 아키요시, 가브리엘라 바르
만크레이머, 마티아스 블라스, 몰리 블리던, 엘사
크리스코이데스, 로버트 에드먼즈, 시모네 지오스
트라, 아넷 고더바우어, 미미 호앙, 마크람 엘 카디,
에드워드 랄론치, 리 후, 유스틴 코르하머르, 린다
리, 파비안 론치, 스티븐 오델, 수시 산체스, 아이린
포크트, 우르스 포크트, 크리스티안 바스만

1999
갈리시아 문화 센터Centro de Cultura de
Galicia
장소: 스페인 산티아고
프로그램: 카페와 갤러리, 오페라 하우스를
갖춘 미술관과 문화 센터 설계 공모
설계 건축가: 스티븐 홀, 솔란지 파비앙
프로젝트 건축가: 파블로 카스트로-에스테
베스
프로젝트 팀: 가브리엘라 바르만-크레이머,
사비나 카체로, 아넷 고더바우어, 미미 호앙,
스티븐 오델

1999
모건 도서관(공모전)Morgan Library
장소: 미국 뉴욕 주 뉴욕
프로그램: 도서관 증축 설계 공모
설계 건축가: 스티븐 홀
프로젝트 팀: 가브리엘라 바르만크레이머,
마티아스 블라스, 사비나 카체로, 에미 초우,
마틴 콕스, 크리스 맥보이, 수시 산체스

1999
아프리카 미술관/에디슨 스쿨(공모전)
Museum for African Art/Edison School
장소: 미국 뉴욕 주 뉴욕
프로그램: 에디슨 스쿨의 새로운 본사
설계 건축가: 스티븐 홀
프로젝트 팀: 기젤라 바르만, 아론 카타니, 에
미 차우, 마틴 콕스, 수시 산체스

2000
재커리 스콧 극장Zachary Scott Theater
장소: 미국 텍사스 주 오스틴
프로그램: 극장
설계 건축가: 스티븐 홀
프로젝트 건축가: 스티븐 오델
프로젝트 팀: 지아드 자말레딘

2000
극장과 장난감 박물관Cinema & Toy
Museum
장소: 네덜란드 데벤테르
프로그램: 극장, 장난감 박물관, 소매점
설계 건축가: 스티븐 홀
프로젝트 팀: 마틴 콕스, 마크람 엘 카디, 리
후, 지아드 자말레딘, 크리스 맥보이

2000
미국 자연사 박물관American Museum of
Natural History
장소: 미국 뉴욕 주 뉴욕
프로그램: 게놈 파빌리온 제안
설계 건축가: 스티븐 홀
프로젝트 팀: 리 후, 매슈 존슨, 크리스
맥보이

2000
인류 진화 박물관(공모전)Museum of
Human Evolution
장소: 스페인 부르고스
프로그램: 갤러리, 회담장, 강당
설계 건축가: 스티븐 홀
프로젝트 팀: 아론 카타니, 마틴 콕스, 마크람
엘 카디, 파울라 이아쿠치, 지아드 자말레딘,
파비안 론치, 벤 트라넬

2001~2004
못 수집가의 집Nail Collector's House
장소: 미국 뉴욕 북부
프로그램: 개인 주택
설계 건축가: 스티븐 홀
프로젝트 팀: 스티븐 오델

2001
파리 2008 올림픽 선수촌(공모전)Paris
2008 Olympic Housing
장소: 프랑스 파리
프로그램: 선수 숙소
설계 건축가: 스티븐 홀
프로젝트 팀: 에미 차우, 마크람 엘 카디, 지
아드 자말레딘

2001
합류의 박물관 (공모전)Musée des
Confluences
장소: 프랑스 리옹
프로그램: 박물관, 강당, 교육 시설, 워크숍,
카페
설계 건축가: 스티븐 홀
프로젝트 건축가: 팀 베이드
프로젝트 팀: 마크람 엘 카디, 아넷 고더바우
어, 지아드 자말레딘, 매슈 존슨, 크리스티안
바스만

2001
종교 자유의 기념비(공모전)Monument for
Religious Freedom
장소: 미국 버지니아 주 리치먼드
프로그램: 새로운 기념비 설계 공모
설계 건축가: 스티븐 홀
프로젝트 팀: 마크람 엘 카디

2001
코넬 대학교 건축 대학College of
Architecture, Cornell University
장소: 미국 뉴욕 주 이타카
프로그램: 건축 예술 대학 건물
설계 건축가: 스티븐 홀
프로젝트 건축가: 스티븐 오델
프로젝트 팀: 팀 베이드, 제이슨 프란첸, 아넷
고더바우어, 히데키 히라하라, 파울라 이아
쿠치, 매슈 존슨, 크리스 맥보이, 크리스 오터
바인, 크리스티안 바스만, 아이슬린 바이델

2001
바다 별장Oceanic Retreat
장소: 미국 하와이 주 카우아이
프로그램: 개인 주택
설계 건축가: 스티븐 홀
프로젝트 건축가: 마틴 콕스
프로젝트 팀: 아르노 비우, 제이슨 프란첸, 스
티븐 오델, 올라프 슈미트

2001~2004
빛으로 그리는 집Writing with Light House
장소: 미국 뉴욕 주 롱아일랜드
프로그램: 개인 주택
설계 건축가: 스티븐 홀
프로젝트 건축가: 아넷 고더바우어
프로젝트 팀: 마틴 콕스, 아이린 포크트, 크리
스티안 바스만

2001
톨렌뷔르흐–자위트(공모전: 1등)
Toolenburg-Zuid
장소: 네덜란드 스키폴
프로그램: 새로운 주거 공동체 설계 공모
설계 건축가: 스티븐 홀
프로젝트 건축가: 가브리엘라 바르만크레이
머, 마틴 콕스
프로젝트 팀: 몰리 블리던, 마크람 엘 카디,
제이슨 프란첸, 매슈 존슨, 크리스 오터바인

2001
스갱 섬(공모전)Ile Seguin
장소: 프랑스 파리
프로그램: 갤러리, 대학교, 카페, 공공시설이
포함된 프랑수아 피노 재단 설계 초청 공모
설계 건축가: 스티븐 홀
프로젝트 건축가: 아넷 고더바우어
프로젝트 팀: 아사코 아카자와, 제이슨 프란
첸, 리 후, 매슈 존슨, 크리스 맥보이, 브라이
언 멜처, 아이슬린 바이델

2001~2005
로이지움Loisium
장소: 오스트리아 랑겐로이스
프로그램: 와인 농장을 위한 관광 센터,
호텔, 스파
설계 건축가: 스티븐 홀
프로젝트 건축가: 크리스티안 바스만
프로젝트 팀: 개릭 앰브로즈, 도미니크 바흐
만, 로돌포 디아스, 페터 엥글렌더, 요한 반
리로프, 크리스 맥보이, 어니스트 응, 올라프
슈미트, 브렛 스나이더, 아이린 포크트

2001
코퍼 돈Copper Don
장소: 덴마크 코펜하겐
프로그램: 사무실과 상점
설계 건축가: 스티븐 홀
프로젝트 건축가: 마틴 콕스
프로젝트 팀: 올라프 슈미트, 애나 뮬러

2001
작은 테세랙트Little Tesseract
장소: 미국 뉴욕 주 라인벡
프로그램: 태양열 주택 프로토타입
설계 건축가: 스티븐 홀, 솔란지 파비앙
프로젝트 건축가: 크리스 오터바인, 로라
샌슨
프로젝트 팀: 마크람 엘 카디, 앤더슨 리, 크
리스티안 바스만, 우르스 포크트

2001
라운드 호수 오두막Round Lake Hut
장소: 미국 뉴욕 주 라인벡
프로그램: 수채화 그리기 별장
설계 건축가: 스티븐 홀

2001
로스엔젤레스 카운티 미술관(공모전) Los
Angeles County Museum of Art
장소: 미국 캘리포니아 주 로스앤젤리스
프로그램: 미술관 확장을 위한 초청 설계 공모
설계 건축가: 스티븐 홀
프로젝트 건축가: 크리스 맥보이, 리 후
프로젝트 팀: 아사코 아카자와, 마틴 콕스,
마크람 엘 카디, 제이슨 프란첸, 브라이언 멜
처, 올라프 슈미트, 크리스티안 바스만

2001~2005
터블런스 하우스 Turbulence House
장소: 미국 뉴멕시코 주
프로그램: 게스트 하우스
설계 건축가: 스티븐 홀
프로젝트 건축가: 앤더슨 리, 리처드 토비아스
프로젝트 팀: 아르노 비우, 매슈 존슨

2001~2006
스위스 대사관저(공모전: 1등) The Swiss
Residence
장소: 미국 워싱턴 DC
프로그램: 스위스 대사의 생활 공간, 참모 숙
소, 리셉션 공간이 포함된 주택
설계 건축가: 스티븐 홀(SHA), 유스틴 뤼슬리
(Rüssli Architekten AG)
공동 책임자: 스티븐 오델, 팀 베이드(SHA)
프로젝트 건축가: 올라프 슈미트(SHA), 미미 큐(RA)
프로젝트 팀: 아르노 비우, 페터 엥글렌더, 아
넷 고더바우어, 리 후, 아이린 포크트(SHA),
안드레아스 제르바시, 필리프 뢰슬리, 라파
엘 슈나이더, 우르스 취르허(RA)

2002
세계 무역 센터(공모전) World Trade Center
장소: 미국 뉴욕 주 뉴욕
프로그램: 세계 무역 센터 자리, 사무실, 복합
적 용도, 상가에 대한 제안
설계 건축가: 스티븐 홀
프로젝트 팀: 마크람 엘 카디, 시모네 지오스
트라, 지아드 자말레딘, 아이린 포크트, 크리
스티안 바스만
합작 회사: 리처드 마이어 앤 파트너스, 아이
젠먼 아키텍츠, 과스메이 시겔 앤 어소시에
이츠 아키텍츠

2002
뉴 타운(공모전) New Town
장소: 중국 난닝
프로그램: 9백 가구, 학교, 가게, 인류학
박물관
설계 건축가: 스티븐 홀
프로젝트 건축가: 앤더슨 리, 마크람 엘 카디
프로젝트 팀: 리 후, 지아드 자말레딘

2002~2012
베이루트 마리나(공모전) Beirut Marina
장소: 레바논 베이루트
프로그램: 아파트와 식당을 비롯해, 이 지역
예술품 전시, 특산물 상점, 항무 관리 시설,
요트 클럽, 공공 편의 시설이 갖춰진 옥외 공
공장소
설계 건축가: 스티븐 홀
공동 책임자: 팀 베이드
프로젝트 건축가: 지아드 자말레딘,
마크람 엘 카디
프로젝트 팀: 브렛 스나이더, 마사오 아키요시

2002
5번가와 42번가 Fifth Avenue and 42nd
Street
장소: 미국 뉴욕 주 뉴욕
프로그램: 상점, 사무실, 식당, 카페, 고공 공
간, 미술 전시실
설계 건축가: 스티븐 홀, 솔란지 파비앙
프로젝트 건축가: 시모네 지오스트라
프로젝트 팀: 지아드 자말레딘, 아이린 포크트

2002
**로스엔젤레스 카운티 자연사 박물관(공모
전: 1등)**Los Angeles County Museum of
Natural History
장소: 미국 캘리포니아 주 로스앤젤리스
프로그램: 영구 전시 공간과 임시 전시 공간,
연구 및 수집, 교육 시설, 미술품 전시 정원
설계 건축가: 스티븐 홀
책임 파트너: 크리스 맥보이
프로젝트 건축가: 마크람 엘 카디, 올라프 슈
미트
프로젝트 팀: 팀 베이드, 노아 야페, 마사오
아키요시, 지아드 자말레딘

2002-
난징 건축 박물관Nanjing Museum of
Architecture
장소: 중국 난징
프로그램: 갤러리, 다방, 서점, 큐레이터 숙소
설계 건축가: 스티븐 홀, 리 후
책임 파트너: 리 후
프로젝트 팀: 클라크 매닝, 이종서, 리처드
리우

2003
유럽과 지중해의 문명 박물관(공모전)
Musée des Civilisations de l'Europe et de
la Méditerranée
장소: 프랑스 마르세유
프로그램: 정원, 강당, 식당, 사무실, 편의 시설
설계 건축가: 스티븐 홀
프로젝트 건축가: 아넷 고더바우어
프로젝트 팀: 마사오 아키요시, 마크람 엘 카
디, 히데키 히라하라, 브렛 스나이더, 아이린
포크트

2002-20035
플레이너 하우스Planar House
장소: 미국 애리조나 주
프로그램: 개인 주택
설계 건축가: 스티븐 홀
프로젝트 건축가: 마틴 콕스(팀 베이드, 기초
설계)
프로젝트 팀: 로버트 에드먼즈, 아넷 고더바
우어, 히데키 히라하라, 클라크 매닝

2003
새로운 룩셈부르크 국립 도서관(공모
전)New National Library of Luxembourg
장소: 룩셈부르크 룩셈부르크
프로그램: 전시 공간, 원형 극장, 미팅 룸, 식
당, 카페, 숍, 사무실로 이루어진 도서관
설계 건축가: 스티븐 홀
프로젝트 건축가: 아르노 비우
프로젝트 팀: 크리스 맥보이, 이종서, 마크람
엘 카디, 아이린 포크트, 크리스티엔 뎁톨라,
우르스 포크트, 아넷 고더바우어, 페터 엥글
렌더, 지아드 자말레딘

2003
피렌체 은행(공모전)Cassa di Risparmio di
Firenze
장소: 이탈리아 피렌체
프로그램: 사무실, 공용 공간, 주점, 식당, 강
당으로 이루어진 은행 건물
설계 건축가: 스티븐 홀, 솔란지 파비앙
프로젝트 건축가: 아넷 고더바우어
프로젝트 팀: 크리스티엔 뎁톨라, 마크람 엘
카디, 페터 엥글렌더, 마르첼로 폰티지아, 아
이린 포크트, 우르스 포크트

2003-2008
링크드 하이브리드Linked Hybrid
장소: 중국 베이징
프로그램: 750개의 개별 아파트, 상업 지구, 호
텔, 시네마테크, 유치원, 지하 주차장
설계 건축가: 스티븐 홀   책임 파트너: 리 후
프로젝트 건축가: 히데키 히라하라
프로젝트 디자이너: 개릭 앰브로즈, 옌링 첸, 로
돌포 디아스, 귀도 구산나, 장영, 에드워드 랄론
드, 제임스 맥길리브레이, 매슈 유즐먼
프로젝트 팀: 크리스천 비얼리, 요나 크레시카 브
레지어, 시이 차우, 코시모 카지올라, 커페이 차
이, 프랭크 코티어, 크리스티엔 뎁톨라, 매슈 줄,
이종서, 에릭 리, 리처드 리우, 요르고스 미트룰
라스, 올라프 슈미트, 주디스 체, 클라크 매닝, 키
티 왕, 리 왕, 아리안 비그너, 노아 야페, 리앙 자오

2004
롬바르디아 지방 행정 센터Lombardia
Regional Government Center
장소: 이탈리아 밀라노
프로그램: 사무실, 공공 광장, 기자 회견장과
전시 공간, 토론실, 카페, 일반인을 위한
전망대
설계 건축가: 스티븐 홀
프로젝트 건축가: 마틴 콕스
프로젝트 팀: 가릭 앰브로즈, 귀도 구산나, 마
크람 엘 카디, 지안 카를로 플로리디, 시모네
지오스트라, 장영, 아리안 바이그너

2004
디자인의 도시 생테티엔(공모전)Saint-
Etienne City of Design
장소: 프랑스 생테티엔
프로그램: 복합 문화 시설, 전시 공간, 아틀리
에, 워크숍, 예술가의 생활공간, 숍, 회담장
설계 건축가: 스티븐 홀
프로젝트 건축가: 아르노 비우
프로젝트 팀: 마크람 엘 카디, 니콜라스
레네

2004
하이 라인(공모전)The High Line
장소: 미국 뉴욕 주 뉴욕
프로그램: 하이 라인을 대중 공간으로 변모
시키는 리노베이션 제안
설계 건축가: 스티븐 홀, 솔란지 파비앙
프로젝트 건축가: 마틴 콕스
프로젝트 팀: 브렛 스나이더, 가릭 앰브로즈,
올라 드로비나나, 요한 반 리로프, 장영, 프리
실라 프레이저, 몰리 블리던, 앤드루 맥네어,
라라 시합엘딘, 코니 리, 헤더 워터스, 로베르
토 레케호

2004~2007
뉴욕 대학교 철학 대학NYU School of
Philosophy
장소: 미국 뉴욕 주 뉴욕
프로그램: 철학 대학
설계 건축가: 스티븐 홀
책임 파트너: 팀 베이드
프로젝트 건축가: 에드워드 랄론드
프로젝트 팀: 레슬리 창, 이종서, 클라크 매닝,
어니스트 응, 아이린 포크트, 에비 위스카버

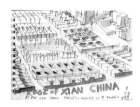

2005
시안 뉴 타운(공모전)Xian New Town
장소: 중국 시안
프로그램: 주택, 문화 공간, 사무실, 관공서, 학
교, 상업 공간이 포함된 도시 계획 프로젝트
설계 건축가: 스티븐 홀
프로젝트 건축가: 리 후, 제임스 맥길리브레이
프로젝트 팀: 개릭 앰브로즈, 닉 겔피, 요르고
스 미트룰라스, 우 란

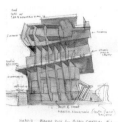

2005
부산 영상 센터(공모전)Busan Cinema
Complex
장소: 대한민국 부산
프로그램: 6개의 극장(하나는 개방형 극장),
회의실, 이벤트 공간, 전시 갤러리, 식당, 카
페, 사무용 로프트, 시네마테크, 대극장, 비주
얼 미디어 센터
설계 건축가: 스티븐 홀
책임 파트너: 리 후
프로젝트 건축가: 이종서
프로젝트 팀: 코시모 카지올라, 프랭크 O. 코
티어, 닉 겔피, 알레산드로 오르시니, 어니스
트 응, 노아 야페

2005~
세일 하이브리드(공모전: 1등)Sail Hybrid
장소: 벨기에 크노크헤이스트
프로그램: 3개의 구조물(돛처럼 생긴 평면형
건물(호텔과 아파트 타워), 덩어리 형태 건물
(복원하여 다시 프로그램한 카지노), 다공성
건물(회담장)
설계 건축가: 스티븐 홀
책임 파트너: 크리스 맥보이
프로젝트 건축가: 닉 겔피
보조 프로젝트 건축가: 노아 야페
프로젝트 팀: 장 영, 리처드 리우, 에드워드
랄론드, 알레산드로 오르시니

2005~2011
서핑과 바다의 도시(공모전: 1등)Cité Du
Surf et de l'Océan
장소: 프랑스 비아리츠
프로그램: 미술관, 광장, 전시 공간
설계 건축가: 솔란지 파비앙, 스티븐 홀
프로젝트 건축가: 로돌포 레이스 디아스
보조 프로젝트 건축가: 에비 위스카버
프로젝트 고문: 크리스 맥보이
프로젝트 팀: 어니스트 응, 코시모 카지올라,
플로랑스 기로, 리처드 리우, 알레산드로 오
르시니, 란 우

2005
난징 대학살 기념관(공모전)Nanjing
Massacre Memorial
장소: 중국 난징
프로그램: 전시 홀이 갖춰진 기념관
설계 건축가: 스티븐 홀
프로젝트 팀: 동 공, 이종서, 우 란
코시모 카지올라, 자오 리앙

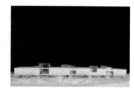

2005
루브르 랑스(공모전)Louvre Lens
장소: 프랑스 랑스
프로그램: 갤러리, 강당, 식당, 전시용 정원
설계 건축가: 스티븐 홀
책임 파트너: 크리스 맥보이
프로젝트 건축가: 개릭 앰브로즈
프로젝트 팀: 닉 겔피, 코시모 카지올라, 프랭
크 O. 코티어, 로돌포 디아스, 이종서, 리처드
리우, 장영, 아이린 포크트, 란 우, 노아 야페

2005~2009
헤르닝 아트 센터(공모전: 1등)Herning
Center for the Arts
장소: 덴마크 헤르닝
프로그램: 한시적인 전시 갤러리, 150석 강
당, 음악 리허설 룸, 식당, 미디어 도서관, 관
리 사무소
설계 건축가: 스티븐 홀
프로젝트 건축가: 노아 야페
프로젝트 고문: 크리스 맥보이
프로젝트 팀: 마틴 콕스, 코시모 카지올라, 알
레산드로 오르시니, 이종서, 필리페 타보아
다, 줄리아 래드클리프

2005~
다공성의 집Porosity House
장소: 미국 뉴욕 주 롱아일랜드
프로그램: 주말 별장
설계 건축가: 스티븐 홀
프로젝트 건축가: 로돌포 레이스 디아스
프로젝트 팀: 코시모 카지올라, 어니스트 응

2005~
덴버 법원(공모전: 1등)Denver Justice
Center
장소: 미국 콜로라도 주 덴버
프로그램: 35개 법정, 사무실, 공용 공간
설계 건축가: 스티븐 홀
책임 파트너: 크리스 맥보이
프로젝트 건축가: 올라프 슈미트
프로젝트 팀: 저스틴 앨런, 레슬리 창, 권경
남, 재키 룩, 라시드 사티

2005
경계 없는 친구들
앙코르 아동 병원 방문자 센터Friends
Without a Border
Angkor Hospital for Children's Visitor
Center
장소: 캄보디아 시엠 렙
프로그램: 비영리 아동 병원의 방문자 센터
설계 건축가: 스티븐 홀
프로젝트 건축가: 노아 야페

2005~
하이라인 하이브리드 타워Highline Hybrid
Tower
장소: 미국 뉴욕 주 뉴욕
프로그램: 사무실, 호텔, 콘도미니엄을 갖춘
복합 용도 건물
설계 건축가: 스티븐 홀
책임 파트너: 크리스 맥보이
프로젝트 팀: 팀 베이드, 프랭크 O. 코티어,
페터 엥글렌더, 닉 겔피, 어니스트 응, 로돌포
레이스 디아스, 에비 위스카버, 노아 야페

2006~
미앤더(공모전: 1등)Meander
장소: 핀란드 헬싱키
프로그램: 49개 개별 아파트, 5백 평방미터
의 임대 공간, 차고, 옥상 사우나, 러닝 트랙
설계 건축가: 스티븐 홀, 베사 온코넨
프로젝트 건축가: 이종서

2006
T-후세네T-Husene
장소: 덴마크 코펜하겐
프로그램: 주거 및 상업 건물
설계 건축가: 스티븐 홀
프로젝트 건축가: 하이코 코르넬리스
프로젝트 고문: 크리스 맥보이
프로젝트 팀: 개릭 앰브로즈, 프란체스코 바
르톨로치, 크리스티엔 뎁톨라, 줄리아 래드
클리프, 라시드 사티, 필리페 타보아다

2006~2009
완커 센터Vanke Center
장소: 중국 선전
프로그램: 호텔, 서비스 아파트, 사무실이 포
함된 복합 용도 건물
설계 건축가: 스티븐 홀
책임 파트너: 리 후
프로젝트 건축가: 공동, 개릭 앰브로즈
프로젝트 팀: 저스틴 앨런, 크레시다 브레지
어, 커페이 카이, 옌링 첸, 히데키 히라하라,
에릭 리, 필리페 타보아다

Holl, Steven, *Hybrid Instrument*(Iowa City: The University of Iowa School of Art and Art History, 2006).

——, *Luminosity/Porosity*(Tokyo: Toto Shuppan, 2006).

——, "Alvar Aalto: Villa Mairea, Moormarkku/Porosity to Fusion", *Entrez Lentement*, ed. by Lorenzo Gaetani(Milan: Lotus Eventi, 2005), pp. 186~207.

——, *Steven Holl*, ed. by Ji-seong Jeong, spec. issue of *Contemporary Architecture 62*(Seoul: CA Press, 2005).

——, *Experiment in Porosity*, ed. by Brian Carter and Annette W. LeCuyer(Buffalo: University at Buffalo, School of Architecture and Planning, 2005).

——, *Simmons Hall*, ed. by Todd Gannon, *Source Books in Architecture 5*(New York: Princeton Architectural Press, 2004).

——, *Steven Holl: Competitions*, ed. by Yoshio Futugawa, *GA Document* 82(Tokyo: A.D.A. Edita Tokyo, 2004).

——, *Steven Holl*, ed. by Francesco Garofolo(New York: Universe-Rizzoli, 2003).

——, *Steven Holl 1986~2003*, ed. by Fernando Márquez Cecilia and Richard Levene(Madrid: El Croquis Editorial, 2003).

——, *Steven Holl Architect*, intro. by Kenneth Frampton(Milan: Electa Architecture, 2002).

——, *Idea and Phenomena*, ed. by Architekturzentrum Wien(Baden: Lars Muller Publishers, 2002).

——, *Written in Water*(Baden: Lars Muller Publishers, 2002).

——, *Steven Holl 1998~2002: thought, matter and experience*[El Croquis 108](Madrid: El Croquis Editorial, 2001).

——, "Density in the Landscape", *City Fragments: Seven Strategies for Making an Urban Fragment in the Hudson Valley*[Columbia Books of Architecture](New York: Columbia University Press, 2001).

——, *Parallax*(New York: Princeton Architectural Press, 2000).

——, *The Chapel of St. Ignatius*, intro. by Gerald T. Cobb, S.J.(New York: Princeton Architectural Press, 1999).

——, *Steven Holl 1996~1999*, ed. by Fernando Márquez Cecilia and Richard Levene[El Croquis 93](Madrid: El Croquis Editorial, 1999).

——, "Intertwining with the City: Museum of Contemporary Art in Helsinki", *Harvard Architectural Review 10*(1998).

——, *Kiasma*(Helsinki: The Finnish Building Center, 1998).

——, "Exactness of Doubt", *Pamphlet Architecture 1-10*(New York: Princeton Architectural Press, 1998).

——, "Twofold Meaning", *Kenchiku Bunka 52*(Aug. 1997).

———, *Intertwining: Selected Projects 1989-1995* (New York: Princeton Architectural Press, 1996).

———, *Steven Holl 1986~1996*, ed. by Fernando Márquez Cecilia and Richard Levene[El Croquis 78] (Madrid: El Croquis Editorial, 1996).

———, *Stretto House: Steven Holl Architects* (New York: Monacelli Press, 1996).

———, *Steven Holl*, Interview with Yushio Futugawa, ed. by Yukio Futugawa, *GA Document Extra* (Tokyo: A.D.A. Edita Tokyo, 1996).

———, "Pre-Theoretical Ground", *D: Columbia Documents of Architecture and Theory 4*, ed. by Bernard Tschumi(New York: Columbia University Graduate School of Architecture, Planning and Preservation, 1995), pp. 27~59.

———, "Questions of Perception", *Archithese 2.94*[Zurich](Apr. 1994), pp. 25~28.

———, "Intertwining/Verweben", *Color of and Architect*, intro. by Dirk Meyhofer(Hamburg: Galerie für Architektur, 1994), pp. 12~57.

———, *Steven Holl*, intro. by Kenneth Frampton(Zurich: Artemis Zurich and Bordeaux: arc en rêve centre d'architecture, 1993), pp. 21~115.

———, "Edge of a City", *Pamphlet Architecture 13* (New York: Princeton Architectural Press, 1991).

———, *Anchoring: Selected Projects 1975-1988*, intro. by Kenneth Frampton(New York: Princeton Architectural Press, 1989).

———, "Within the City: Phenomena of Relations", *Design Quarterly 139* (Cambridge, Massachusetts: MIT Press, 1988).

———, "Teeter Totter Principles", *Perspecta 21*(New Haven: Yale University Press, 1984).

———, "Foundations: American House Types", *Precis IV*, ed. by Sheryl Kolasinski and P.A. Morton (New York: Columbia University Press, 1983).

———, "Rural and Urban House Types", *Pamphlet Architecture 9*(New York: William Stout Architectural Books, 1982).

———, *Anatomy of a Skyscraper: Cities, the Forces that Shape Them*, ed. by Liza Taylor(New York: Cooper-Hewitt Museum, 1982).

———, "Conversation with Alberto Sartoris", *Archetype*(Fall 1982).

———, "Bridge of Houses", *Pamphlet Architecture 7*(New York: William Stout Architecture Press, 1980).

———, "The Alphabetical City", *Pamphlet Architecture 5*(New York: Pamphlet Architecture Press, 1980).

———, "USSR in the USA", *Skyline*(May 1979).

———, "The Desert De Retz", *Student Quarterly Syracuse*(New York: Syracuse School of Architecture, 1978).

———, Rev. of The Blue Mountain Conference, *Skyline*(Nov. 1978).

———, "Bridges", *Pamphlet Architecture 1*(New York: Pamphlet Architecture Press, 1977).

이 책에 소개된 각각의 프로젝트에 열거된 열정적이고 창조적인 사람들과의 멋진 협업 덕분에 그 모든 건축이 가능했다.

특히 다음 분들에게 감사를 전한다.

솔란지 파비앙(모든 것에 대해 감사한다)

『홀: 스티븐 홀, 빛과 공간과 예술을 융합하다』 팀: 데이비드 판 데르 리어, 크리스티나 예시오스, 알레산드로 오르시니, 프리실라 프레이저(SHA), 덩 응고, 다이애나 린드, 알렉산드라 타르트(Rizzoli).

그리고 몰리 블리던, 밀드레드 프리드먼, 롤런드 할브, 리 후, 홀리앰버 케네디, 권경남, 루스 W. 로, 크리스 맥보이, 크리스티안 리히터스, 앤디 라이언, SCI-Arc, 브렛 스나이더, 빌 티머맨, 폴 워철, 레비어스 우즈.

찾아보기

도판 저작권

2×4: 65(아래), 165(아래 왼쪽); Dee Breger/Drexel University: 169; Blikk: 81; Roland Halbe: 342; Steven Holl: 26, 40(왼쪽), 69, 70, 74, 75, 84, 110(왼쪽), 126(왼쪽), 136(왼쪽), 150(위), 186(왼쪽), 191(아래), 206, 266(왼쪽), 284(왼쪽), 298, 318(왼쪽), 350(오른쪽), 354(아래), 358(왼쪽), 368(오른쪽), 378(왼쪽, 오른쪽), 386(왼쪽), 39, 79, 123, 346, 392, 394(위1, 위2, 위3, 위4, 아래1, 아래2, 아래3), 395(아래4), 396(위4, 아래1), 397(위1, 위2), 404(위1, 위3), 407(아래2), 409(위4), 410(위3); René Magritte: 368(왼쪽); Chris McVoy(SHA): 34, 35, 348; Voitto Niemula: 275; Robert Paz/SCI-Arc: 5, 16, 62, 63(왼쪽), 164; Christian Richters: 297, 300, 304, 306~307, 308, 310(왼쪽), 312; Andy Ryan: 27, 32, 37, 48(왼쪽), 49, 50~51, 52, 55, 56, 57(왼쪽, 오른쪽), 58(왼쪽, 오른쪽), 59, 60, 111, 114, 120(왼쪽, 오른쪽), 118~119, 127, 128~129, 133, 139, 141, 187, 188~189, 190, 193, 194, 199, 207, 208~209, 212, 215, 216, 217, 210, 213, 218, 220, 221(위, 아래), 222(위, 아래), 223, 231, 239, 244, 291, 288, 286, 293, 319, 321, 322, 325, 326, 333, 336(왼쪽, 오른쪽), 328, 329, 331, 335, 337, 338~339, 340, 403(위2, 아래4), 404(위2, 위4), 405(위4), 407(위2, 위3); Margherita Spiluttini: 299, 406(아래1); Reno Tapaninen: 269; Bill Timmerman: 151, 152~153, 154, 156, 157, 158, 159, 161, 408(위3); Paul Warchol: 21(왼쪽, 오른쪽), 22(왼쪽, 오른쪽), 30~31, 28, 85, 88, 86~87, 90, 91, 92, 97, 112, 113, 114, 116, 130, 137, 138, 142, 143, 144, 145, 171, 174~175, 172~173, 176, 178, 180, 182, 183, 195, 196, 251, 252, 253, 254, 256~257, 259, 267, 269, 273, 277, 279, 280, 281, 285, 396(아래2, 아래4), 397(위3, 아래3), 398(위2), 399(아래2), 400(아래1, 아래2, 아래3), 401(위1, 위2), 402(아래1), 403(위1, 위3, 위4), 406(위2); 나머지 모든 이미지 ⓒ Steven Holl Architects.